高等学校教师岗前培训教材

高等学校
教师职业道德修养

GAODENG XUEXIAO
JIAOSHI ZHIYE DAODE XIUYANG

主　编：宋　明
副主编：雷　鉴　袁顶国
参　编：（按姓氏笔画排序）
王　珏　刘舒皓　张家建　陈　涛
唐　欣　黄　维　谭　敏

西南大学出版社
SWUP　国家一级出版社　全国百佳图书出版单位

图书在版编目(CIP)数据

高等学校教师职业道德修养 / 宋明主编. —重庆：西南师范大学出版社，2019.7(2024.10 重印)
ISBN 978-7-5621-9892-5

Ⅰ. ①高… Ⅱ. ①宋… Ⅲ. ①高等学校—教师—职业道德—师资培训—教材 Ⅳ. ①G645.16

中国版本图书馆 CIP 数据核字(2019)第 132027 号

高等学校教师职业道德修养

主　编:宋　明

责任编辑:曾　文　鲁　艺
责任校对:路兰香
装帧设计:汤　立
排　　版:杜霖森
出版发行:西南大学出版社(原西南师范大学出版社)
　　　　地址:重庆市北碚区天生路 2 号
　　　　邮编:400715
　　　　市场营销部电话:023-68868624
印　　刷:重庆永驰印务有限公司
幅面尺寸:185mm×260mm
印　　张:12.75
字　　数:250 千字
版　　次:2019 年 7 月第 1 版
印　　次:2024 年 10 月第 12 次
书　　号:ISBN 978-7-5621-9892-5

定　　价:36.00 元

编委会

前言

战国时期的思想家荀况曾指出:“国将兴,必贵师而重傅;贵师而重傅,则法度存。国将衰,必贱师而轻傅;贱师而轻傅,则人有快,人有快则法度坏。”俗话也说:“无德无以成师。”高等学校教师肩负着为社会主义现代化建设培养高层次人才的重要使命,其教育对象素质的高低直接代表着我国教育的成败,甚至直接关系到国家的前途和命运。因此,高校教师要切实承担起这一责任,除了应当具备相应的专业知识和技能以外,还必须拥有科学的执教理念,掌握开展教育活动的客观规律,懂得从事教育活动的行业规范,具备高尚的人格和良好的职业道德素质。为此,《中华人民共和国教师法》第十九条明确规定:“各级人民政府教育行政部门、学校主管部门和学校应当制定教师培训规划,对教师进行多种形式的思想政治、业务培训。”因此教师职业道德修养成为高校教师岗前培训的必修课程,《高等学校教师职业道德修养》这本教材也就应运而生了。

作为高校教师岗前培训教材,《高等学校教师职业道德修养》应该具有以下主要特征:

首先,要以习近平新时代中国特色社会主义思想为指导,深入贯彻落实习近平总书记关于师德师风建设的系列重要讲话精神,增强“四个意识”,坚定“四个自信”,提高政治站位,做到“两个维护”,把政治建设放在首位。加强政治建设,就是要把准教材的政治方向。我们所要坚守的政治方向,就是共产主义远大理想和中国特色社会主义共同理想、“两个一百年”奋斗目标,就是党的基本理论、基本路线、基本方略。习近平总书记强调:“传道者自己首先要明道、信道。高校教师要坚持教育者先受教育,努力成为先进思想文化的传播者、党执政的坚定支持者,更好担起学生健康成长指导者和引路人的责任。”本教材的编写宗旨,就是立足于更好地为人民服务,为我们党治国理政服务,为巩固和发展中国特色社会主义制度服务,为改革开放和社会主义现代化建设服务。

其次,不仅要让培训学员了解高校教师职业道德的具体规范和要求,更要让他们树立正确的师德意识和科学的执教理念。本书正是基于此进行编写，同时有一些理念上的提升。一方面，道德是主体的自我立法，师德是教师言行的第一道“防波堤”、教育教学活动的“保险丝”。高校教师要在履行教育、教学责任和义务的过程中锤炼出坚强的道德意志，从而在体验为师之道的基础上形成内在的、运用自如的教育行为习惯。另一方面，高校教师有了科学的执教理念，自然就会知道在教书育人的实践活动中，自己到底应该怎么以身作则，到底应该怎么言传身教。

再次，本书作为高校教师岗前培训教材，要理论联系实际，不能理论、实践“两张皮”。这本教材以习近平关于师德师风建设的系列重要讲话为指导，坚持培育和践行社会主义核心价值观，注重马克思主义理论与伦理学、教育学、心理学、社会学和思想政治教育学等学科的有机结合，注重反映新时期教育部颁布的各项师德师风建设制度和规范，并辅之以大量的高校教师先进典型和师德师风建设优秀案例，尽量让培训学员在学习中有身临其境的感受。

最后，本教材还特别针对短期培训的特点，从形式到内容设计了一些具有针对性的举措。一是形式上针对每章内容，都有对应主题的名言警句；每章开篇就有“要论提示”，便于学员翻开这章就能了解内容主旨；章末还有“本章小结”，一方面便于学员复习，另一方面也便于有兴趣的学员进一步学习深化；“思考与练习”也分为简答题、论述题与材料分析题，既有客观知识的掌握，又有主观的认识分析，还有理论联系实际的思考和运用。二是内容上特别强调观点鲜明，逻辑清晰，结构规范，语言简洁凝练，便于学员理清思路，掌握要点，能提纲挈领，触类旁通。

当然，本书的编写还存在许多不足之处，希望广大学员在学习实践中能针对本教材不吝赐教，便于我们及时总结、不断改进，共同把高校教师岗前培训办好。

编　者

2019年4月于西南大学

目录

第一章

道德是社会运行的主要支撑

道德普遍地被认为是人类的最高目的，因此也是教育的最高目的。

——赫尔巴特

要论提示

- 道德是反映社会经济基础与利益关系紧密相关的一种特殊的意识形态。
- 道德是人类社会发展的产物并伴随人类历史的进程而发展演变。
- 道德有着自身的特点和重要的社会作用。

2013年9月，习近平总书记在会见第四届全国道德模范及提名奖获得者时指出："精神的力量是无穷的，道德的力量也是无穷的。"① "道德是社会关系的基石，是人际和谐的基础，要始终把弘扬中华民族传统美德、加强社会主义思想道德建设作为极为重要的战略任务来抓，为实现中华民族伟大复兴的中国梦提供强大精神力量和有力道德支撑。"②由此可见，道德是社会运行的主要支撑，是实现"伟大复兴中国梦"的重要条件。加强高校教师职业道德建设，是关系国家教育事业的重要任务。高校教师要培养正确的道德观念，养成良好的职业道德习惯，首先要对道德有理性的认识，充分了解道德的形成与发展、道德的本质、道德的特点以及道德的重要作用等基本问题。

第一节　道德的本质

道德是以善恶为评价标准，调整人与人、人与社会、人与自然关系的，主要依靠社会舆论、传统习俗和内心信念来发挥作用的行为规范的总和。唯物辩证法认为，事物的本质，一般是事物内在的、相对稳定的必然联系，是该事物区别于其他事物的内在规定性。道德的本质问题是伦理学的基础性问题，道德是经济基础的反映，与社会的利益关系紧密，是一种特殊的意识形态。

①习近平．习近平谈治国理政［M］．北京：外文出版社，2014：158.
②徐京跃，隋笑飞．为实现中国梦凝聚有力道德支撑［N］．解放日报，2013-09（01）.

一、道德是经济基础的反映

1. 道德决定于社会经济状况

从唯物史观的角度考察，经济基础决定上层建筑，社会存在决定社会意识。道德作为上层建筑、社会意识形态，归根到底取决于社会经济状况。人类的最初活动是物质生产活动，物质生产活动是社会生活的基础。作为社会意识形态，道德必然会反映经济基础，反映社会存在。道德归根到底是由社会经济状况所决定的，一个社会有什么样的生产力和生产关系，即有什么样的经济状况，人们就会有什么样的社会生活，就会有什么样的道德实践，就会形成什么样的道德关系，从而产生一定的道德原则和规范，形成一定的道德意识。

2. 经济基础决定道德的类型、原则和规范

人类历史经历了几种不同的经济社会形态，经济基础不同，就有不同类型的道德，就有不同的道德原则和规范。人类产生明确的道德意识和道德规范有赖于生产力的发展。生产力的发展造成了社会分工，而分工又进一步推动生产力发展。尤其是在私有制产生之后，发生了体力劳动和脑力劳动的分工，人类才逐步形成道德意识，风尚习俗、禁忌等才逐渐演变为道德原则和规范。随着人类社会的发展，道德总体在进步。

二、道德是社会利益关系的特殊调节方式

利益是人的一切社会活动的内驱力，是人的一切社会关系的核心，也是人的一切社会意识的焦点。道德正是在与利益的相互联系和交织中确认自身的本质。

1. 道德是利益关系的集中体现

道德作为调节人与人之间关系的行为规范体系，属于思想上层建筑，它是特定的经济关系的反映。“每一既定社会的经济关系首先表现为利益。”[①] 所以，社会经济关系所表现的利益，直接决定着道德的基本内容和评价标准。在原始社会，氏族部落成员偷盗同一部落成员的财富是恶，而偷取其他氏族部落的财富则被认为是善，因为它能增加本氏族部落的利益。在古希腊的斯巴达，身体孱弱的婴儿会被抛到荒山野外的弃婴场，这种不道德的行为却未受到人们强烈的道德谴责，原因是斯巴达人崇尚武力。西汉时期，从汉高祖赞同“道法自然”“无为而治”的道德价值理想，

---

①马克思，恩格斯．马克思恩格斯选集：第3卷［M］．北京：人民出版社，1995：209.

到汉武帝“罢黜百家、独尊儒术”强行确立儒家伦理的统治地位，仅仅也就半个多世纪。在这么短的时间里，统治者的治国伦理之所以发生这么剧烈的嬗变，是因为他们在不同时期的利益诉求不同。

2. 道德是调节利益关系的重要机制

人们在各自的逐利过程中，由于逐利的内容交叉或手段失当，不可避免地会发生各种利益冲突，因此，迫切需要社会调节机制发挥作用，对人们复杂的利益关系进行干预和调节。道德正是调节各种利益关系的社会机制中的一种。道德主要调节的是个人利益与社会整体利益的关系，既有个人利益服从社会整体利益，又有社会整体利益从属于个人利益。马克思主义道德观主张个人利益应当服从社会整体利益，这是因为个人利益是社会所决定的利益，只有在社会所创造的条件下并使用社会所提供的手段才能实现。同时，也要尊重和保护个人的正当利益。当个人利益和社会整体利益的矛盾与冲突致使个人正当利益受到损害时，要采取适当的方式予以补偿。

3. 道德是实现利益的重要方式

长期以来，很多人对道德有一种错误解读，即认为道德是与利益追求无关的，甚至是以牺牲后者为代价的。这造成了社会历史中很多时期空话、大话盛行，伪君子、假道学泛滥。实际上，道德并非与人们的利益追求绝缘，相反，在很大程度上，道德恰恰是利益的重要源泉。东汉时期，刘熙对“德”的解释为“德者，得也，得事宜也”，意思是说道德能够使人与人之间的关系处理得当，使自己和他人皆有所得。许慎在《说文解字》中将“德”解释为：“德，外得于人，内得于己也。”可见，道德行为既能使道德行为对象有所得，也能使道德行为者自身有所得。道德利益是利己与利他的统一。在社会经济活动中，如果经济主体恪守职业道德，保证产品和服务质量，诚实守信，服务热情，那么消费者和经营者均将获利。在行政活动中，如果公职人员秉持为人民服务的宗旨，清正廉洁，勤政高效，努力维护公共利益和维持社会公正，那么既有利于人民生活水平提高，也有利于社会的稳定和发展，还有利于提升政府公信力。在处理人与自然的关系上，如果人类能善待自然，保护资源，那么在保护自然界生态平衡的同时，人类也能在自然与社会的和谐发展中获益。

三、道德是一种特殊的意识形态

道德作为意识形态，区别于政治、宗教、哲学等其他意识形态，反映了一种特殊的社会关系——伦理关系。人类的活动不是孤立的，它必然在人与自然、人与社会、人与人之间所发生的一定关系中进行。在人类活动中及活动基础上发生的种种社会关系之中，产生了人类特有的伦理关系，这种关系只能用道德来加以规范、评价和约束。

1. 道德反映着人与自然的伦理关系

人是自然的产物，是自然不可分割的一部分。自然本身没有主观意志，它遵循自然规律运行，是非道德的。但如果把自然作为人的对立面，把人与自然作为矛盾双方来考察，这时人与自然的关系本身就具有了道德意义，可以变为伦理关系。人与自然的伦理关系归根到底反映了人类对待自身的态度，反映了有利于还是有害于人类的发展。习近平总书记指出："生态兴则文明兴，生态衰则文明衰。生态环境是人类生存和发展的根基，生态环境变化直接影响文明兴衰演替。"[①] 如果人类依照自然规律本身来利用和改造自然，这样既能不断满足人类生存发展的需要，同时又能保护自然，也从根本上保护了人类自身。如果人类只顾眼前利益，违背生态发展的规律，掠夺性地利用自然，则是从根本上损害了人类的自身发展。如果人类对待自然的态度是有利于自身的、眼前的和长远的利益，我们认为这就是合乎道德的，反之则是违背道德的。一个人对待自然的态度，就成为判断人与自然的伦理关系是否合乎道德的尺度。

2. 道德反映着个人与社会的伦理关系

个人和社会是不可能分离的，任何个人都离不开社会，社会由个人组成，个人和社会处于一种辩证关系之中。任何个人必然在一定的社会关系中才能从事生产劳动和其他各种活动，这样个人和社会就在各个领域中发生伦理关系。所谓个人和社会的伦理关系，指不同于经济、政治、宗教等其他社会关系而由道德手段来调节的社会关系。个人和社会处于矛盾和统一之中，法律、经济等手段都调节着两者的关系，同时道德也以其特有的方式调节着个人和社会的关系。个人和社会的伦理关系主要表现为个人和社会的物质利益和精神利益的关系，这种关系归根到底由人们所处社会的物质生产方式及社会制度所决定，不同的物质生产形态中有不同的伦理关系，也就有不同的道德。自然经济形态下，统治阶级占有生产资料，生产的直接目的是满足需要，财富作为对他人劳动的单纯支配因素是以满足私人享受为目的，不是以维护统治为目的。个人和社会的伦理关系表现为人统治人的关系，反映这种伦理关系的道德往往宣扬忍受、顺从、勿抵抗等。社会主义市场经济形态下，个人和社会的关系不再表现为人对人的人身隶属关系，社会道德则表现为自由、平等、公正等等。

3. 道德反映着人与人之间的伦理关系

处于社会关系中的人必然发生错综复杂的关系，人是社会关系的总和。例如，从经济角度考察，人就是经济人，人和人之间的关系就是经济关系。这是从人的某

---

①习近平. 推动我国生态文明建设迈上新台阶［J］. 当代党员，2019（04）：4.

一活动去考察，得出人与人关系的某一属性。人际关系也可从社会生活的不同领域加以考察，社会生活主要有三大领域，即职业活动领域、社会公共活动领域、家庭生活领域。人与人之间的各种关系都有各种准则加以调节，例如，在经济生活中有经济准则调节，在职业活动领域中有各种特殊的职业准则调节，等等。但是，人与人之间的各种关系中都有一种普遍性的关系贯穿其中，这种普遍性的关系即伦理关系，用道德来调节。人际伦理关系渗透到各种人际关系之中，具有普遍性质。

4. 道德反映了人对自身的态度

社会生活中的现实的个人，都有对待自身的态度问题，都有如何面对人生和选择人生道路的问题。现实的个人是有理智、有欲望的社会存在物，理智与欲望，理性与感性，往往会发生冲突、矛盾。个人如何对待这些矛盾，是放纵自己的欲望还是规范自己的欲望，非常明显地反映了个人对自身采取的态度。不同的态度反映了个人的不同道德觉悟和水平，用理智克制欲望是合乎道德的，任意放纵自己的欲望则是不道德的。理智与欲望的矛盾在社会中常常表现为个人利益和社会利益、个人需求与社会规范的矛盾。如果个人在社会规范所允许的范围内，在不损害社会和他人利益的前提下，合法地追求个人利益来满足自身的需求，这种对待自身欲求的态度就是合乎道德的，反之就是非道德的。

总之，人与自然、人与社会、人与人和人与自身之间客观上存在一种不以人的意志为转移的伦理关系，而道德反映、协调和发展这些关系。

第二节　道德的形成和发展

弄清道德的形成和发展，认识各个历史阶段的道德特点和主要内容，是为了更好地建设中国特色社会主义新时代的道德风貌。正如习近平指出："要继承和弘扬我国人民在长期实践中培育和形成的传统美德，坚持马克思主义道德观，坚持社会主义道德观，在去粗取精、去伪存真的基础上，坚持古为今用、推陈出新，努力实现中华传统美德的创造性转化、创新性发展，引导人们向往和追求讲道德、尊道德、守道德的生活。"①

一、道德的形成

马克思主义认为，要想探究道德的真正起源，应当与生产劳动、社会关系和人

①习近平．习近平谈治国理政［M］．北京：外文出版社，2014：160-161.

类意识联系起来。这也是马克思主义道德起源论的基本立场。

1. 道德是人类劳动实践的产物

生产劳动既是人类从动物进化而来的根据，又是人类存在的前提和发展的基础。没有生产劳动，就没有人和人类社会，也就谈不上道德。可见，生产劳动创造了道德的主体，同时，生产劳动还创造了道德的需要。在人类社会早期的劳动过程中，为了取得最优化的劳动效用和避免不必要的劳动损失，必然需要某些规则和习惯对其予以组织、协调与调控，形成有关善与恶、利与害、好与坏、对与错、应当与不应当等道德观念，这是道德的基本雏形。

2. 道德是社会关系凝聚的结晶

“人的本质不是单个人所固有的抽象物。在其现实性上，它是一切社会关系的总和。”① 社会性是人的基本属性。人一开始就是社会交往群体，人与自然、人与群体、人与他人、人与自身之间必然发生千丝万缕的社会关系。人在各种社会关系的包围和环绕下，不可避免地会发生各种矛盾和冲突，需要一定的规范进行调节和缓解，这正是道德产生和发展的契机。正如法国启蒙思想家爱尔维修指出：“如果我生在一个孤岛上，孑然一身，我的生活就没有什么罪恶和道德了。我在那里既不能表现道德，也不能表现罪恶。”可见，社会关系是道德的源泉。

3. 道德是自我意识的升华

随着人类早期的生产劳动和社会交往的扩大和深化，人类的语言逐渐萌生，大脑越来越发达，人开始成为“有意识的存在物”。人类意识的形成和发展既扩大了社会交往和思想交流，又逐渐普遍化，形成社会舆论和风俗习惯，这是道德的基本雏形。在初民社会中，个人与群体的关系是自然一体交往的，这使得维护氏族部落的共同利益成为每一个氏族部落成员的道德责任，并逐渐形成善恶观、同情心和荣辱感，而这些正是道德的最初萌芽。

综上，马克思主义以唯物史观为立足点，将道德形成的起源问题与社会历史发展过程和人的活动特性联系起来予以考察，是迄今为止最具说服力和可信度最高的道德起源论。

二、道德的发展

道德作为社会意识不是一成不变的，它随着人类社会的发展而呈现不同的阶段性特征。按照马克思主义社会形态理论，伴随着人类社会的五种形态演变，人类道

①马克思，恩格斯. 马克思恩格斯选集：第1卷［M］. 北京：人民出版社，1995：60.

德也先后经历了原始社会道德、奴隶社会道德、封建社会道德、资本主义社会道德和社会主义社会道德五个发展阶段。

1. 原始社会道德

原始社会道德是道德演变过程的第一个历史类型。在原始社会中，生产力水平极其低下，人与人之间是平等合作的关系，产品平均分配。在此生产关系的基础上形成的原始社会道德，是以维护氏族和部落的共同利益为道德的基本原则的，氏族和部落的共同利益高于一切，服从和维护共同利益是每个氏族成员的最高义务和神圣职责，为了共同利益而勇敢献身的精神是高贵的道德品质。因此，原始社会基于血缘氏族的关系，整体上就呈现出原始的群体主义的特征。在这种与自然对抗的关系中，与维护氏族部落的共同利益的道德原则相适应，平等、互助、共同劳动、相互关心以及正直诚实、吃苦耐劳、勇敢刚强等，构成了原始社会道德的重要规范和品质要求。

原始社会道德是简单而纯朴的，是一种习俗式道德，往往同风俗、习惯、禁忌、传统、图腾崇拜等融为一体，人们的自觉意识还未达到理性的高级层次。人们没有把自己同自然区分开来，而是对自然现象也进行道德评判，并利用自然来论证道德规范的合理性，从而为这种简单的原始伦理道德提供了强大的威慑力量，保证氏族成员遵守，例如原始宗教中的各种自然神和自然禁忌。原始社会道德还存在许多消极方面，如血亲复仇、血缘群婚和食人之风等。这种原始道德仅仅在狭隘的氏族、部落共同体或者处于相互姻亲关系中的氏族之间具有约束与规制力量，例如，部落内部的滥杀被认为是不道德的，而杀害外族人则被认为是道德的。

2. 奴隶社会道德

奴隶社会是人类历史上第一个阶级社会。奴隶主不仅占有生产资料，而且占有奴隶及其劳动产品。奴隶主阶级道德是占统治地位的道德，其特征是维护奴隶对奴隶主的人身依附关系，保护奴隶主的私有财产，提倡等级尊卑、男尊女卑和男主女从；而奴隶阶级道德则以反抗非人虐待，争取人身的自由解放为主要内容。这两种道德的相互对抗，是奴隶社会道德的主流。

从原始社会转向奴隶社会，是生产力发展进步的表现。从总体上看，奴隶社会的道德体现了生产力和人类文明的发展，基本铲除了原始社会杀死俘虏、食人之风和群婚等野蛮的社会陋习，体现了道德的历史进步特别是奴隶阶级争取自由、解放的道德理想和实践，具有很大的进步意义。

3. 封建社会的宗法等级道德

在封建社会中，地主阶级和农民阶级的关系取代了奴隶主和奴隶之间的关系，形成了封建宗法等级制度，国王或天子拥有绝对权威。封建社会的道德特征是维护宗法等级制及其特权。地主阶级借助宗法礼教或教会，使道德规范化、神秘化，要求人们要安于自己的等级，不可僭越；与此相对的农民阶级道德则尊重劳动者的尊严和价值，不断为人身独立而斗争，并发扬了勤劳、节俭等美德。

封建社会特别强调社会对统治者的绝对忠诚，形成了一整套忠君孝亲的道德规范。在中国，最典型的就是"三纲五常"，"三纲"即君为臣纲、父为子纲、夫为妻纲，"五常"即仁、义、礼、智、信。一方面通过"三纲"建立社会基本等级规则，另一方面又通过"五常"确认每个个体在各自等级内的道德规范。封建道德具有形式和实质上的不对等，"仁义礼智信"等道德要求在形式上看似没有阶级性，但前提是不能逾越社会严格的等级制度。

在漫长的中国封建社会，道德体系中不仅仅只有阶级压迫的内容，也有许多优秀的道德传统可供继承发扬。习近平指出："博大精深的中华优秀传统文化是我们在世界文化激荡中站稳脚跟的根基。""中华传统美德是中华传统文化的精髓，蕴含着丰富的思想道德资源。"① 研究传统道德，务必考察其在封建社会和中国特色社会主义新时代的内涵区别。例如，习近平指出："国有四维，礼义廉耻，'四维不张，国乃灭亡'。"② 这里讲的"礼义廉耻"，不再是封建君主专制制度下的所指，而是在社会主义社会人民当家做主的政治前提下平等主体的"礼义廉耻"。两千年的中国封建社会的发展历程，给我们留下了宝贵的道德传统：重视整体利益，强调责任奉献；推崇"仁爱"原则，注重以和为贵；提倡人伦价值，重视道德义务；追求精神境界，向往理想人格；强调道德修养，注重道德实践。③ 习近平强调，要深入挖掘和阐发中华优秀传统文化的时代价值，"使中华优秀传统文化成为涵养社会主义核心价值观的重要源泉，要处理好继承和创造性发展的关系，重点做好创造性转化和创新性发展"④。

4. 资本主义社会道德

资本主义社会以雇佣劳动为基础，总体上是以资本家剥削雇佣工人为基本特征。因此，资本主义道德为资本主义私有制和资产阶级利益服务的根本属性，决定了其并非如同资产阶级统治者宣扬的那么美好。资本主义社会的道德特征是推崇个人主义、利己主义和拜金主义。

当然，作为人类社会进步的重要一环，资本主义不但创造了巨大的物质财富，也有着促进人类社会道德进步的一面。对产生于资本主义社会的民主、自由、平等、博爱等道德原则，必须辩证地加以分析。在资本主义制度下，这些道德概念的内容

---

①习近平. 习近平谈治国理政［M］. 北京：外文出版社，2014：164.

②习近平. 习近平谈治国理政［M］. 北京：外文出版社，2014：168.

③本书编写组. 思想道德修养与法律基础（2018年版）［M］. 北京：高等教育出版社，2018：97-98.

④习近平. 习近平谈治国理政［M］. 北京：外文出版社，2014：164.

有其特殊性。“平等地剥削劳动力，是资本的首要人权。”① 资本主义社会催生的自由、平等、契约、所有权等，与资本主义社会对剩余价值的追求密不可分。但是，在社会主义社会，基于生产资料公有制为主体的社会体系，自由、平等、契约等则是平等主体之间的道德规则。我们必须赋予其中国特色社会主义的新内涵，而不能照搬照抄。习近平指出：“我们有些人甚至党内有的同志却没有看清这里面暗藏的玄机，认为西方‘普世价值’经过了几百年，为什么不能认同？西方一些政治话语为什么不能借用？接受了我们也不会有什么大的损失，为什么非要拧着来？有的人奉西方理论、西方话语为金科玉律，不知不觉成了西方资本主义意识形态的吹鼓手。”②

5. 社会主义社会道德

社会主义作为共产主义发展的初级阶段，是对资本主义质的超越。在道德层面上，社会主义社会道德是与以往阶级道德相对立而存在的一种道德发展的崭新类型。社会主义社会作为共产主义社会整体阶段中的初始部分，社会主义社会道德自然也就是共产主义社会道德的内在构成。作为共产主义初级阶段的社会主义社会的道德，其核心是为人民服务，基本原则是集体主义，它的最高宗旨就是要建立、维护和发展这种关系，使全体劳动者团结起来，同心同德建设和实现共产主义，并为最终实现共产主义社会而提供一种道德支撑。因此，社会主义社会道德与以往的阶级社会的道德便明显地区别开来。社会主义社会道德以人的自由而全面的发展为终极价值关怀，在道德主体上体现广大劳动者的核心地位，它与任何为剥削阶级做论证的理论势不两立。社会主义社会的道德是建立在科学社会主义的理论基础之上的，并且有现实的物质运动作为保障。社会主义社会道德建立在辩证唯物主义和历史唯物主义的科学世界观的基础上，在科学社会主义思想的指导下形成。这种道德不依赖任何的宗教审判作为保障，也不是一种凭空的想象与美好的愿望，它能够依靠自身的科学性而赢得人民群众拥戴并落实到行动上。

不忘初心、奉献一生的退休干部楷模杨善洲

杨善洲，云南省保山市原地委书记。他60年坚守共产党员的精神家园，一辈子忠于党的事业，一辈子全心全意为群众谋利益，艰苦创业、廉洁奉公，鞠躬尽瘁、死而后已。

在职期间，杨善洲带领干部群众发展粮食生产、推广科学种田、开展多种经营、

---

①余达淮. 资本的道德与不道德的资本——从《1844年经济学哲学手稿》谈起［J］. 马克思主义与现实，2015（04）：74.

②习近平. 习近平谈治国理政：第2卷［M］. 北京：外文出版社，2017：327.

兴修水利设施，使原本缺粮的保山成为“滇西粮仓”。退休后，他主动放弃进省城安享晚年的机会，践行“只要生命不结束，服务人民不停止”的诺言，卷起铺盖扎进大亮山植树造林22年，把5.6万亩荒山变成绿洲，并将价值超过3亿元的林场经营管理权无偿交给国家。他坚定信念、对党忠诚的政治品格，牢记宗旨、一心为民的公仆情怀，鞠躬尽瘁、不懈奋斗的崇高境界，大公无私、淡泊名利的奉献精神，为广大党员干部树立了一面光辉旗帜。2010年10月10日，杨善洲逝世。

杨善洲荣获“环境保护杰出贡献者”称号，被追授“全国优秀共产党员”称号。在庆祝改革开放40周年大会上，党中央、国务院授予杨善洲同志“改革先锋”称号，颁发改革先锋奖章。

——摘自《求是》2019年第5期

第三节　道德的特点与社会作用

道德既具有一般社会规范的共有属性，也具有其自身的独特性，这是道德区别于其他社会意识形态的重要标志。

一、道德的特点

1. 规范性

规范性是道德的基本属性。道德的规范性，所指的就是道德对个人的思想行为和社会生活进行制约和导向的特性，主要表现为约束性和导向性。道德的约束性是指道德禁止、反对和规约某种行为的特性，道德的导向性是指道德提倡、赞成和激发某种行为的特性。二者的统一构成道德规范的基本内核。也就是说，在道德领域内否定的同时也就意味着肯定，禁止的同时也就意味着允许，不应当的同时也就意味着应当，恶的同时也就意味着善。例如，在禁止你偷盗的同时也在引导你不偷盗，在反对你欺骗的同时也在引导你诚信。

道德的规范性源于人类对规范的需要。在原始社会，要确保集体的生存，必须有一套约束个人及其天性片面发展的规范体系。正如古希腊思想家柏拉图所指出的，人的欲望就像一匹性情暴烈的野马，任其冲动则不可收拾，必须由技能高超的骑手驾驭，才能使其成为千里马。所以，只有约束那些个人背离集体的欲望，规范个体的行为，人类才能生存下去并获得发展，否则就不能在恶劣的环境中共谋生存。从根本上说，在社会生活的各个领域，都需要道德来保证运行的秩序。当然，这种规范和约束，并不是把个体和集体、个人和社会对立起来，而恰好是把他们之间的关系规范在一定的阈值范围内，保证个人与集体的共同存续。

道德的规范性还是道德的自我确证方式。从这个意义上说，没有道德的规范性，道德既不能表现自己，也无法发挥作用。道德作为特定的社会意识形态，归根到底受社会物质生产方式的制约，也必然要发挥一定的反作用，服从和服务于特定社会的经济基础。道德反作用的发挥就是通过道德的规范性来实现的。从宏观上看，道德对社会生活的反作用，主要表现在它对社会生活进行道德约束，使社会生活符合一定的道德准则；从微观上看，道德规范个人行为，使个人不至于损害社会和他人，把个人行为限制在一定的社会准则之中，这也是道德对社会生活的反作用的一个方面。

2. **主体性**

道德作为调节人与人之间关系的重要机制，既是约束和引导人们思想行为的社会规范体系，又是个体存在和发展的内在需要和自觉诉求。道德既是社会他律的显著表征，又是作为主体的人的自我控制、自我发展和自我完善的重要形式，是人的主体精神的凝聚和升华。道德的主体性是人的主体性在道德领域的具体化，是指作为道德活动的承担者在履行道德义务中表现的积极性、能动性和创造性。道德的主体性主要表现为以下五个方面。

第一，主体的自律性。马克思指出："道德的基础是人类精神的自律。"① 道德主体是欲望和理智、感性和理性的统一体。一方面，主体具有无限的满足欲望的冲动；另一方面，理性又确信其不可能无限地满足自己的欲望，否则会出现负面效果。道德主体的这种理性控制、自我约束的需要和能力，就是道德主体所具有的自律性。自律性使得主体能够根据社会的道德要求，自觉地约束、控制自己的行为，使自己符合社会道德规范。如果没有这种自律，主体也就不能成为道德主体。

第二，主体的目的性。恩格斯指出："在社会历史领域内进行活动的，全是具有意识的、经过思虑或凭激情行动的、追求某种目的的人；任何事情的发生都不是没有自觉的意图、没有预期的目的的。"② 道德也承载着主体的目的性，具有鲜明的意志指向性。道德主体从事道德活动，必然出于一定的动机和为了一定的目的，或者是为了社会的良性运行和协调发展，或者是为了个人的全面发展和走向幸福，或者二者兼具，不可能存在没有目的性的道德行为。

第三，主体的选择性。其集中地体现为主体对道德行为的选择的自愿和自由。道德行为必须是由道德主体根据自己的意志和具体的境遇而自由地做出选择。因此，现实生活中，面对一种相同的道德情境，道德主体可以选择道德作为，也可以选择

---

①马克思，恩格斯．马克思恩格斯全集：第1卷［M］．北京：人民出版社，1995：119.

②马克思，恩格斯．马克思恩格斯选集：第21卷［M］．北京：人民出版社，1965：341.

道德不作为；可以选择这种道德行为，也可以选择那种道德行为。道德主体是在被迫情况下无奈的选择，而非发自内心的自由取向，这种行为无论看似多么“崇高”和“卑劣”，都不具有道德色彩，也不构成道德行为，主体也不承担道德责任或享受道德荣誉。

第四，主体的个性。人是有意识、有目的的动物，人的道德行为必然受他的价值取向、理想信念、生活向往等倾向性因素的影响。正因如此，在同样的外在现实条件下的不同人，会产生不同的道德观念和态度，会有不同的道德表达方式和表现形式，从而形成各自独特的道德个性。这也正是道德主体性的鲜明表征。例如，对于善良的认识，有的人认为不加害就是善良，有的人则进一步要求有益于他人的行为才是善良。

第五，主体的超越性。其指主体抑制内在的兽性欲望、超越自发自然性的目的，使得道德的萌生成为必要和必然。可见，道德的发生就是主体的超越性精神的凝聚。同时，当道德作为社会和个人的需要，作为一套规范系统发生作用后，作为道德主体的人，一方面在接受和践行着社会道德规范，另一方面他内在的主体性精神也使得他具有超越性的品质，能够重构道德规范。正是主体的这种超越性的精神，推动着道德的发展，带来了道德的进步，不断丰富和完善着社会道德规范体系。

3. 实践性

道德不仅是一种行为规范和主体意识，而且是一种精神化了的行为实践，是一种以指导行为为目的、以形成正确的行为方式为内容的精神。道德把握世界的方式是实践的，是人在行动中进行善的欲求、判断和选择，是对实践的善恶判断。道德的实践性具体体现为以下几个方面：

第一，道德的出发点不是被动地反映世界，而是从社会和人的需要出发，从特定的价值追求出发去改造世界，是以精神的手段来调节人与人的关系，使社会关系符合某一价值追求。这是因为人类只有结为群体和社会才能延续下去，因此需要道德的秩序和准则的庇佑，以维护社会的稳定、和谐和发展，从而达到改造世界的目的。

第二，道德的运行方式是道德评价，道德评价既遵循已有的道德准则评价实践中的世界，又创造出新的行为规范制约和指导人的行为。人们在对事物进行善恶、价值、意义等不同尺度评价的同时，这些标准和目标又反过来作用于人的内心，让人审查、过滤自己的动机、欲望、需求，使之符合社会价值的要求，指向社会的价值目标。

第三，道德的目的是实现社会善治和个体道德境界的提升。道德不是使人盲目地听从外界、屈从现实，而是增强人的主体意识和选择能力，培养人的德性，提高人的道德境界，使人积极向善，抵制邪恶。由于社会中善与恶、正与邪、高尚与卑劣等总是相伴而生，有时候负面现象还会占据上风，因此，道德绝不允许人们随波逐流，而是不断帮助人们厘清价值和意义、形成责任心和义务感、确立高尚的理想信念，与各种邪恶势力作斗争。

二、道德的社会作用

“道德之于个人、之于社会，都具有基础性意义，做人做事第一位的是崇德修身。”① 对于一种社会意识形态，我们既不赞成“道德万能论”，也不赞成“道德无用论”，而是要客观公允地看待道德在现实生活中有限地发挥着教化、辩护、凝聚和协调的主要作用。

1. 教化作用

习近平强调：“人格是一个人精神修养的集中体现。”②道德教化，是指道德作为一种社会规范，能够引领人们树立正确的价值观念，进行合理的行为选择，塑造高尚的道德情操，使人的发展符合特定社会的发展需要。道德教化既是社会的客观需求，也是人的现实需要。一方面，任何社会都必须传播道德规范，制造道德舆论，形成社会风气，使得人们树立正确的道德观念。只有大多数人的道德观与社会主流道德观相一致、相契合，社会的秩序才能维护，社会才能稳定发展。另一方面，个人要想在社会中获得生存与发展，必须接受社会主流价值观念，不断实现自身的道德社会化，这样社会才能包容和接纳他，并给予相应的社会生存空间和发展资源。正如习近平所说：“要想行得端、走得正，就必须涵养道德操守，明礼诚信，怀德自重，保持严肃的生活作风、培养健康的生活情趣。”③

道德教化的实现，必须依赖一定的载体。首先是社会道德规范。道德规范是一系列道德原则、道德目的和道德训诫的总和，是人类在长期生活实践中总结的经验和智慧。社会通过对道德规范的宣扬，教导个体可以做什么、应当做什么以及不能做什么，对人们的思想和行为进行约束和导向，从而帮助人们逐渐形成自我的道德观念。习近平指出，“准确、权威的信息不及时传播，虚假、歪曲的信息就会搞乱人心；积极、正确的思想舆论不发展壮大，消极、错误的言论观点就会肆虐泛滥”。因此，要“及时提供更多真实客观、观点鲜明的信息内容，掌握舆论场主动权和主导权”④。其次是社会道德评价。道德评价是指通过社会舆论，对人们的行为进行道德判断、道德衡量和道德评估，并以此来阐释人们的行为有无道德价值，衡量道德价值大小的实践活动。道德评价通过谴责恶行、弘扬善道，对人们形成一定的舆论压力，抑制人们恶行的冲动，鼓励人们善行的实施。最后是个体的道德实践。道德实

---

①中共中央文献研究室. 十八大以来重要文献选编：中［M］. 北京：中央文献出版社，2016：7.

②在常学常新中加强理论修养 在知行合一中主动担当作为［N］. 人民日报，2019-03-02（01）.

③在常学常新中加强理论修养 在知行合一中主动担当作为［N］. 人民日报，2019-03-02（01）.

④习近平. 加快推动媒体融合发展 构建全媒体传播格局［J］. 求是，2019（06）.

践本身就是一个道德教化的过程。个体依据一定社会的道德要求，将社会道德规范为自己的道德意识、道德情感、道德意志和道德信念，再转化为自己的道德行为，使自己自觉或不自觉地履行道德责任。个体在道德实践过程中会逐渐发现道德要求的合理性或不合理性，并深入了解道德要求的实现所需要的不同场景和条件，从而在道德行为过程中找准自己的道德位置。

道德教化通过一定的途径来实现，主要有家庭、学校和社会几个方面。家庭是道德教化的初始途径，也是对人的道德观念影响最为深远的。学校是系统、科学的道德教育主要阵地。学校教育系统，有目的、有计划、有组织地向学生进行国家的方针政策包括道德规则的教导，使学生逐渐形成有益于社会的道德人格。习近平总书记指出，学校要旗帜鲜明加强思想政治教育、品德教育，加强社会主义核心价值观教育，引导学生自尊自信自立自强。社会是道德教化最为广泛的场景。由于社会环境的复杂性，既有良性的环境因素促进人们道德观的优化，也有消极因素助长人们的不良习气。因此，对于社会道德教化要进行主流价值观的引领。

2. 辩护作用

道德的辩护作用，是指道德能够对直接决定和影响它的经济基础和上层建筑的合理性、合法性与正当性进行论证和维护的社会功能。当某种经济基础和上层建筑在通过道德的论证和维护后，若被标榜为善的、道德的、道义的，那么这种经济基础和上层建筑便会在人们的内心获得强大的精神支持；反之，如果被认为是恶的、不道德的、违反道义的，那么这种经济基础和上层建筑不仅得不到支持，而且还会受到谴责、贬斥和否定。

“一个阶级是社会上占统治地位的物质力量，同时也是社会上占统治地位的精神力量”，“占统治地位的思想不过是占统治地位的物质关系在观念上的表现，不过是以思想的形式表现出来的占统治地位的物质关系”。① 道德属于社会意识形态，由一定社会的经济基础决定，同时又服从和服务于特定的经济基础，为经济基础提供辩护。同时，道德还受到特定社会的政治和法律等上层建筑的直接影响和制约，道德的存在和发展必然要依赖于某种政治关怀和法律支持，因此，道德也要为相应的上层建筑辩护。正如恩格斯指出：“一切以往的道德论归根到底都是当时的社会经济状况的产物。而社会直到现在是在阶级对立中运动的，所以道德始终是阶级的道德；它或者为统治阶级的统治和利益辩护，或者当被压迫阶级变得足够强大时，代表被压迫者对这个统治的反抗和他们的未来利益。”② 正因为道德作为一种意识形态，关乎旗帜、道路和国家的政治安全，因此，“需要我们进一步提高思想认识、保持政治定力，坚定主心骨、弘扬主旋律，牢牢掌握工作的领导权和主动性”③。

---

①马克思，恩格斯．马克思恩格斯选集：第3卷［M］．北京：人民出版社，1960：52.

②马克思，恩格斯．马克思恩格斯选集：第20卷［M］．北京：人民出版社，1971：103.

③中共中央文献研究室．十八大以来重要文献选编：中［M］．北京：中央文献出版社，2014：301.

道德的辩护作用表现为两个方面：肯定性辩护和否定性辩护。肯定性辩护是指道德为自身的经济基础和上层建筑提供合理性、合法性与正当性论证，确定其善良性，从而要求人们给予道义上的支持。例如，我国封建主义道德从天赋君权论出发，将皇权奠定在“天意”的基础上，将皇帝奉为“天子”，君主统治人民是“奉天承运”，人民如果反抗朝廷，不服从君主统治就是逆天之行、不道之举，是违反天道人伦的。又如资本主义道德为私有制进行辩护，认为生产资料的资本主义私有制是人类最理想的经济制度，它可以激发每个个体的积极性、主动性和创造性，从而给社会和民众带来极大的活力和生气，推动社会不断发展；相反，他们攻击公有制是对人性的控制和压抑，是违反人道主义的。与肯定性辩护相对，否定性辩护是指道德对自身的经济基础和上层建筑的合理性、合法性与正当性进行否定和贬斥，将其确定为恶的和不善的，要求人们给予道义上的谴责。例如，我国社会主义道德是在否定我国封建社会的自然经济、苏联高度集中的计划经济和西方完全自由的市场经济的过程中实现对社会主义市场经济的辩护的。可见，道德的肯定性辩护和否定性辩护其实是统一过程的两个方面。肯定某种经济基础和上层建筑的同时，就是在否定其他的经济基础和上层建筑。二者的最终目的都是维护自己阵营的经济基础和上层建筑，这正是道德辩护作用的实质所在。

3. 凝聚作用

习近平指出：“团结就是力量，团结越紧力量越大。”[①] 道德的凝聚作用，是指道德具有能够提供一定的理想信念、价值原则和规范体系，凝聚人心，激励民志，使其为实现某种共同的目标而行动的功能。社会通过各种平台展现一定的道德价值体系，运用柔性的宣传教育方式，使人们了解、认同和接受这些道德价值体系，促使人们达成一定的道德价值共识并付诸行动。

道德的凝聚作用，源于道德向人们提供了价值准则和行动纲领。社会意识是社会存在的产物，每个人所面临的具体社会环境不同，人生经历迥异，则所持有的价值观念千差万别。人们面对不同的社会现实，需要做出某种行为选择时，因为价值信念的差异，其选择可能完全不同甚至截然相反。但是，人类的群居性和社会性需求，意味着彼此之间利益相关，必须将冲突控制在有限的范围内，否则会影响彼此的生存和发展。而道德所提供的情感信念、价值原则和规范体系，实际上确立了一套价值标准和价值依据，有利于人们达成价值共识。人们只有信赖道德，愿意接受道德的指引，在面临具体的行为选择时，才能依据共识行事，尽可能地避免不必要的矛盾和冲突，从而向理想目标迈进。

道德主要通过两个基点发挥凝聚作用。一是观念凝聚。通过社会宣传教育，社会将一定的道德价值系统内化为社会成员的价值理念，不断改造和提升他们的道德

---

①中共中央文献研究室．十八大以来重要文献选编：中［M］．北京：中央文献出版社，2014：83.

意识、道德思想和道德观念，使他们形成统一的价值标准和行为取向。因此，习近平指出："我们要培育和践行社会主义核心价值观，用共同理想信念凝聚民族意志，用中国精神激发中国力量，动员全体中华儿女共同创造中华民族新的伟业。"① 二是利益凝聚。在充分尊重合理的个体利益前提下，社会道德体系会论证并说明共同体利益与个体利益之间的辩证关系，协调共同体内部的利益差别、利益矛盾和利益冲突，使得个体将个人利益与集体利益紧密挂钩，将个体与集体凝聚成为利益共同体，构建和谐的利益关系。

道德的凝聚作用，在现实生活中，关键是政治凝聚和经济凝聚。政治生活关系国家和人民的大局利益。如果政治主体们都按照他们自己的意念和兴趣进行政治实践，必然会发生各种脱离民主政治轨道的行为，造成政治上离心离德。因此，必然需要一定的伦理道德对政治主体们的行为进行规范和凝聚。道德能够给政治主体的活动确立一套价值原则，从而可以凝聚和激励政治主体们向着政治文明的方向行进。例如，对国家公职人员的思想作风、工作方式和生活样式进行规范，"把权力关进制度的笼子"②，有利于克服国家公职人员队伍慵懒、不作为、腐败等消极政治行为的发生，使他们恪守为人民服务、实现公共利益和维持社会公正的职业操守。经济生活关系国计民生的基础利益。如果经济主体们只是按照自己的利益原则处理经济生活，毫无约束、肆无忌惮，必将造成经济的无序和混乱。所以，要以道德来凝聚各个经济主体之间的利益关系，实现主体间互利互惠，经济利益和社会效益的共赢。例如，企业要依靠良好的企业道德来凝聚全体员工的思想和行为，减少企业内部员工的矛盾和内耗，使企业保持健康发展，实现企业利益和员工利益的共同增长。

4. 调节作用

道德的调节作用，是指道德通过善恶评价的方式来指导和规约人们的思想观念和实际活动，以协调和化解人们的矛盾和冲突。道德的调节作用包括外在调节和内在调节。外在调节是指道德通过社会舆论对人和事进行评议，或表扬、鼓励和肯定，或批评、贬抑和否定，形成一股强大的、外在的无形力量，指导人们应当做什么，不应当做什么，从而化解矛盾与冲突。内在调节是指道德通过人们内在的道德价值观、道德情感和道德信念等来指导人们的行为选择，使人们自觉自愿作为或不作为。道德的调节作用是由人的社会性决定的。人是社会性存在物，每个人的社会生活都夹杂着纷繁庞杂的社会关系，这些社会关系如果处理欠妥，就会发生社会矛盾和冲突。道德正是通过协调和化解这些社会矛盾和社会冲突，来促进社会生活的和谐及社会的发展。

道德调节最重要的是利益调节。这是因为利益关系是各种社会关系中最根本、

---

①中共中央文献研究室．十八大以来重要文献选编：中［M］．北京：中央文献出版社，2014：83.

②中共中央文献研究室．十八大以来重要文献选编：中［M］．北京：中央文献出版社，2014：136.

最基本和最主要的关系。现实中，利益关系集中体现在三个层面：人与自然之间的关系、人与社会之间的关系、人与人之间的关系。

首先是协调人的意志自由性和自然的客观必然性之间的关系。人是自由存在物，人具有自由自觉的特性。但人如果仅仅依据自己的自由意志而冲动行事，不仅会导致私念扩张和品性堕落，而且会导致对自然界的戕害，最终都会损伤人自身的生存和发展。正如习近平总书记在主持十八届中央政治局第六次集体学习时指出："在生态环境保护问题上，就是要不能越雷池一步，否则就应该受到惩罚。"道德的职能正是调节人的自由意志和外在必然性的关系，使人在尊重和遵循外在必然性的同时，发挥自己的自由意志，并使二者持续保持适度的张力，一方面使人的利益获得增长，另一方面也要保持自然的健康运行。如习近平在全国生态环境保护大会上指出："良好生态环境是最普惠的民生福祉，坚持生态惠民、生态利民、生态为民，重点解决损害群众健康的突出环境问题，不断满足人民日益增长的优美生态环境需要。"①

其次是协调人与社会之间的关系。现实中，个人需求和发展具有特殊性与具体性，个体追求并不总是与社会价值相一致，经常是矛盾、冲突和不相容的。所以，道德对人与社会关系的调节，实际上就是在平衡个人价值和社会价值，以避免两种极端化的倾向：要么把社会价值作为抽象、空洞的东西同个人对立起来，片面地、单向度地要求个人为社会承担义务；要么把社会价值看成外在于个人的异己力量，强调个人的主观性和自我价值，无视社会价值的正当性。道德通过善恶评价的方式来指导和规约人们的思想观念和实际活动，以协调和化解个人与社会之间的矛盾和冲突。

再次是对人与人之间关系的调节，即平衡人的权利和义务。现实生活中，人与人之间是全面的、多维的关系，人们各自在这些关系中占据一定地位，扮演一定角色，既享有权利又承担义务。但是许多人在享受自己权利的同时，却阻碍甚至破坏了他人享受权利的机会；也有人坐享其成，只享受权利，却难尽义务。人们之间的权利和义务失衡的状况，是造成社会中各种人际关系紧张的根源。道德调节人与人之间的关系，也就是在平衡人们之间的权利和义务状态，使每个人在享受他人所提供的权利的同时，也自觉履行自己应尽的义务。

十八大以来，党和国家高度重视道德建设。"我们党历来重视道德建设，始终把弘扬中华民族传统美德、加强社会主义思想道德教育作为极为重要的战略任务来抓。现在，我们正站在新的起点上，朝着新的目标迈进。实现党的十八大提出的'两个一百年'奋斗目标，实现中华民族伟大复兴的中国梦，既需要夯实雄厚的物质基础，又需要构筑强大的精神力量。"② 加强道德建设事关民族凝聚力、向心力，事关国家发展、社会和谐，事关人民幸福、安居乐业。要从全局和战略的高度，充分认识道

---

①新时代推进生态文明建设的重要遵循［N］. 人民日报，2018-5-21（01）.

②刘云山. 学习全国道德模范　加强公民道德建设［N］. 人民日报，2013-9-28（02）.

德建设的重大意义，以高度的责任感、使命感推进道德建设实践，更好地弘扬中国精神、凝聚中国力量，共同创造物质富裕、精神富足的美好生活，更好地体现社会主义道德的本质和特点。2014 年 5 月 4 日，在北京大学师生座谈会上，习近平指出："教师承担着最庄严、最神圣的使命。""教师要时刻铭记教书育人的使命，甘当人梯，甘当铺路石，以人格魅力引导学生心灵，以学术造诣开启学生的智慧之门。"[①]作为高校教师，要"坚持教书和育人相统一，坚持言传和身教相统一，坚持潜心问道和关注社会相统一，坚持学术自由和学术规范相统一，引导广大教师以德立身、以德立学、以德施教"[②]。这都是对高校教师这一特殊职业的道德期望和要求，也是道德社会作用在中国特色社会主义建设进程中的重要实现。

本章小结

本章阐述了道德的本质，道德是经济基础的反映，与社会的利益关系紧密相关，是一种特殊的意识形态；论述了道德的形成，道德是人类劳动实践的产物，是社会关系的凝结，是自我意识的升华；阐述了道德发展的五个阶段，分别是原始社会的风尚习俗道德、奴隶社会的人身特权道德、封建社会的宗法等级道德、资本主义社会的金钱自由道德以及社会主义和共产主义社会的为人民服务的道德；论述了道德具有规范性、主体性和实践性的特点；阐述了道德在社会中发挥着教化作用、辩护作用、凝聚作用和调节作用，证明了道德的重要意义，即道德是社会关系的基石，是人际和谐的基础，是社会运行的主要支撑。

思考与练习

1. 道德形成的起源有哪些？
2. 道德有什么特点？
3. 请结合实际，谈谈你对道德本质的认识。
4. 试论述中国封建社会道德的两面性。
5. 材料分析

2011 年 10 月，当"小悦悦"这个名字出现时，中国人的神经如同被电击一般，愤怒、耻辱、焦躁、困惑、叹息，人们不停发问：我们的道德担当究竟怎么了？如此逼问尽管令人痛苦，但在丑陋现象引起公愤的同时，不难发现，聚焦这些现象，鞭挞这些现象，正表明了社会对高尚道德的热切期待，对民族优秀传统的重新认同。每次社会不良现象的大讨论都是对公民伦理道德的一次考验，而考验的结果让人欣

---

① 习近平. 习近平谈治国理政［M］. 北京：外文出版社，2014：175.

② 崔静，崔清新，吴晶. 让高校成为坚持党的领导的坚强阵地——习近平总书记在全国高校思想政治工作会议上的重要讲话持续引发热烈反响，新华网，2016-12-10.

慰——呼唤良知的声音在讨论中成为时代的最强音。

其实，只要我们细心发掘，每年每月，有多少英雄模范，有多少平凡好人，正在神州大地不断出现。今年5、6月，张丽莉、吴斌、高铁成、彭伟平、周玉兰、张文华，他们的事迹如同一曲曲最美的颂歌，在亿万人的耳畔回荡；而7月，周江疆、邓锦杰，一个个响亮的名字又传遍大江南北。无论何等身份，不管有怎样不同的经历，在他们身上凝聚着当代中国的道德精髓，让伦理道德成为中国人心目中的“最美”追求。

“最美妈妈”“最美爷爷”“最美奶奶”“最美护士”“最美教师”“最美司机”，这一个个“最美”来自民间，传播于网络，最后汇聚成全国上下的主旋律。从“最美”被亿万人传颂中可以清晰地看出，这是大众心底的共鸣，是人们积蓄已久的精神呼唤。在经济高速增长、物质不断丰富的同时，国家的精神文明、公民的道德修养，日益受到社会各阶层的高度关注。追求高尚道德，是改革开放后的历史发展必然，是经济快速增长后的时代需要，是新世纪对中国的急切召唤。

在汽车行驶中，司机吴斌被一块迎面飞来的数斤重的铁片砸中。生命中最艰难的1分16秒里，他强忍疼痛将大客车缓缓减速、停车，拉好手刹、打起双闪灯、开启车门，疏散旅客。在为吴师傅送行的那天，杭州城沉浸在悲痛之中，“一座城送别一个人”，人人都被他的精神所感染，为失去这样一位好司机而落泪。

这十年是自然灾害频发、破坏力巨大的十年，但在大灾大难面前，守望相助、众志成城，彰显着中华民族的优秀品格。当非典肆虐，白衣天使舍生忘死冲在最前；当汶川和玉树遭遇地震，全国各地人人奉献爱心；当舟曲爆发泥石流，运送捐献物资的车辆一眼望不到边；当今年北京出现特大暴雨，素不相识的男女开着私家车，打着双闪灯奔向机场，去接那些无法回家的旅客……

十年间，志愿者队伍在中国大地迅速崛起，如今已经遍及全国各个行业。他们活跃在各大国际盛会，奋战在每次救援的最前列，而在街头巷尾、日常生活的关键时刻也离不开他们的身影，北京如今9个人中就有一位注册志愿者，各省市自治区都拥有一支庞大的志愿者队伍。热情、有礼、周到、微笑，是中国志愿者的写照。

——摘自陈原《“最美”温暖人心 道德凝聚力量——十六大以来我国道德建设述评》，《人民日报》2012年11月1日第14版

结合以上材料，请谈谈你对道德社会作用的认识。

第二章

高校教师应有高尚职业道德

做导师的人自己便应当具有良好的教养，随人、随时、随地都有适当的举止与礼貌。

——洛克

要 论 提 示

- 教师是履行教育教学职责的专业人员，应该具有高尚的职业道德。
- 教师职业道德有优良的历史传统。
- 高校教师师德师风重在建设。

2017 年 3 月 4 日，在全国政协十二届五次会议期间，习近平总书记在看望民进党、农工党、九三学社的政协委员时说，我国知识分子历来有浓厚的家国情怀，有强烈的社会责任感，重道义、勇担当。高校教师是知识分子群体中的中坚力量，其职业道德水平不仅会影响大学生的发展，对于自身的职业生涯也存在决定性影响。

第一节 教师职业与教师职业道德

教师的生命是一团火，教师的生活是一曲歌，教师的事业是一首诗。教师，历史悠久而又永远充满活力的职业，是人类最高尚的职业之一。

一、教师职业的含义

1993 年，《中华人民共和国教师法》出台，关于教师职业的含义有了最高权威的界定：教师是履行教育教学职责的专业人员。

可见，教师的基本职责是教育教学，即常言的教书育人。“春蚕到死丝方尽，蜡炬成灰泪始干。”教师是学生灵魂的塑造者，是学生智能的开发者，是学生成才的推动者，是人类文明的传播者和建设者。

教师职业的本质属性即专业性职业。这里，专业性职业有其特定的内涵。一般来说，专业性的职业都具有以下基本特征：首先，职业实践须有专业理论知识为依据，有专门的技能作保证；其次，职业属于公共事业，要维护服务对象的利益，遵守职业道德；最后，在本行业内，具有专业自主权。

二、教师职业的特点

作为教书育人的教师职业劳动是一种特殊的劳动，劳动对象是正在成长中的社会主体，其活动过程与其他职业相比较，主要具有以下特点。

1. 社会性

教师职业劳动是一种同人类社会的文明紧密相关的具有社会性的劳动。首先，教师的劳动要根据社会发展的要求，根据各个社会统治阶级的意志和标准，有目的、有计划地对青少年学生进行科学技术和文化知识的传授，进行思想道德和灵魂的塑造，将他们培养成为各个时代、各个社会、各个阶级所需要的人才。其次，教师职业劳动要达成其目的，离不开社会这一大系统，要借助社会各方力量。为此，教师要着眼于社会，着眼于未来，认真负责地为社会培育人才。

我国是社会主义国家，我国的教育必须是社会主义性质的，教师尤其是高校教师的教育劳动必须坚持社会主义方向。习近平总书记在党的十九大报告中指出："要全面贯彻党的教育方针，落实立德树人根本任务，发展素质教育，推进教育公平，培养德智体美全面发展的社会主义建设者和接班人。"① 这是中国特色社会主义新时代教育劳动的根本目的，也是每个高校教师应尽的社会责任和义务。

2. 复杂性

"师者，所以传道、授业、解惑也。"② 教师劳动的任务就是教书育人，即将人类社会积累的精神财富，包括文化知识、科学技术、文学艺术，以及思想理论、道德规范等加以吸收和总结，然后有计划、有层次地传授给学生，使他们在较短的时间内能系统地掌握科学文化知识和劳动技能，接替老一辈的事业，并不断地创新发展，推动人类社会的前进。

教师劳动的复杂性主要体现在：第一，劳动过程上的传递性和双向性。教育劳动过程实际上是教师和学生的双向互动过程：教师将知识技能和思想品德通过自己的劳动传递给学生；学生经过接受、转换和内化等过程，将教师传授的知识变为自己的知识，并通过自身的锻炼和修养，形成高尚的人格。与此同时，教师也在教学和研究的过程中不断得到自我的充实和发展，所谓的教学相长讲的就是这个道理。因此，教育劳动过程是师生双方一个非常复杂而又特殊的互动过程，它不仅需要师生双方都要端正劳动态度，而且还要研究、探索和掌握正确的劳动方法。第二，劳动内容上的重复性和连续性。由于学生个体的特殊性和成长的连续性，无论是知识的传授还是品德的培养都不是一蹴而就的，教师必须经常反复地教育学生，做到不厌其烦，诲人不倦。同时，由于专业与课程的稳定性，教师在培养一批又一批学生的劳动过程中，对每一批学生的教育和培养也是一个不断往复递进的过程。

---

①习近平．决胜全面建成小康社会 夺取新时代中国特色社会主义伟大胜利［M］．北京：人民出版社，2017：45．

②《师说》

3. 示范性

教师劳动的示范性是指教师的学识、思想、情感、性格、意志、言行等，都对学生产生影响并受到学生严格监督。教师不仅要用自己的学识，更要用自己的品格去教人，必须以身为教，为人师表。这主要是由教师的教育劳动是要使受教育者学会做人、做事的目的所决定的。教师的劳动对象不是死的自然材料，也不是动物或植物，而是具有各种独特个性品质的、性格各有不同的、能思维和劳动的活生生的人，是有思想、有意识、有感情、有个性的青少年。教师要把学生培养成为合格的劳动者和接班人，教师在其劳动过程中的语言、讲授、板书、仪表、行为、举止等，就必然具有示范的意义。正如加里宁在《论共产主义教育和教学》中写道："教师的世界观，他的品行，他的生活，他对每一现象的态度都这样或那样地影响着全体学生。……他的一举一动都处在最严格的监督之下，世界上任何人也没有受着这样严格的监督。"①

在物质生产劳动中，劳动者（人的因素）和劳动资料（包括劳动的工具和手段、物的因素），两者是可以分离开来的。但在教师的劳动中，这两个因素是融为一体不可分割的，可以说教师自身的素质就是最主要的劳动手段。教师在教学过程中，固然需要一定的教材、教具、实验仪器设备等物质手段，但是，它不是主要的劳动手段，它仅仅起着辅助作用，教师劳动的主要手段是教师本身的素质。教育劳动是教师通过自己的理解、消化，将人类长期积累的知识成果以高超的技巧和本领传授给学生，并以自身正确的政治思想和优良的道德品质去感染学生。对于高校教师来说，这种劳动手段即教师本身的素质要求更高一些，这与教育对象的知识层次和思想境界相联系，也与劳动产品的高级性与专门性相联系。

4. 创造性

教师劳动的创造性在于创造性地运用教育、教学规律，在复杂多变的教育情景中塑造发展中的人。教师要通过其劳动将学生培养为能履行各种社会职能、适应社会快速发展变化的有用的人，这也就需要教师在教育劳动中艰苦工作，积极实践，科学地、灵活机动地运用教育理论，进行创造性的劳动。教师劳动的创造性比一般劳动的创造性更具有灵活性。这主要是由教育对象的特殊性和教育情景的复杂性所决定的。再者，教师的劳动对象还具有主观能动性，是自我教育的主体。教师对教材内容的处理和加工，同样是创造性的劳动。

教师劳动的创造性表现在对教育教学的原则、方法、内容的运用、选择和处理上，还表现在教师的教育机智上。教育机智就是一种对突发性教育情景做出迅速、恰当处理的随机应变的能力。比如，在教学内容、教学原则、教学方法、教学过程、

---

①加里宁．论共产主义的教育和教学［M］．北京：人民教育出版社，1957：177.

教学组织形式等方面，教师结合学生实际状况，借助现代高科技教学工具，不断创造出新的、适合学生发展需要的、受学生喜欢的、更科学更先进的教学手段。创造性和创造力是对教师专业成长和专业劳动的根本要求。总的来说，创造性是教师专业素质的重要属性之一。教师劳动的有效和成功，有赖于这种创造性的开发和发挥。可以想象，没有创造性的教师劳动和教育活动味同嚼蜡，既引不起学生兴趣，也使得教师劳动变得僵硬单调。

5. 长期性

教师的劳动具有明显的长期性。正如《管子·权修》中写道："一年之计，莫如树谷；十年之计，莫如树木；终身之计，莫如树人。"教师的劳动是一个周期长、见效慢的过程。教师劳动的社会价值往往要在劳动对象进入社会并有贡献后才能最终体现出来。

一个优秀学生或合格人才的培养，是许多个劳动过程的相互结合和连续劳动的结果，教师的每一个具体劳动过程不能简单机械地因时间空间的限制而中断。教师的劳动过程在时间上具有连续性，在空间上具有广延性，工人那种"上、下班"和"加班"的概念，对于教师来讲是不适用的。因此，对教师来讲，滴水石穿、铁杵磨针的精神，什么时候都是需要的。教师劳动必须遵循应有的规律，做到示范性和连续性的统一。

三、教师职业道德的含义

职业道德与人们的职业生活紧密相连，是从职业活动中引申出来的。所谓职业道德，就是指从事一定职业的人们在职业生活中所应遵循的道德规范以及与之相适应的道德观念、情操和品质的总和。职业道德是一般社会道德或阶级道德在职业生活中的特殊要求，在范围上具有有限性，内容上具有稳定性和连续性，形式上具有多样性等职业或行业特征。

教师职业道德则是指教师在从事教育劳动时所应遵循的行为规范和必备的品德总和。它从道义上规定了教师在教育劳动过程中以什么样的思想、情感、态度和作风去待人接物、处理问题、做好工作，为社会尽职尽责。它是教师行业的特殊道德要求，是调整教师与学生、教师与教师、教师与学校领导、教师与学生家长以及教师与社会其他方面关系的行为准则，是一般社会道德在教师职业中的特殊体现。

由此可知，教师职业道德是教师在教育教学过程中不断养成的一种获得性的内在精神品质。它既是教师人格特质化的品德，也是教师教育实践凝聚而成的品质。它是一种后天获得的职业角色品质，其最基本要求，包括对学生的无害、无欺、公平有益。教师职业道德的含义可以从三个方面理解：

第一，教师职业道德是一种能使教师个人担负起教师角色的品质，是教师能充分实现其教育潜能的品质；第二，教师职业道德表现在教师在履行教育、教学责任和义务的过程中所体现出来的较强的道德意志；第三，教师职业道德表现在教师在对为师之道体验基础上所形成的内在的、运用自如的教育行为准则。

第二节　中国优良教师职业道德传统

中华文明源远流长，教师职业活动历史悠久，教师职业道德的发展有着优良的传统。《礼记·文王世子》中就说：“师也者，教之以事而喻诸德者也。”教师只有具备高尚的道德情操才能使学生“亲其师而信其道”，达到立德树人的目的。数千年教育实践的积累，提供了可资继承和借鉴的丰富的教师职业道德内容。

一、先秦时期的教师职业道德传统

教师职业道德，是随着社会教育职业活动的产生而逐步形成和发展起来的。人们最初对教师道德的要求和评价，是以谚语、信条、格言等不成文、不系统的形式反映出来的。随着社会教育职业活动的日益发展和人类道德的进步，教师职业道德才有了较为稳定和明确的规范。

我国商周以后，教育逐渐成为社会活动的一种特殊形式，随之产生教师职业。但此时学校仅仅是一种雏形，教师和贵族又是二位一体的，尚未有明确的教师职业道德理论和实践。春秋末期，新兴地主阶级走上政治舞台，“学在官府”的局面开始被冲破。伟大的教育家孔子首创私学，招授弟子，聚众讲学，较早提出了教师职业道德要求。

1. 孔子的师德主张

孔子提出了“有教无类”的主张。认为教育应为大多数人服务，人人都有受教育的权利，不应该受到贫富、贵贱、年龄、地区的限制。这个观点，强烈地冲击了贵族阶级对教育的垄断，符合新兴地主阶级和普通劳动者的利益，具有一定的道德意义。

孔子是中国教育史上第一个提出身教重于言教、以身作则的教育原则和强调教师道德威信的人。他说：“其身正，不令而行。其身不正，虽令不从。”“不能正其身，如正人何？”① 强调用教师的人格影响学生，发挥教育作用。他要求教师对待知识学而不厌，甚至发愤忘食，乐以忘忧；对待学生要循循善诱，诲人不倦，使其在

---

①《论语·子路》

学习上有“欲罢不能之势”；研究学问要“毋意、毋必、毋固、毋我”[①]，在传授知识时不隐匿，不保守。

孔子主张以“仁”为做人的最高道德标准，因而十分重视教师的道德修养，以达到培养“君子儒”的目的。他认为，教师应该“躬自厚而薄责于人”[②]，“过则勿惮改”[③]，教师苟有过失，应当立刻改正。过而不改，才成为过；有过而改的教师，其实是维护了自己的威信。这样“人皆仰之”，才能受到学生的尊敬和爱戴。孔子还认为，谦虚是教师应有的品质，人必有长于自己之处，“三人行，必有我师焉”[④]。教师要善于“不耻下问”。他本人躬行实践，向老聃学礼，访乐于苌弘，从郯子问官，向师襄学琴，因而知识极其丰富。

孔子要求教师关心学生，热爱学生。“爱之，能勿劳乎？忠焉，能勿诲乎？”[⑤]既欲爱学生，教师就必须辛勤操劳，为之服务；对学生要尽忠，就要尽心教育他；教师关心学生的疾苦，师生之间的感情才能真挚。由于他身体力行，孔门师生关系和谐融洽，这对后世尊师美德的形成，影响颇大。

2. 墨子的师德主张

墨子认为教师的最高品德就是实现其政治主张“兼相爱、交相利”。他把“隐匿良道而不相教诲”视为教师的大恶，把“有道者劝以教人”视为教师的大善[⑥]。他主张教师“叩则鸣不叩亦鸣”[⑦]，即对学生不单是有问必答，只要是有利于国家、有利于学生的，教师就应该积极主动，畅所欲言，或谏或劝，或教或阻，要以“为义”的精神进行“劝教”而不怠倦。

墨子还十分重视教师言行一致。他认为教师的好声誉，绝不能从取巧中得到，只有“以身藏行”[⑧]，“得一善言，附于其身”[⑨]，随时随地见诸实行，做到言行一致，“言行之合犹合符节”[⑩]，才能赢得威信，受到学生尊敬。

3. 孟子的师德主张

孟子强调教师要以身作则，认为“教者必以正”[⑪]。他重视教师的道德修养，主张“反求诸已”，鼓励多做“内省”功夫。而“知耻”则是修养的先决条件。人能知

---

①《论语·子罕》
②《论语·卫星公》
③《论语·学而》
④《论语·述而》
⑤《论语·宪问》
⑥《墨子》
⑦《墨子》
⑧《墨子》
⑨《墨子佚文》
⑩《墨子佚文》
⑪《孟子·离娄上》

耻，便能做于改过；过而能改，便成无过。孟子还重视教育的作用，认为教育和培养人才是一项崇高的事业，“得天下英才而教育之”，这是教师的莫大快乐。

4. 荀子的师德主张

荀子比较重视教师的作用，把教师看得比礼还重要。他认为：“今之人性恶，必待师法然后正”①，“礼者所以正身也，师者所以正礼也。无礼，何以正身？无师，吾安知礼之为是也？”② 他极力提高教师的地位，把教师与“天、地、君、亲”并立，认为教师是一切言行的准则。他说：“言而不称师谓之畔（叛），教而不称师谓之倍（背）。”③ 因而，全社会都应该尊师重教，尊师重教、好师好学是衡量国家兴衰、个人祸福的标志。另一方面，荀子十分强调教师要以身作则。他认为，教师必须具备四个条件，即“尊严而惮”“耆艾而信”“诵说而不陵不犯”“知微而论”④。就是说，教师首先要有尊严和威信；其次有丰富的经验和崇高的信仰；再次要能循序渐进，讲学的逻辑思维性强；最后要能精通细微的道理而加以发挥。至于必须具备广博知识与学问，还不在其内。在这里，荀子把教师的德行、信仰、能力、知识及其在学生中的威望等统一起来考察，作为对教师职业素养的基本要求，这是很有见地的。

二、汉唐宋明清时期的教师职业道德

秦以后，历代统治者基本上采取尊孔重儒的文化教育政策，承袭了孔孟思想，并给予补充和发展。

1. 董仲舒的师德主张

汉代董仲舒认为教育是统治人民不可缺少的工具，教师的道德责任在于“化民成性”，树立良好风俗，防止奸邪。他要求教师明“义利”，认为“义之养生人大于利”⑤。董仲舒还对教师的道德品质、知识才干、言谈举止做了具体要求。他认为“善为师者，既美其道，有慎其行。”⑥ 教师语言要简洁明了，通俗形象，“其动中伦，其言当务”⑦，不说空话，言语要恰到好处；一言一行尤应善处，不能掉以轻心，“为人师者，可无慎耶！”⑧。

---

①《荀子·性恶》
②《荀子·儒效》
③《荀子·大略》
④《荀子·致仕》
⑤《春秋繁露》《身之养重于义·第三十一》
⑥《春秋繁露》《玉怀》
⑦《春秋繁露》《必仁且智·第三十》
⑧《春秋繁露》《重政·第十三》

2. 韩愈的师德主张

唐代韩愈在其著名的《师说》一文中，开宗明义地指出教师的三大任务在于“传道、授业、解惑”，其中传道居于首位。他认为可以为师的，不在于年龄的长幼和地位的高低，而在于懂得道理比别人多而且早。同时，他破除了教师一定要在任何方面、任何时候都优于学生的观念，提出“弟子不必不如师，师不必贤于弟子，闻道有先后，术业有专攻，如是而已”的见解，这是很有道理的。韩愈肯定学业的精进在于勤勉，荒疏在于嬉戏，德行的成就在于深思，毁坏在于苟且。教师尤其要勤学钻研，“焚膏油以继晷，恒兀兀以穷年”①。以身立教，成为学生的表率。

3. 朱熹的师德主张

宋代朱熹重视教师躬行实践，认为“知行常相须。如目无足不行，足无目不见。论先后，知在先；论轻重，行为重。”② 朱熹很强调师生的道德品质修养，主张“立志”“主敬”“存养”“省察”。即做事、学习必须立志，明确目的，加强信心，专一，随时检查自己的言行，树立做人的正确态度。他在《童蒙须知》中对儿童的一言一行、一举一动都详细标明，要求儿童从小养成良好习惯。他在著名的《白鹿洞书院教条》中，更是提倡“博学”“审问”“慎思”“明辩”“笃行”，作为师生共勉的道德规范，要求师生做到“言忠信，行笃敬，惩忿窒欲，迁善改过”，“正其不谋其利，明其道不计其功”，这些都是有积极意义的，是可取的。

4. 王夫之的师德主张

明末清初杰出的唯物主义思想家王夫之十分重视教师和教育的作用。他认为教师担负着“正人心”的重任，所以选择教师关系到整个社会的人心道德。他提出教师要教人学问，必须先教人立志，而且教师本人就应有崇高的志向和高尚的品德。“善教人者，示以至善以亟正其志，志正，则意虽不立，可因事以裁成之。”③ 王夫之还提出教师必须勤奋好学，掌握渊博的知识，他认为“德以好学为极”，“欲明人者先自明”。

三、近现代的教师职业道德

鸦片战争以后，中国逐渐沦为半封建半殖民地国家，文化教育的性质发生了深刻的变化。随着西风东渐，旧学与新学碰撞、变革与复古斗争。教师职业道德呈现出“新旧”融合、“东西”交织的特点。

---

①《昌黎全集·卷十一》《进学解》

②《朱子语类辑略》

③《张子正蒙注》卷六

1. 盛宣怀的师德主张

清末盛宣怀认为教师道德的立与废，关系到整个社会风气，他说“唯师道立而善人多”[①]，把师德作为正本清源、纯化社会风气的重大措施。他认为，提高教师的道德品质，要从师范生的培养开始。为此，他把师范生的道德品质培养分为五个层次，并提出具体要求。第一层是“学有门径，材堪造就，质成敦实，趣绝卑陋，志慕远大，性近和平”；第二层是“勤学诲劳，抚字耐烦碎，就范围，通商量，先公后私”；第三层是“善诱掖，密稽察，有条理，解操纵，能应变”；第四层是“无畛域计较，无争，无忌，无骄矜，无吝啬，无客气，无火气”；第五层是“性厚才精，学广识通，行正度大，心虚气静”。盛宣怀的这个思想很值得重视。

2. 康有为的师德主张

康有为在《大同书》里描绘了理想世界的教育制度的蓝图，对教师职业道德提出具体的规定：他认为幼儿教师应该“德必慈祥，有恒性而无倦心”；小学教师应该“德性仁慈、威严端正、诲诱不倦”；中学教师要选“贤达之士、行为方正、德性仁明、诲人不倦、慈幼有恒”；大学教师要“专学精深奥妙实验有得”。[②]

康有为重视教师职业道德的影响和作用，认为教师职业道德是“全世界之人类才能德性皆系之”[③]，因此，全社会必须尊师重教。他断言：教师履行了父母的责任，其功德大于父母，所以人若路遇教师，“见者不论贵贱，皆加敬礼”[④]。当然，在半封建半殖民地的中国，这只能是一个幻想。

3. 梁启超的师德主张

康有为的弟子梁启超特别注重教育，认为“亡而存之，废而举之，愚而智之，弱而强之，条理万端，皆归本于学校”[⑤]。他提出教育的目的在于培养“新民”，使其具有新道德、新思想、新精神，具有“自由”“自治”“进步”“进取”等品德。他反对儿童教育中的体罚惩戒方法，指出“令之教育，毁齿执业，鞭笞觵达，或破头颅，或溃血肉，饥不得食，寒不得息，何物小子，受此苦刑!”[⑥] 他在《湖南时务学堂学约》中提出了教师职业道德的要求，即学纲十条：立志、养德、治身、读书、穷理、学文、乐群、摄生、经世、传教。梁启超要求教师自觉认识自身肩负的职责，热爱本职工作，从辛苦的工作中“领略个中趣味”。“在教育界立身的人，应该以教

---

①陈学恂．中国近代教育文选［M］．北京：人民教育出版社，1983：76．

②康有为《大同书》

③康有为《大同书》

④康有为《大同书》

⑤梁启超《变法通议》

⑥梁启超《论幼学》

育为唯一的趣味。个人若是在教育上不感觉有趣味，我劝他立即改行。”① 而没有责任，没有目的的教师，其苦才是不可名状的，是真正的苦。他强调教师献身教育事业，把教师职业与整个民族和国家的命运联系在一起考察，这是十分可贵的。

4. 蔡元培的师德主张

蔡元培是近代中国著名的教育家，他首创公民道德教育，把孔孟传统伦理观念的“义、恕、仁”，比附于西方的“自由、平等、博爱”，作为师生共同遵守的道德标准，一切教育均须“以公民道德为中坚”，“为根本”。② 他要求严厉治校，对师生的品行均提出较高的标准：勉励学生要“抱定宗旨”“砥砺德行”“敬爱师友”，“宗旨不可以不正大，品行不可以不谨严”；对老师要“以诚相待，敬礼有加”；对同学应“互相敬爱，道义相助”。③ 他在北京大学任职期间，组织教师“进德会”，以“不嫖不赌不娶妾”为先决条件，同时要求教师砥砺德行，束身自爱。

蔡元培反对压抑儿童个性和摧残儿童自由发展的封建教育，大力提倡崇尚自然，发展个性的新教育。他说：“教育者，与其守成法，毋宁尚自然；与其求划一，毋宁展个性。”④ 教师不能“要学生圆就圆，要学生方就方”⑤，把自己的意志强加给学生，磨灭了学生学习的主动性。

5. 李大钊的师德主张

中国共产主义运动的先驱者李大钊，从历史唯物主义观点出发，第一次就教师与民众的关系对教师职业道德提出了要求：“知识分子阶级作民众的先驱，民众作知识分子的后盾。知识阶级的意义就是一部分忠于民众作民众运动的先驱者。”⑥ 他还提出教师要以振兴中华为己任，应把现代新文明，从根底输到社会里面，要做到这些就一定要深入工农，和劳工阶级打成一片。

6. 陶行知的师德主张

伟大的人民教育家陶行知强调教师要向人民大众学习，做人民的朋友，提出：“民之所好好之，民之所恶恶之。教人民进步者，拜人民为老师。”号召教师“和人民站在一条战线上，争取真正民主的实现。共同创立一个独立、自由、平等、进步、幸福的新中国。”⑦

---

①梁启超. 为学与做人［M］. 苏州：古吴轩出版社，2016：27.
②蔡元培. 中国伦理学史［M］. 北京：中国和平出版社，2014：174.
③蔡元培. 中国人的修养［M］. 北京：民主与建设出版社，2015：228.
④蔡元培. 中国伦理学史［M］. 北京：中国和平出版社，2014：194.
⑤高平叔. 蔡元培教育文选［M］. 北京：人民教育出版社，1980：151-153.
⑥中共唐山市委宣传部，等. 李大钊诗文选读［M］. 北京：红旗出版社，2004：266.
⑦陶行知. 陶行知教育文选［M］. 北京：教育科学出版社，1981：334-337.

7. 徐特立的师德主张

伟大的无产阶级教育家徐特立，一生“以教书为职业，以教育为事业”。他对教师职业道德提出的要求主要有：一是“做教育工作的人，一般总是先进知识分子”；二是热爱人民的教育事业，忠于党和社会主义的教育工作；三是“教师应该是人师和经师的合一”；四是教师要“专心致志，钻研业务”；五是应该建立起平等的师生关系。徐特立的这些要求，对我们今天加强教师职业道德建设具有很重要的价值。

近代教育史上对教师职业道德提出要求，对教师职业道德发展做出贡献的除以上几位外，还有杨昌济、鲁迅、闻一多、陈鹤琴等，这里不一一赘述。

四、中国优良教师职业道德传统中值得继承与弘扬的精神

纵观历史，中国历代教师职业道德中的下列精神，是值得我们认真继承和弘扬的。

1. 重视教师职业道德的社会作用

重视教师职业道德的社会作用，尊重道德和追求道德价值，这是中华民族的第一传统美德。对此，许多教育家都有论述。如孔子就曾明确地指出：“志于道，据于德，依于仁，游于艺。”[①] 要求人们立志于道，据守于德，倚依于仁，游憩于礼乐射御书数六艺之中，陶冶与塑造完美的人格。这种尊道贵德的基本精神，就是强调人兽之分，突出人格尊严，就是突出道德的社会作用，突出道德的自律性，它体现了我国人民一贯重视道德建设的思想，有利于我们社会主义教师职业道德的建设，我们应予以继承、弘扬。

2. 准确反映教师职业活动的共同要求

长期以来，我国历代教育家从自身教师职业活动实践中提炼和概括出了许多教师道德规范，内容准确，用词简练，含义精辟。如“为人师表”“以身作则”“循循善诱”“教学相长”“学而不厌”“诲人不倦”“闻道在先”“术业有专攻”“圣人无常师”，等等。这是一笔极宝贵的精神财富，当前我们在进一步建设和完善社会主义教师职业道德过程中，必须认真汲取。

3. 提出了一系列教师职业道德修养的途径和方法

中国人重视人格修养，形成向内探求的主体性道德精神。“自天子以至于庶人，

---

①《论语·述而》

壹是皆以修身为本。”① 从天子一直到普通的民众，都是把修身作为根本。对此，许多教育家提出了不少修养途径和方法。如“博学”“慎思”“穷理”“明辨”“内省”“笃行”“慎独”等。这些途径和方法虽带有忽视社会实践，脱离社会实践的唯心主义倾向，但也包含着强调人的主观能动性，重视自我教育的智慧火花。因此，去其糟粕，取其精华，在辩证唯物主义和历史唯物主义指导下，对它们进行改造和利用，至今仍然是必要的和有益的。

4. 历代教育家和优秀教师体现出的优秀品质

在中华民族创造人类文明的过程中有着难以计数的优秀教育家和教师。他们在教育职业活动中身体力行地表现出来的高尚情操和品德，常常使人仰慕起敬，一直激励和鼓舞着从事教育活动的广大教师。如孔子的“不耻下问”，墨子的“赴火蹈刀、死不旋踵”，王充的“不畏权贵、反对天命”等都值得我们学习，特别是一些无产阶级教育家的高贵品质，更值得我们发扬光大。

第三节　加强高校教师师德师风建设

师德，即教师职业道德；师风，既指教师的风度，也指教师这个行业的风尚风气。中国特色社会主义新时代要进一步加强教师师德师风建设，“坚持教书和育人相统一，坚持言传和身教相统一，坚持潜心问道和关注社会相统一，坚持学术自由和学术规范相统一，引导广大教师以德立身、以德立学、以德施教”②。2016 年 12 月习近平总书记在全国高校思想政治工作会议提出的“四个统一”，是新时代加快师德师风建设的四个基本要求。

一、坚持教书和育人相统一

教师的使命在于教书育人，教书育人二者不可分割，统一于培养中国特色社会主义事业合格建设者和可靠接班人的实践过程之中。如何将教书与育人二者有机地结合统一，并落实到教学活动中，是每一位教师义不容辞的职责。《礼记》曾讲：“师者也，教之以事而喻诸德也。”教师不仅要用自己渊博的见识、扎实的专业知识去教好书，同时，也要帮助学生养成良好的道德品行。陶行知说：“先生不应该专教书，他的责任是教人做人；学生不应该专读书，他的责任是学习人生之道。”对教师

---

①《礼记·大学》

②坚持立德树人 实现全程育人［N］. 人民日报海外版，2016-12-09（01）.

而言，必须不断丰富和完善知识结构，增强教学技能，凝练育人本领，使教书与育人两方面和谐统一，努力实现教育事业的价值目标。教师教好书育好人的关键，在于他的综合素质，包括精深的学养积累、严谨的治学态度、务实的敬业精神，精通自己所从事专业领域的学科知识，博采相关科学文化知识，练就过硬本领，厚积薄发，占领学术高地，做面向学生的学术对话者，做学生学习的谆谆善导者。

高校师德师风建设关乎党的教育事业的发展，关乎教书育人这一教育根本任务的落实，更关系到教育在人民心中的形象。教师师德师风不正势必会损害教师队伍的形象和声誉，给教育事业带来不良影响。高校教师肩负着神圣的社会责任，承载着塑造灵魂、塑造生命、塑造新人的时代重任，不能仅做传授书本知识的教书匠，要立德树人，努力成为塑造学生品格、品行、品位的“大先生”，在价值塑造、能力培养、知识传授上大有作为。只有这样，才能担负起教书育人的时代使命。

二、坚持言传和身教相统一

言传身教、以身示范是作为一名高校教师的必备素质。言传与身教相辅相成，构成教书育人不可分割的两个部分。教师不仅要善于言传，而且要善于身教，让学生眼见为实，激起思想共鸣，增强对教师言传的认同和接受，最终实现对学生心灵和人格的塑造。从某种意义上说，身教比言传更为重要，正所谓“喊破嗓子，不如做出样子”。因此，教师要求学生怎么做，自己先要做出表率，这样才能让学生信服，才能赢得他们的尊敬。“桃李不言，下自成蹊。”教师不仅是知识的传授者、智慧的启迪者、人格的影响者，而且是良好道德品格的实践者和示范者。在良好师德师风的影响和带动下，学生才会亲其师、信其道，进而乐其道。

曾有心理学研究发现，人与人进行交流时，只有30%的信息量通过语言来表达，而另外70%都是由肢体动作和面部表情等第二语言系统来传达的。作为高校教师，自身需要恪守积极乐观、健康向上的人生态度，并把这种态度渗透到自己的言行中，传递给自己的学生，把言传与身教统一到“培养什么人，如何培养人，为谁培养人”的伟大教育事业中。言传与身教之所以相统一，是因为它们在教育功能上都具有知识教育、道德示范、人性陶冶等特点。“不教之教，无言之诏。”教师的良好行为和高尚风格即是不教之教，无言之诏，“不教之教”胜于“教”。教师在教书育人过程中需要注重细节，为人师表，率先垂范，以良好的师德师风影响和带动学生，帮助学生强化道德意识，提高道德修养，提升道德品质，使其自觉践行道德规范，全面发展。习近平总书记强调：“教师是人类灵魂的工程师，承担着神圣使命。”[①] 教师要牢记使命，不忘职业操守，传递正能量，完成立德树人的根本任务，实现言传和身教的统一。

---

①坚持立德树人 实现全程育人［N］. 人民日报海外版，2016-12-09（01）.

三、坚持潜心问道和关注社会相统一

这里的“道”指的是马克思主义科学理论，是共产主义远大理想和中国特色社会主义共同理想，是社会主义核心价值观，也是整个人类社会历史发展的必然。“孔德之容，惟道是从”，认识万事万物要从“道”开始。求学问道是教师的基本专业素质要求，要站在人民立场上，关注人类社会生活的本质和社会发展的规律，掌握科学方法，在实践中摸索，勇于探索、善于回答时代提出的命题，彰显学问价值。关注社会不仅是学问的价值取向，也是学问保持强大生命力的源泉。

习近平总书记强调，“传道者自己首先要明道、信道。高校教师要坚持教育者先受教育，努力成为先进思想文化的传播者、党执政的坚定支持者，更好担起学生健康成长指导者和引路人的责任”①。坚持潜心问道和关注社会相统一，是教书育人的必然要求。潜心问道，不是闭门造车、坐而论道。教师所问之“道”属于社会意识范畴，是由社会存在决定的，不是一种静态的存在，而是一种动态的存在。随着社会的迅猛发展，“道”也在不断更新。教师要跟上时代的步伐和“道”的发展，就要走出书斋，关注社会，加强对社会发展实际的认识和了解，特别是要从我们党建设中国特色社会主义的伟大实践中认识和把握人类社会发展的历史必然性。潜心问道离不开严谨治学、注重诚信、勇担责任的优良学风，高校教师需要耐得住寂寞、经得起诱惑、守得住底线，立志做大学问、做真学问，把社会责任放在首位，严肃对待学术研究的社会效果。高校教师更要看到，坚持潜心问道和关注社会相统一，实现书本知识和实践知识的更好结合，让知识服务于社会发展的需要，更好地为人民服务，为我们党治国理政服务，为巩固和发展中国特色社会主义制度服务，为改革开放和社会主义现代化建设服务。这既可以让理论联系实际，避免知识传授概念化、空洞化，增强教育的吸引力、说服力和感染力，又可以使教师所传之“道”满足社会的需要，符合育人的目的。坚持潜心问道和关注社会相统一，对教师提出了更高要求：将个人价值和社会价值相统一。教师求道不应只是为了实现个人价值，满足自身的物质和精神需求，应该本着完成小我成就大我的心态，倾力做到个人价值和社会价值相统一。

四、坚持学术自由和学术规范相统一

自由与规范是一对矛盾。学术活动由学术自由与学术规范两个相互矛盾运动着的方面组成。高校教师在学术活动中必须坚持学术自由和学术规范相统一。学术自由包括研究自由、教学自由和学习自由；学术规范包括法律规范、政策规范和道德

---

①坚持立德树人 实现全程育人［N］. 人民日报海外版，2016-12-09（01）.

规范。学术规范是学术自由的前提条件，学术自由是学术规范形成与发展的基础。学术自由是确保教师在进行学术活动时忠实于自己的探究，不受制于外在政治的、哲学的、宗教的意见或信念，自由地表达在专业领域内所发现的真理。学术规范是要求教师在从事学术活动时遵循包括科学研究的方法，学科的理论框架、概念及范畴体系等内容层面的规范，遵循约定俗成且得到学术界认同和共同遵守的观念道德与价值取向等价值层面的规范。

学术自由是所有高校孜孜以求并赖以立足的最为宝贵的根基，是科学文化繁荣的必要前提。一定程度的学术自由客观上能够为学者们提供一个良好的发展平台。早在1956年毛泽东同志就明确提出了“百花齐放，百家争鸣”的方针，以此来促进我国社会主义文化的繁荣。学术自由强调为学者提供追求科学真理的条件保障，以宽松的学术环境来保障追求真理的自由。但任何自由均是有条件的，离开纪律的强制性，自由也就无法实现。学术自由和学术规范也是如此，二者辩证统一。学术活动的健康发展离不开学术规范，社会进步与发展离不开理论创新，学术自由为理论创新提供了前提和保障，为学者们发挥思想库作用创造了条件。但是，“无规矩不成方圆”，倡导学术自由，并不代表着可以放任自流。学术自由需要学术规范的约束，学术成就需要学术规范去评定，缺少了学术规范，不仅会造成学术界一片混乱的景象，而且会影响到我国国家的稳定和发展。

好老师是民族的希望

朱永新

怎样的老师才是好老师？习近平总书记提出了四条标准：要有理想信念、要有道德情操、要有扎实学识、要有仁爱之心。他在北京市八一学校与教师座谈时，又提出了四个“引路人”：“广大教师要做学生锤炼品格的引路人，做学生学习知识的引路人，做学生创新思维的引路人，做学生奉献祖国的引路人。”他在全国高校思想政治工作会议上强调，高校教师要努力成为先进思想文化的传播者、党执政的坚定支持者，更好担起学生健康成长指导者和引路人的责任。

这些讲话，不仅明确提出了优秀教师的基本要求与条件，也为教师的培养和专业成长指明了方向。

2017年3月4日，在全国政协十二届五次会议期间，习近平总书记在看望民进、农工党、九三学社的政协委员时说，我国知识分子历来有浓厚的家国情怀，有强烈的社会责任感，重道义、勇担当。他希望我国广大知识分子自觉做践行社会主义核心价值观的模范，坚持国家至上、民族至上、人民至上，身体力行带动全社会遵循社会主义核心价值观，并积极投身创新发展实践，不断攀登创新高峰。某种意义上，教师不仅是知识分子，而且是特殊的知识分子。习近平总书记的这番讲话，也适用于教师不断提高自身修养。

理想信念，是源头活水，是好教师的不竭动力。

习近平总书记指出，正确理想信念是教书育人、播种未来的指路明灯。通往未来的路，永远不可能一蹴而就，总需要人去探索。一名好老师，应该把“传道”之“道”，蕴含在“授业”“解惑”的过程之中，用正确的方法诠释科学的理念，以自身的理解去诠释和传播中华优秀传统文化，汲取世界文明，从而培养出真正的建设者，用行动助力中华民族伟大复兴中国梦的实现。

2017 年 5 月 3 日，习近平总书记在中国政法大学考察时强调，法学专业教师要坚定理想信念，带头践行社会主义核心价值观，在做好理论研究和教学的同时，深入了解法律实际工作，促进理论和实践相结合，多用正能量鼓舞激励学生。

教师要树立哪些理想信念呢？2013 年 9 月 9 日，正在乌兹别克斯坦进行国事访问的习近平总书记向全国广大教师致慰问信，勉励广大教师牢固树立中国特色社会主义理想信念，牢固树立终身学习理念，牢固树立改革创新意识，为发展具有中国特色、世界水平的现代教育做出贡献。

道德情操，是境界修为，是好教师的成长阶梯。

良好的道德情操，会保证教师在处理好自己与他人、与集体、与国家的关系中，成为一个不断自我提升的人。

习近平总书记在全国高校思想政治工作会议上强调，要加强师德师风建设，坚持教书和育人相统一，坚持言传和身教相统一，坚持潜心问道和关注社会相统一，坚持学术自由和学术规范相统一，引导广大教师以德立身、以德立学、以德施教。

好教师的道德情操最终要体现到对所从事职业的忠诚和热爱上来。真正的教育不仅发生在课堂上，同时发生在师生交流的任何一个时刻。教师的道德情操，彰显出榜样的力量，体现出生命对生命的灌溉、精神对精神的濡染。

——摘自《中国教师报》2017 年 9 月 13 日第 16 版

党的十八大以来，党和国家事业发生了历史性变革，我国的发展进行到了新的历史起点，中国特色社会主义进入了新时代，开启了全面建设社会主义现代化国家的新征程。我国社会主要矛盾已经转化为人民日益增长的美好生活需要和不平衡不充分的发展之间的矛盾，人民对公平而有质量的教育的向往更加迫切。面对新方位、新征程、新使命，教师队伍建设还不能完全适应。习近平总书记多次强调，“教师是人类灵魂的工程师，是人类文明的传承者，承载着传播知识、传播思想、传播真理，塑造灵魂、塑造生命、塑造新人的时代重任”①，一再要求要加强师德师风建设，引导广大教师以德立身、以德立学、以德施教，争做“有理想信念、有道德情操、有

①张烁．坚持中国特色社会主义教育发展道路 培养德智体美劳全面发展的社会主义建设者和接班人［N］．人民日报，2018-09-11（01）．

扎实学识、有仁爱之心”的好教师。习近平总书记关于新时代教师职业道德建设的重要论述，深刻揭示了教师发展的内在规律，赋予了教师职业道德新的时代内涵，为加强新时代高校教师师德师风建设，打造中华民族“梦之队”的筑梦人提供了根本指针。

做新时代好教师，首先要明白“为了谁、依靠谁、我是谁”，要清楚“我从哪里来，要到哪里去”。教师职业道德是评价教师队伍素质的第一标准，扎实推进师德师风建设是新时代对教师队伍建设提出的客观要求。因此，教师必须牢固树立“四个自信”，忠于党的教育事业，在“培养什么样的人、如何培养人以及为谁培养人”上旗帜鲜明；在以德立身中提升自我修养；在以德立学中明道信道，实现德才兼备；在以德施教中潜心育人，不辜负职业担当。教师要时刻牢记“老师是第一身份、教书是第一工作、上课是第一责任”，遵循教书育人规律、学生成长规律，更好地为人民服务，为我们党治国理政服务，为巩固和发展中国特色社会主义制度服务，为改革开放和社会主义现代化建设服务，切实肩负起塑造灵魂、塑造生命、塑造新人的时代重任，培育更多担当民族复兴大任的时代新人。

本章小结

本章论述了教师职业与教师职业道德，解释了教师职业与教师职业道德的含义，阐述了教师职业与教师职业道德的特点；简要介绍了中国不同历史时期优良教师职业道德传统，并总结了中国优良教师职业道德传统中值得继承与弘扬的精神；从习近平总书记提出的“坚持教书和育人相统一，坚持言传和身教相统一，坚持潜心问道和关注社会相统一，坚持学术自由和学术规范相统一”四个方面论证了怎么样加强高校教师师德师风建设，使高校教师切实肩负起塑造灵魂、塑造生命、塑造新人的时代重任，培育更多担当民族复兴大任的时代新人。

思考与练习

1. 教师职业的含义是什么？它有何特点？
2. 请简述孔子的师德主张。
3. 请联系实际，谈谈你对加强高校教师师德师风建设的认识。
4. 材料分析。

美国学者卡他斯和韦帕斯采用严密的方法，调查访问了学生、教师、家长、教育行政人员、教育学教授、教师团体负责人 97 人，概括了优良教师现有或应有的品质和行为特征，作为改进师资训练课程的依据。他们概括了 25 项教师职业应有的品质：(1) 适应能力；(2) 仪表动人；(3) 广博的兴趣；(4) 细心；(5) 体谅别人；(6) 合作；(7) 可靠；(8) 热心；(9) 说话流利；(10) 有活力；(11) 判断力强；

(12) 健康;(13) 诚实;(14) 勤勉;(15) 领导才能;(16) 有吸引力;(17) 整洁;(18) 虚心坦白;(19) 创造能力;(20) 进取精神;(21) 敏捷;(22) 文雅;(23) 好学;(24) 自制;(25) 节俭。

——摘自黄蓉生主编《教师职业道德修养》,西南师范大学出版社,2001 年版,第 103 页。

阅读了以上材料,请你谈谈我们能从美国学者对优良师德的研究中得到什么启示。

第三章

高校教师职业道德的特点与原则

师范也者，学子之根核也。
师道不立，而欲学术之能善，
是犹种稂莠而求稻苗，未有能获也。
——梁启超

要论提示

- 高校教师职业关系的特殊性决定了高校教师职业道德的特点。
- 高校教师职业道德具有层级性高、示范性强、影响力广等特点。
- 事业为先、学生为本、真理为上是高校教师职业道德建设的重要原则。

百年大计，教育为本，教育大计，教师为本。“一个民族如何培养教师，尊重教师，以及在何种氛围下按照何种价值标准和自明性生活，这些都决定了一个民族的命运。”① 我国高校是培养社会主义青年人才的重要阵地，也是为新时代中国特色社会主义建设提供精神导引和文化滋养的重要引擎。高校的特殊使命决定了高校教师职业的特殊性，高校教师的职业道德修养关乎高校人才培养、咨政育人、文化传承、服务社会等功能的有效发挥。“教师重要，就在于教师的工作是塑造灵魂、塑造生命、塑造人的工作。一个人遇到好老师是人生的幸运，一个学校拥有好老师是学校的光荣，一个民族源源不断涌现出一批又一批好老师则是民族的希望。”② 为了建设一支高素质、专业化、创新型教师队伍，我们需要“大力加强师德师风建设，将师德师风作为评价教师素质的第一标准，推动师德建设长效化、制度化。”③

第一节　高校教师职业道德的特点

高校教师职业道德作为一种道德规范，既有一般职业道德的特点，也有其自身的特殊性。而高校教师职业道德的特殊性是与高校教师这一职业的特殊性紧密联系的。因此，在分析高校教师职业道德特点之前，有必要先探究高校教师职业的特点。

一、高校教师职业关系的特殊性

高校教师职业关系决定着高校教师的职业道德。高校教师在职业活动中发生的职业关系包括：师生关系、教师关系和教师与管理人员之间的关系。高校教师职业关系也呈现出某种特殊性。

①[德] 雅斯贝尔斯. 什么是教育 [M]. 邹进，译. 北京：生活·读书·新知三联书店，1991：54.
②习近平. 做党和人民满意的好老师——同北京师范大学师生代表座谈时的讲话 [M]. 北京：人民出版社，2014：4.
③《中国教育现代化 2035》，新华网，2019-02-23.

1. 师生关系的内容与形态更加复杂多样

与中小学的师生关系相比较，高校的师生关系涵括的范围更广。在中小学中，教师与学生的交往主要集中在课堂上，集中在教学领域，而在高校中，师生交往面从课堂扩大到了生活领域、科研领域等。高等学校是学生连接社会的纽带。出于教学与科研的实践性要求，教师在带领学生进行社会实践的过程中也使师生关系延展到社会领域。

在市场经济环境下，高校师生关系也开始遭受利益的纠缠，甚至有人调侃高校师生之间就是利益供求关系——学生上大学交了学费，这就等于向学校购买了一种教育服务，理应享受消费者的权利。这种大学生是教育消费者，教师是教育服务的供给者的论调，是对师生关系的严重误读和伤害。

2. 教师同事间的合作与竞争共存

高校教师之间的关系是竞争与合作的关系。高校是一个集思广益的场所，现代跨学科式的发展更要求教师间通力合作。然而有合作必然有竞争，包括学术上的竞争、科研的竞争，以及在学校福利、职称评定等方面的竞争。然而合作不是相互包庇，竞争不是相互拆台。

此外，高校青年教师的归属感问题也是值得关注的一个现实话题。青年教师是高校师资队伍的新鲜血液，也是潜在的学术骨干力量，是极为宝贵的人才资源。但是部分高校的青年教师在入职初期还面临着从学生向教师身份的转变问题，加上一些青年教师长期在高校内从事科研工作，对如何处理复杂的人际关系缺乏经验，这让他们在短时间内难以融入新的人际交往圈，这不利于他们形成职业归属感。

教师关系的复杂性还受长期存在于知识分子中的“文人相轻”思想残余影响。来到高校当老师的一般都不是等闲之辈，大家都有自己的专长，相互之间“不买账”是常有的事。如果从学术争鸣的角度来看，这不能说是件坏事。但由于今天的教师之间还存在着职称晋升的激烈竞争，“文人相轻”变得不道德，有诬陷的，有人身攻击的，使文人不文。这也是一种缺乏教师职业修养的表现。教师间矛盾冲突的道德关系，需要通过教师职业道德规范来加以解决。

3. 教师与管理部门之间的张力凸显

高校是一个庞大的组织机构，管理是保障高校正常运作的重要手段，良好的管理才能促进高校的发展。教师与管理人员之间的关系是校园和谐的后备保障。与中小学不同的是，高校有自成一体的管理模式，每个学校形成自身与外界不同的管理风格。

教师与管理部门及其人员之间的关系实质是个人与集体之间的关系。在高校生活中，个人与管理集体时常会发生冲突。高校教师的职业特性是追求个性的解放、个人的自我发挥，然而作为集体代表的管理部门和管理规则是不可被忽视的。在教师与管理人员之间需要良性的、人性化的管理制度。

中小学中的管理人员大多为有经验的教师，同时也可能担任教学任务。与中小学不同的是，高校中的管理人员很多是专职管理人员，大多数不担任实际的教学和科研任务，这就造成了高校教师与管理人员之间的差异。

高校是一个小社会，其机构之庞大复杂非一般学校教育机构可比，其中的管理难度可想而知。院系之间的平衡、教师之间的利益平衡是很难掌握的，而教师的产物——教学成果和科研成果又难以量化。所以，高校管理是一项复杂的活动，任务艰巨。在复杂的管理活动中，难免出现矛盾与过失，也容易导致教师与管理人员之间的矛盾冲突。

学校管理必然有制度规约，这对自由性较强的高校教师而言是不太适应的，加上近年高校也采用“规范化管理”的模式．教师不但不太适应，而且感到被管理是一件十分痛苦的事情。有的教师认为自己变成了一种工具对象，而非服务对象，因而对管理部门意见很大，教管之间矛盾加剧。

教管关系的和谐需要教师和学校管理人员共同努力，两者都要根据高校教师职业道德规范，从有利于教学科研、有利于教书育人的目标出发来调整自己的行为。

二、高校教师职业道德的特点

高校教师职业道德与其他职业道德相比，有其自身的特点，这些特点主要取决于高校教师职业劳动的特殊性。或者说，正是教师职业劳动的特殊性决定了教师职业道德的特点。具体而言，高校教师职业道德的特点主要有以下几点。

1. 在道德意识上比其他职业道德层次更高

所谓道德意识，是指人们在道德活动中所形成的道德观念、道德情感、道德意志、道德信念和道德理论体系。我们在此所讲的教师职业道德意识主要是指教师在教育劳动中所形成和表现出来的一定的职业道德认识、职业道德情感、职业道德意志和职业道德信念。道德意识是道德行为的思想根据。人们只有在正确、高尚的道德意志的支配下，才可能做出高尚的道德行为。因此，高校教师职业道德的高水准首先体现在道德意识上的高水准，具体表现在正确而深刻的职业道德认识、丰富深厚的职业道德情感、坚定崇高的职业道德信念、顽强的职业道德意志等方面。

就职业道德认识而言，教师必须充分认识教师职业道德的重要意义和特殊价值，深刻理解教师职业道德的基本原则和规范要求，从而为自觉地遵循教师道德要求、履行教师道德义务奠定科学的、理性的基础。

就职业道德情感而言，主要是指教师应当培养和具备热爱教育事业、热爱学生的深厚职业情感。热爱教育事业，意味着教师在情感上能够以从事教育为荣，以献身教育为乐，意味着教师在教育劳动中的热情、积极性、创造性、责任感和进取精神。对教育事业深厚的热爱之情，是激励教师在教育劳动中兢兢业业、尽心竭力、有所作为的强大的内在情感动力。对教育事业深厚的热爱之情，既来自教师对教师职业社会价值和教师职业劳动特点的深刻认识，也来自教师在教育劳动实践中的自觉陶冶和培养。

就职业道德信念和职业道德意志而言，主要是指教师不管在任何时候、任何情况下，都能坚信自己所从事的教育事业是神圣而崇高的，都能以足够的信心和勇气去面对来自各方面的偏见、诱惑和困难，矢志不渝地献身教育事业。只有坚定的职业道德信念，才能使教师不为各种偏见所左右，不为各种诱惑而迷茫，始终保持身为人师的自豪感和荣誉感，始终保持对教育事业的热爱和忠诚。

2. 在道德行为上比其他职业道德有更强的示范性

所谓道德行为，就是在道德意识支配下所表现出来的符合一定道德规范的行为。教师职业道德行为与其他职业道德行为相比有着更强烈的示范性。这是因为，一方面教师劳动的特点决定着教师道德行为的示范性。教师的劳动对象是可塑性大、模仿性强，世界观、人生观、价值观正处在形成阶段的青年一代，教师在他们心目中有特殊的地位。很多学生崇敬自己的老师，一切以老师为表率。哪些已经走上工作岗位的同志，一谈起自己的老师，往往也会肃然起敬，感激之情油然而生。教师在学生心目中的这种特殊地位，决定了教师对学生有着一种特殊的影响力。事实上，无论教师是否意识到，教师在教育劳动中所表现出来的一切言论、行为、品性，都会在学生心灵上留下痕迹，都会对学生产生熏陶与感染，甚至感召的作用。教师的一切言行品性，并不仅仅是教师的个人私事。一个教师良好的言行，是对学生良好的现身教育。教师在如何塑造自己，就是在如何塑造学生。叶圣陶说过，一个学校的教师能为人师表，有好的品质，就会影响学生，带动学生，使整个学校形成一个好校风，这样就有利于学生德智体全面发展，对学生的成长有益处。因此，一个教师应当特别注意规范自己的行为，应当以自己良好的道德行为给学生树立一个好的榜样。

另一方面，教师职业劳动手段和工具的特殊性，决定了教师的道德行为是对学生进行道德教育的一种有效的手段和工具。如前所述，教师职业劳动的主要手段和工具是包括教师道德素质在内的综合素质。而教师道德行为是教师道德素质的一个重要方面。因此，它必然在教育劳动中履行着教育手段和工具的职能。特别是在对学生进行思想道德教育方面，教师道德行为本身是一种非常有效的教育手段。著名教育家乌申斯基曾经指出，“教育者的人格是全部教育的基础”，教师道德对学生心灵的影响是“任何教科书、任何道德箴言、任何惩罚和奖励制度都不能代替的一种教育力量”。[1] 要想对学生进行有效的思想教育，当然需要“言教”，但同时也需要“身教”，而且身教胜于言教。这是整个教育工作特别是思想道德教育工作的一个规律。为此，要求被教育者要做到的，教育者自己必然首先做到，否则，被教育者是不会信服的。正如孔子所言：“其身正，不令而行；其身不正，虽令不从。”“不能正其身，如正人何？”教师高尚的道德行为对学生是一种期望、一种召唤、一种无形的感召，是引导和激励学生完善品德、积极向上的一种精神力量。这正所谓身教胜于言教，榜样的力量是无穷的。

正因为教师的道德言行在教育劳动中有着强烈的示范性，所以，自古以来，严于律己、以身作则、为人师表就成为教师职业的传统美德。在不同的历史时代，尽管社会制度、教育内容不同，但教师在品德上应起表率作用的观念却代代相传。16世纪捷克教育家夸美纽斯认为，教师的义务是用自己的榜样力量来教导学生，教师应当是他要培养学生的那些品德，如真诚、积极、坚定、有生气的榜样，应当是一个有修养、爱劳动、爱自己事业的道德卓异的人。

3. 在道德效果上比其他职业道德影响力更广

社会上的各种职业，都跟人们发生一定的联系，各种职业道德也必然会对社会产生一定的影响。但是，由于各种职业劳动的特点不同，其职业道德对社会影响的深度和广度也就会有差别。同其他职业道德相比较，教师职业道德对社会的影响显得更广泛、更深远。

所谓教师职业道德影响的广泛性，是指教师道德不仅直接作用于每一个在校学生，而且会通过学生影响学生的家庭和整个社会。学校是培养学生的基地，学生一批又一批地从学校被输送到社会的各行各业，学生们的道德面貌如何，对社会有直接的影响。而教师道德面貌对学生们的道德面貌有重大的、决定性的影响。因此，清末思想家盛宣怀认为，教师道德状况关系到整个社会风气，教师道德搞好了，有利于正本清源，有利于纯化社会风气。尤其是现代社会，义务教育已经普及，每个人都要经过学校教师的培养教育，教师道德也就必然影响到更多的人，影响到更广大的青少年，影响到更多数量的成年人以至老年人，影响到社会的各个阶层。再加上世界性的教育改革，教师与社会的接触越来越多，联系面越来越广泛，他们的道德也将越来越多的直接作用于社会。

所谓教师职业道德影响的深远性，是指教师职业道德直接关系到学生人格的塑造，影响着学生一生的品质，并进而影响着整个社会的前途和未来。所谓深，主要是指教师职业道德直接作用于学生的心灵深处，关系到学生性格和品质的塑造。正是由于教育劳动的这种根本属性决定了教师职业道德对学生的影响是深入到内心世界、灵魂深处的。每个人从儿童少年时期开始，他的文明习惯的养成，他的个性、

---

①王承绪，赵祥麟．西方现代教育论著选［M］．北京：人民教育出版社，2001：350.

世界观、人生观和道德观的形成，教师道德的影响起着决定性的作用。这就是人们称颂教师为“人类灵魂的工程师”的道理所在。所谓远，主要是指教师职业道德不仅影响一个人的学生时代，而且影响他们的一生，进而影响整个社会的前途和未来。教师对学生的影响一旦形成，就不会随着学生学业的结束而简单消失。这种影响已经凝结成为学生内在品质中比较稳定的一部分，从而将伴随学生的一生。毛泽东同志在给他的老师徐特立的信中说：“徐老同志：你是我二十年前的先生，你现在仍然是我的先生，你将来必定还是我的先生。”① 这感人至深的文字，充分表明了徐老对青年时期的毛泽东的深刻影响。再从整个教育事业、整个社会方面来看，教师职业道德的影响同样是长远的。教育是一项代表未来的事业，它是为以后十几年、几十年培养人才的，是百年大计。而教师的职业道德状况如何，将直接关系到教育劳动的成败，关系到教育事业的兴衰，关系到未来社会主人的科学文化素质和思想道德素质，关系到国家、民族的前途和命运，影响千秋万代。

第二节　确立高校教师职业道德原则的依据

高校教师职业道德原则在教师职业道德体系中居于核心地位，统领整个教师职业道德体系。那么如何概括教师职业道德原则？换言之，概括教师职业道德原则的客观依据是什么？总的说来，概括教师职业道德原则既要坚持以社会道德的原则为指导，同时又不能简单地把社会道德原则套用到教师职业道德原则中，应该从教育实践的客观过程出发，去建构起与教育改革和发展要求相适应的、能促进教育优化发展的教师职业道德原则。在确立教师职业道德的原则时，必须考虑以下三个因素。

一、要依据一般的社会道德原则

因为教师职业道德是一般社会道德在教育领域中的表现，必定要受到一般社会道德的影响，反映一般社会道德原则对教师行为的基本要求。在社会主义社会，教师职业道德原则是社会主义道德的基本要求在教育劳动中的体现。虽然教师职业道德原则有自己的特殊内容，但它必须以社会主义道德的基本要求为根据，反映社会主义道德对教师行为的基本要求。

①中共中央文献研究室．毛泽东书信选集［M］．北京：中央文献出版社，2003：86．

二、要依据一般的教育原则

因为教师职业道德的作用是调节教育活动中的各种利益关系，必定要受到教育劳动自身特点的影响，体现出教师职业与其他职业的不同，因此，不能简单地把社会道德原则套用到教师职业道德原则中，应该从教育实践的客观过程出发，去建构起与教育改革和发展要求相适应的、能促进教育优化发展的教师职业道德原则。

三、要依据“以人为本”的原则

因为教育劳动在本质上是一种人培养人的活动，教育劳动必须根据一定社会的需求去完成培养人、转化人的任务，因此，教师职业道德必须以受教育者的实际存在为出发点和前提条件。对于教育者本身来说，教育劳动是一种自我肯定、自我发展活动，因此，教师职业道德原则必须能够为教师自我道德修养指明方向，提供价值标准和目标，使教师在自我道德价值上的追求与在教育劳动中发挥主观能动性相一致，从而在现实的教育劳动中得到教师的自觉信奉。

第三节　高校教师职业道德的原则

高校教师职业道德的原则，指的是在整个师德规范体系中居于核心和指导地位，贯穿于师德修养的全方位全过程，并且区别于其他道德规范体系的根本标志。符合这些特征的师德原则，必须是社会主义道德原则的具体体现，必须是对教师职业劳动中人与社会、人与人之间道德关系的高度概括。我们认为，高校教师职业道德原则应当是：事业为先、学生为本和真理为上。可以说，学生为本和真理为上，是高校教师在教学和科研活动中应遵循的具体道德原则；而事业为先，则是高校教师在处理个人与社会关系时应遵循的根本道德原则。

一、事业为先原则

事业为先原则，是我国各行各业的从业者都应当遵循的职业道德原则。高校教师作为知识精英，承担科教兴国的光荣使命，在遵循这个原则上更应当起模范作用。但高校教师职业道德的事业为先原则内涵有其特殊的规定性。事业为先，要求高校教师不仅要将自己的职业当作谋生的手段，而且要视之为服务社会的途径，热爱教育事业、忠诚科学事业，报效祖国、造福人民，并在科教兴国的职业劳动中成就自己。

1. 事业为先原则的含义

事业高于一切。一个国家教育事业的发展，事关国家发展和民族命运，具有十分重要的战略意义。事业为先就是要把国家利益放在首位，把自身融入集体中，把教育事业作为价值取向和道德追求。

（1）事业为先是高校教师的价值追求

事业观是指人们对事业的根本看法和对待工作的根本态度，是人生观和道德观的重要组成部分。事业承载着人们的理想与信念，是在现实生活里实现自我价值的平台，树立什么样的价值追求就决定着有什么样的事业观。高校教师应该自觉把自己的理想和追求同自己的事业紧密联系起来，努力在平凡的岗位上做出不平凡的贡献，努力创造无愧于时代、无愧于历史、无愧于人民的一流工作业绩。

人生有限，事业无限。对高校教师来讲，是做事业的强者，还是做碌碌无为的庸人，其区别就在于把自己的心思用在教书育人上，还是用在计较个人得失上。古人云："神不至，则事不举。"一个人如果不凝神聚气，什么事也干不好。高校教师要坚持事业为先，把事业作为人生的第一追求，把工作作为人生的第一需要，把职责作为人生的第一动力，始终做到心思不分散、精力不外移、干劲不减弱。

（2）事业为先是集体主义的具体体现

尽管教师道德是在教育职业劳动中产生的，具有自身的特点，但必须始终受社会主义道德原则——集体主义的指导。

集体主义在整个社会主义道德规范体系中居于主导地位，统帅和支配着家庭道德、社会道德和职业道德，尤其对各行各业的职业道德具有广泛的指导性和约束力。高校教师承担着繁荣祖国高教事业和科技事业的光荣使命，更应当模范坚持集体主义道德原则。而忠诚于祖国和人民的科学教育事业，即事业为先，则是集体主义的具体表现。

集体主义是规范个人利益与社会利益的唯一正确原则，而个人利益与社会利益的互动主要是通过职业和事业这个中介而实现的。所谓职业，是指个人所从事的服务于社会并获得主要生活来源的专业性工作；而事业则是人们所从事的具有一定目标、规模的系统而影响社会发展的经常性活动。职业与事业相比，既有联系又有区别。从其内在联系看，两者都是人们认识和改造世界以满足社会和个人需要的专业活动，并且是互为前提、相互渗透、相互促进的；从其相互区别看，职业重在赚钱谋生、发展个性和造福家庭，而事业重在办事创业、成就事业和造福社会。因此，事业为先是集体主义的具体体现，理应成为社会主义各行各业的职业道德原则。高校教师肩负发展高等教育事业、繁荣科学技术事业的光荣使命，遵循事业为先原则更有其特殊意义。

2. 事业为先原则的基本要求

高校教师既承担着教育教学工作，又肩负着科学研究任务，因此，所谓事业为先，就是要自觉将祖国的教育事业和科学事业摆在优先的重要位置，并在科教兴国的伟大事业中成就自己。

（1）忠诚教育，报效祖国

一个教师能否出色地履行自己的崇高职责和义务，不仅直接取决于他具有的知识和才能，而且取决于他对社会主义教育事业的态度和情感。教师只有真心实意地热爱自己的教育工作，专注地把自己的全部知识和才能贡献给人民教育事业，才能有益于社会的整体利益。反之，如果一个教师心猿意马，不热爱教育工作，就很难把教育工作做好，既损害了个人利益，又损害了教育事业的利益和社会的整体利益。专注教育，报效祖国，要求广大教师把对祖国、对社会主义的赤诚之心，具体表现在热爱和忠于社会主义祖国的教育事业的实际行动中；坚持发扬集体主义精神，把个人利益与教育事业利益统一起来，维护广大人民群众的根本利益；当个人利益与社会主义教育事业利益发生矛盾时，把社会整体利益放在首位，克己奉公，忠于教职，在教育工作岗位上全心全意为人民服务。

教师热爱教育事业，不能仅仅停留在感情的层次上，而必须把这种情感转化为对教学工作高度负责的实际行动，一心一意，尽职尽责，以高质量的教学工作成果来体现对教育事业的热爱之情。一心一意，就是专心教育事业、专心教学工作，而不是见异思迁、迷恋“第二职业”。尽职尽责，就是既然选定了教师这个职业，就要全力以赴，尽心尽力，精益求精，争先创优，而不是敷衍塞责，得过且过，只求“教过”，不求“教会”。要知道，高等教育的每门学科都直通学科前沿，不专心致志、刻苦钻研，就难于登上科学的最高峰。而且高校教师接受社会和人民委托，肩负培养社会主义现代化大业的合格建设者和可靠接班人的历史重任，如果对教学三心二意，敷衍塞责，就会误人子弟，误国误民。

专注教育事业，专心教学工作，就必须创造出有社会价值的产品，即培养优质人才。也就是说，教师不仅仅占据了教师这样一个职业岗位，也不是机械地一天又一天地重复劳动，而是以失去“小我”换来“大我”的创造活动，把自己一个人的素质放大为许多大学生的素质。热爱教育、献身教育本身并不是一种目的，它的真正目的在于为祖国、为人民培养担当民族复兴大任的时代新人。它是一种失去有限而赢得无限，失去有形而得来神圣道德的劳动。因此，热爱教育、献身教育这一师德原则，要求教师不能因为自身的原因生产出“废品”“次品”“危险品”，否则，就谈不上“创造”有价值的产品。

（2）笃爱科技，造福人类

高校教师既是教育工作者，也是科技工作者。因此，既要热爱教育，也要热爱科学。无数事实充分证明，一个人一旦具有热爱自己职业的思想感情，就会全身心地、忘我地投入本职工作，或孜孜不倦地学习钻研，或勤勤恳恳地埋头苦干，或不屈不挠地开拓拼搏。这样，任何艰难困苦的工作对他来说，都已经不再是沉重的负担，而成为一种充满乐趣的活动了。在我国的高等学府，各种学科专业都与现代化建设大业密切相关，每位高校教师都要注重培养对自己所研究学科的专业思想情感，努力探索，在认识世界、传承文明、创新理论、资政育人、服务社会方面不断做出新的贡献。

高校教师队伍已经成为我国科技大军的主力和骨干。每位教师都要以主人翁的精神，积极投身于本学科专业的科学研究和技术创新活动，淡泊明志、潜心探索。要有强烈的求知欲。对新知识、新事物十分敏感，无限向往，尽力渴求，学而不厌，要有卓越的独立见解，不唯书、不唯上，善于质疑，进行独立思考，具有独立地提出问题和解决问题的能力。像马克思那样，对前人所创造的一切，都要用批判的态度加以审视，重新探讨和检验。并且站在巨人的肩膀上，做出超前出众的贡献。要有胆识，敢于冒险，胸怀大目标，敢于打破常规，探求未知；勇于向世俗挑战，除旧布新，不怕失败，勇于奉献。任何才干离开勇敢都不能上升到创造水平，只有勇敢的人才能进入科学的殿堂。要一丝不苟具有恒心。既敢于大胆地假设，又善于细心地求证；专注于一事，目标始终如一，态度锲而不舍；一丝不苟，信念坚定，不达目的誓不罢休，要求真务实不尚空谈。不满足于纸上谈兵，一旦产生新思想，就应进行尝试，化虚为实，并且在实施中力求最佳效率，做出最佳方案、最佳绩效。这样的人，往往更能成功。

科学技术作为人类认识自然和改造社会的工具和手段，其作用在于满足人类实践活动的需要以造福于社会。但科学技术的发展和应用也会带来人们预想不到的，与人类需要、人类利益相悖的消极后果。尤其是在阶级社会，虽然科学技术没有阶级性，它的成果属于全人类，但是从事科学技术的人是社会的人，他不可能脱离社会而存在。任何科学技术的研究，都离不开社会的支持，特别是统治阶级的支持，因此，科技成果的使用，必然受到统治阶级的控制。所以，我们说科技成果谁都可以应用，而且有善用与恶用之别。在人类历史上，一切剥削阶级总是把科学技术当作掠夺、奴役和发财、享乐的手段，但是一切善良正直的科学家从来都是把科技研究与人类的利益结合在一起的。高校教师作为中国工人阶级的知识分子，在进行科学研究时，是从个人私利着眼，还是以集体利益为重，为人类创造更大的财富，这是思想境界高地的分水岭，也是科研工作者道德修养的重要体现。努力把造福人类作为自己工作的出发点和归宿，这是高校教师的神圣职责。

爱因斯坦曾经把人们从事科技活动的思想动机分为三类：一是把科研当作谋生的手段，抱着功利主义目的进入科技研究领域；二是爱科学，从科研中得到精神上的满足；三是把科研当作所尽的社会责任，怀着造福人类的崇高目的。如果仅仅从个人名利出发，一味追求个人的物质享受，那就违背了科技的本质，也违背了做人的尊严。即使是个人兴趣爱好，若不与社会需要联系起来，也有一定的局限性，有碍人生价值的充分实现。应该看到，教师的个人价值，是和社会主义科教兴国大业的价值紧密联系在一起的。爱因斯坦曾说：“一个人的价值，应该看他贡献什么，而不应当看他取得什么。”在社会主义社会，一个教师的价值，不仅取决于他的存在和需要是否从他人、从社会那里得到承认和满足，更取决于他为培养学生尽了什么责任，为科教事业做了多大贡献，贡献越大，他个人的价值也就越大。

二、学生为本原则

每种职业都有特定的服务对象和工作职责，高校教师的服务对象是大学生，主要职责是教学。因此，正确处理教师与教学以及教师与学生的关系，就成为教师职业道德的重要组成部分。这要求教师以服务学生，引导学生成长成才为教学工作的出发点和落脚点，充分尊重和发挥学生的主体作用。

1. 学生为本原则的含义

（1）以学生为本是高校教师的道德要求

教师职业道德建设的主要对象是学生，主要任务是教育人、培养人、引导人。以学生为本，反映了社会主义道德建设的客观要求，也是高校教师职业道德的基本要求。以学生为本包含多方面的含义，简而言之就是一切为了学生，为了一切学生，为了学生一切。

一切为了学生，体现的是教师的一种伟大的师爱、奉献精神和责任。一切为了学生是指教师要有一颗关爱的心，处处关心学生，要把自己的一切知识和能力毫无保留地、无条件地传授给学生。教师劳动本身是复杂而艰巨的，这就为每一位教师提出了严正的挑战，必须做到一切为了学生。教师如果做不到一切为了学生，就无法完成人民交给自己的教育工作重任。

为了一切学生是指，教师应当树立“每个学生都有才，每个学生都能成才”的人才观。每个学生都有才，通过良好的教育和训练，每个学生都能成才，这是教育的本意。为了一切学生，要求教师对每一个学生负责，决不能浪费每一个学生的成长机会，学校和教师要保证在任何情况下，对不同背景的学生一视同仁，让每一个学生平等地享受学校的教育资源，要努力引领学生发展，决不放弃任何一个学生。

为了学生一切是指教师要对学生的发展全面负责。既要关心学生的学习，也要关心学生的情感、态度、价值观、品德和习惯，还要关心学生的生活、健康；既要重视学生能力的培养，又要重视人生方向的引领；既要关心学生的可持续发展，还要重视学生的终身发展。教师要精心打造学生在未来社会生活和竞争中受益的民族精神、社会责任感、科学人文素质、创新精神与实践能力等核心素养。

（2）以学生为本是为人民服务的具体体现

为人民服务是社会主义道德的核心。高校教师作为社会主义国家的知识分子理应坚持以人为本和为人民服务。而高校教师的直接服务对象是大学生，所以首先应当全心全意为学生服务，坚持以学生为本。

对高校教师来说，要践行为人民服务的道德核心，就必须坚持以学生为本，为学生服务。学生为本、服务学生就是服务人民的具体体现。这是因为：其一，学生是老师的直接服务对象。服务，在古代为一种侍奉性的劳务活动，后来为一种平等性的职业，到现代甚至发展成为与农业、工业相并列的独立产业。服务，在政治经济学中，是指个人劳动满足他人和社会的需要；在伦理学上，则是指自觉地造福于他人和社会的道德行为。作为人民教师，如果不能自觉地为学生服务，就根本谈不上为人民服务。其二，大学生都是人民群众的子女。人民把自己的孩子送到高校深造，就是将自己对子女的教育权委托给了高校教师。所以，教师对学生负责就是对家长负责，为学生服务就是为人民服务。其三，大学生是祖国和人民的未来和希望。作为高校教师，以学生为本，为学生服务，就是为祖国和人民的未来负责，就是为实现祖国和人民的殷切希望而劳动。

同时，以学生为本，服务学生，并非只有奉献，并非成就了他人，牺牲了自己。首先，服务学生是教师谋生的手段。教育就是一种服务，也是一种由国家和人民投资并为国家和人民培养接班人的公益事业。教师与学生是相互依存的，没有学生就没有教师的生存和发展。其次，服务学生是教师成才发展的途径和动力。要不断给学生传授新的知识和先进的价值理念，必须不断提高自身的学术水平。教师教学若想事半功倍，就得优化教学方法，讲究教学艺术，把课讲得既有料又有趣。同时，教学过程是双方交流的过程，也是相互启发、双向收益、共同进步的过程。

2. 学生为本原则的基本要求

高校教师只有坚持以学生为本，才能自觉促进高教事业的全面、协调、可持续发展，才能促进大学生的自由全面发展。学生为本原则的基本要求包括以下几个。

（1）了解学生，因势利导

坚持学生为本，首先要了解学生、关心学生。著名教育家乌申斯基说：“如果教育家要从多方面来培养人，那么他就应该从多方面来了解学生。”徐特立也曾指出：“老师要了解情况，了解学生个人的情况，学生家庭的情况。”教师只有全面地了解学生的学习、生活、思想、健康等情况，才能从实际出发，有的放矢地进行育人，取得良好的教育效果。了解学生，是教师坚持以学生为本的认识基础。教师只有深入学生中，了解每个学生，才会更多地体会到教师对于学生成长的重要意义，增强关爱学生的炙热情感。反之，如果教师对学生的情况不甚了解，或者偏听偏信，一叶障目，抱有成见，就难以真诚地关爱每个学生。

了解学生，也是正确教育和评价学生的前提。教育规律要求教师因材施教。学校教育要求从一切方面去教育好每个学生，那么就必须首先从一切方面去了解每个学生。教师只有全面了解学生的思想表现、兴趣爱好、性格特征、学习情况、身体状况、家庭环境、社会交际等等，才能根据每个学生的不同特点，找到适合学生个人特点的教育途径和方法，因势利导地进行有针对性的教育和教学，开发每个学生的潜能，充分调动他们奋发向上的积极性。

（2）尊重学生，循循善诱

尊重学生，是以学生为本原则对教师提出的道德要求，也是教育规律的客观要求。要搞好教育工作，不仅要发挥教师“教”的积极性，而且也要发挥学生“学”的积极性。尊重学生，是对学生的一种善意的行动倾向，是调动学生积极性的关键。《学记》中说“道而弗牵则和，强而弗抑则易，开而弗达则思”，指的是教师应当尊重学生，循循善诱，才能使师生和悦，有利于学生的学习和思考。尊重学生，最基本的是尊重学生的人格、个性和自尊心。

尊重学生的人格，就是肯定、尊重他们做人的尊严和价值。在社会主义教育活动中，教师与学生在法律人格、道德人格上是平等的，没有尊卑、贵贱之分，应当互相尊重。我们提倡学生尊重教师，也要求教师尊重学生，教师在教育工作中，应以朋友的身份平等对待学生，不能自视高人一等，或粗暴地对待学生，不能专横武断，以势压人。讥讽、侮辱等言行是不符合教师道德要求的。

尊重学生的个性，是尊重和培养学生的重要内容。学生的个性，是指学生个体区别于他人的独特性。每个学生都具有独特的天赋、气质、智力、意志、情感、兴趣、才能、体质等。尊重学生的个性，发展学生的个性，要求教师在教育活动中尊重学生的个人特点，因材施教，因势利导，重视和发展学生的兴趣、爱好、特点和独立性。尊重学生的个性，培养学生的个性，是社会主义现代化事业的需要。

尊重学生的自尊心，就是尊重学生自我肯定、自我信任、自我尊重的积极态度倾向。学生的自尊心是“自我教育之母”，是一个人的荣誉感、健康的自爱心、不甘落后的上进心的源泉之一。教师就要抓住学生的这种上进心，让每个学生都抬起头来走路。有些教师希望用直接的、似乎最快速的办法来消除学生的缺点，如对学生的缺点进行公开批评，以为这样能给他们一点压力，使他们好好想想然后改正。这样做多数效果不好，而且容易产生副作用，带来后遗症。因此，教师要充分地理解他们，信任他们，“扬善公庭，规过私室”，并因势利导、循循善诱，热忱地帮助他们改正错误。

（3）关爱学生，宽严相济

教师对学生的爱，是一种源于社会职责的爱，它是建立在职业基础上的。因为作为教师教育对象的学生，既不是教师个人的亲属，也不是由教师根据自己的喜爱任意挑选出来的，而是按照工作的需要，由学校统一安排的。教师对学生的爱，不是出于血亲关系，不是出于个人的利益或喜好，而是在集体主义道德原则指导下，从教育事业利益和学生的切身利益出发，出于对教育工作的强烈责任心和事业心而表现出来的情感。教师对学生的爱是一种全面公正的爱。教师不仅要关心学生的生活，还要关心学生的德、智、体、美的全面发展；不仅要给聪明优秀的学生以爱，还要给所谓的“差生”“特殊生”“一般学生”以爱，做到不偏爱，一视同仁。生活和学习遇到困难、思想品德存在一些明显缺点、错误的后进学生，往往更需要受到教师的关心、爱护和正确的教育。

教师对学生的爱是一种严慈相济的爱。教师关爱学生不是一种溺爱或宠爱，也不是让学生放任自流、自生自灭，而是要爱中有严、严中有爱、严慈相济。对学生的错误、缺点要严格加以纠正，不得有半点迁就，更不能容忍、回避和支持。从高度的工作责任心和社会责任感出发，尊重学生的人格、个性和自尊心；对所有的学生不偏爱、不歧视、不讽刺、不体罚，按照党的教育方针，对学生严格教育，热情关怀，引导和帮助他们健康成长。教师对学生的爱是一种真诚无私的爱。教师辛勤劳动，满腔热情地把自己的知识、能力贡献给学生，用自己的心血哺育下一代，并不企求给自己个人带来什么好处，而是按照党的教育方针把他们培养成社会主义现代化事业的忠诚建设者和可靠接班人。

三、真理为上原则

高校教师的工作职责，除教学外就是科研。与教学相联系的师德原则是以学生为本，与科研相联系的师德原则是以真理为上。而以学生为本与以真理为上都服从于事业为先原则，都服务于科教兴国和人才强国战略目标。真理为上原则，要求高校教师热爱真理，追求真理，传播真理，运用真理，并在造福社会的同时成就自我。真理为上原则，是社会主义科技活动的本质要求，也是社会主义科技道德的集中体现。

1. 真理为上原则的含义

科技是第一生产力，为了迎接新科技革命的挑战和推进社会主义现代化事业发展，我国实施了科教兴国、人才强国战略。高等学校教师作为我国科技创新的中坚力量，理当追求真理，造福社会。

（1）真理为上是高校教师的职业操守

坚持真理是知识分子，特别是高校教师应该具备的优秀品格。这一品格体现着实事求是的科学态度、执着追求的探索精神。作为高校教师要勇于坚持真理，敢于纠正错误，坚决反对形式主义、浮夸作风。

坚持真理为上，要求高校教师要有敢于探求真理的勇气。我们的前人已经探求过真理，也确实寻找到了真理，但后人必须根据变化了的实际情况继续不断地探索。探求和发现真理，离不开实践，更需要实事求是的科学态度。客观事物的表象和本质常常存在着差距，不深入本质也就难以探求真理，掌握真理，而要想透过现象抓住事物的本质，则往往会遇到来自习惯的束缚，也会遇到利害关系的阻力，更何况探求真理，掌握真理是一个从实践到认识再到实践的循环往复的过程，难免受到人的主观因素和客观环境的干扰和限制。因此，高校教师要具备无私无畏的探索精神和与时俱进的创新精神，也要有乐于奉献的崇高品质。

坚持真理为上，要有科学的态度和无私无畏的胸怀胆略，做彻底的唯物主义者。现在一些高校教师“依附权势”的心理较重，归根结底是过分看重权威和利益。因此，在实际工作中，察言观色、见风使舵、阳奉阴违，不敢讲真话，这实际上反映出他们道德人格的缺陷。正如古语所云：“上用目，则下饰观；上用耳，则下饰声；上用虑，则下繁辞。”所以，广大教师要从国家和人民的利益出发，从科学原则出发，不计较个人得失，做到对上不卑不亢，敢于直抒己见，对下不盛气凌人，乐于礼贤下士，即坚持己见，又不故步自封，真正有所作为、造福人类。

坚持真理为上，要求高校教师要敢于坚持真理，同不良现象作斗争。不论是科学研究，还是在改革开放实践中，新情况和新问题会不断出现，高校教师要善于分辨是非曲直，勇于创新，坚持正确的东西，同时还要警惕守旧势力的干扰，敢于同歪风邪气作斗争。在现实生活中，有时会遇到对自己不公正，甚至被误解的情况，而坚持真理，刚正不阿的品格就显得更为重要，它会使你走出迷茫，走出恐惧，勇往直前。

坚持真理为上，要求高校教师要敢于批评和自我批评，开展积极健康的思想斗争。既要勇于打扫自己身上的灰尘，又要诚恳地帮助别人打扫身上的灰尘；既要批评自己工作中的缺点错误，也要批评别人工作中的缺点错误；对己不文过饰非，遮掩缺点，对歪风邪气、弄虚作假不能视而不见，要大胆抵制。要开展批评与自我批评，既要从大处着眼，又要善于见微知著和防微杜渐，抓住问题的实质，使自身素养不断提高和完善。

（2）真理为上是造福人类的本质要求

造福人类是科技活动的根本宗旨，但科技工作者造福人类，不是靠付出体力劳动创造的实用性物质成果，而是靠付出脑力劳动而创造的真理性科学技术成果。所谓真理性科学成果，指的是运用科学范畴、定理、定律等思维方式，反映客观世界的本质和规律的知识体系，而不是谬误性的伪科学和假知识；所谓真理性技术成果，指的是直接应用并正向推进人类实践活动的科学知识、技能和操作方法。历史一再证明，只有真理性的科技成果才能造福人类，而谬误是同人类幸福背道而驰的。马克思主义真理观与价值观统一的原理也表明，真与善、美之间具有内在的本质的必然联系，而真与丑、恶之间也有内在的本质的必然联系。以“有用便是真理，无用便是谬误”为信条的实用主义，不过是不择手段地为谋求世界霸权或满足个人欲望辩护的反动理论。正确的命题应当是：真理必然有用，而有用未必是真理。也就是说，真理是有用的前提。

真理为上，是对追求真理重要性的简明概括，它本身包含着十分丰富的内涵。其一，不要容忍谬误的滋生蔓延，而要坚持真理为上的原则。发现伪科学、假技术，不能任其泛滥。教师自己在探索真理的征程上也难免出错，但不能知错不改，在同谬误的斗争中坚持和发展真理。其二，不要迷信学术权威，而要坚持真理为上的原则。权威是学术带头人，那当然应当虚心学习，但任何权威也有局限性，也有自己犯错误的时候，此时的正确态度应当是“吾爱吾师，但吾更爱真理”，勇于站在前人的肩膀上超越前人。其三，不要满足于浅尝辄止，而要坚持真理的提升完善和推广应用。任何科学体系都是一个开放的体系、发展的体系，谁能解放思想、开拓创新，谁就可能在真理的长河中探索前进而到达希望的彼岸。现代科学技术和生产一体化现象日益显著，谁能将科学转化为技术，将技术转化为生产，谁就能做出更大贡献。其四，不要贪图个人或小团体的私利，而要不懈追求与真理具有本质联系的社会公利。主动自觉地将自己的科研活动同科教兴国乃至造福人类的伟大目标联系起来，是社会主义科技工作者的崇高选择，也只有将自己这一滴水融入真理的长河大海，自己这滴水才会永不枯竭。

高校教师作为社会主义的科教工作者，不仅应当而且完全可以主动自觉地践行造福人类这一道德准则，并在服务人民、科教兴国、造福人类的神圣事业中，发挥才智，成就自己。

2. 真理为上原则的基本要求

真理为上的内涵是丰富的，要求也是明确的。但高校教师，既是教育工作者，也是科研工作者。因此，真理为上原则对高校教师的要求，既同对专职科技人员的要求有一致性，也有一定的特殊性。

（1）热爱专业，铸成专长

热爱专业，是热爱科学的具体表现，也是成就事业的内在动力。每位高校教师在上学阶段都有自己的专业，现在又有自己教学的专业和课程。一般说来这两者应当是一致的，否则很难胜任教学工作。但这里所说热爱专业，主要指现在所教的课程及其所属专业，也是自己的中心兴趣之所在。这既是搞好教学的需要，也是搞好科研的需要，教学与科研方向相一致，是高校教师胜任职业、成就自己的唯一正确的选择。如果高校教师对自己所教授的课程和研究的专业不感兴趣，那就谈不上对职业的热爱，也谈不上对科学的热爱，更不可能有所作为。所以，一定要培养自己对专业的浓厚兴趣和执着爱好。须知，一个人的专业兴趣和爱好不是天生的也不是一成不变的，而是靠后天的教育培养和实践体验得来的。只要认识到该专业的社会作用与意义，只要认定专业，刻苦钻研，就一定能在思想和情感上发生质的飞跃，从不熟悉到熟悉，由不理解到理解，变不热爱为挚爱，并达到热爱专业并为之献身的崇高境界。

世界结晶产业格局的改写者

——记天津大学教授王静康

新学期，天津大学化工学院2017级本科生惊喜地发现，“现代化工设计概论”这门必修课的授课教师，竟然是中国工程院院士、国家工业结晶技术研究推广中心主任、结晶科学与工程国际联合研究中心主任王静康。

王静康愿意把自己称为“党员科学家”和“人民教师”。从教57年，她一直坚持为本科生、研究生授课，授课所用的PPT都是她一个字一个字敲出来的。

她将自己领衔发明的“塔式液膜熔融结晶共性技术与设备”等内容毫无保留地写入了研究生教材《工业结晶与粒子过程》；她也将自己带领团队完成的国家重大科技攻关项目、省部级攻关和产学研合作项目作为本科生教材《现代化工设计概论》的教学案例；她鼓励学生广泛地看参考书，并进行启发式教学、实行开卷考试。

严师出高徒。王静康培养的硕士生、博士生、博士后已过百名，很多人成为国内外大学教授、研究员或科技企业的高级工程师。“这让我觉得无愧于‘人民教师’这个光荣称号。”她说。

要使中国学生能够与世界著名大学毕业生“同台竞技”，就必须提高学生的可持续发展能力和国际竞争力。为此，在国家外专局的支持下，王静康与美国麻省理工学院、美国密歇根大学等开展国际合作研究，与包括诺贝尔奖得主在内的世界顶级专家学者联合培养博士生。针对本科生，王静康积极推动天大化学工程与工艺专业通过英国化学工程师协会最高级别国际认证，为学生申请出国、成为国际“特许工程师”打下了很好的基础。

除了实验室，生产一线也是王静康的工作地点。多年来，王静康带领团队，既当研究员又当工程师，既当技术员又当操作工，有时在企业车间一待就是十几个小时，饿了就吃方便面，直到产业化成功。

1990年，王静康接受了国家“八五”重点科技攻关项目“青霉素结晶新工艺与设备在生产中的应用开发”，并定下必须“一次开车成功”的目标。团队成员放弃了无数假期、节日，一心扑在工作上。在项目研发后期，由于过度劳累，王静康的甲状腺疾病复发，引发心脏房颤。

为了不耽误项目研究，她把手术时间一拖再拖，直到进行土建工程和设备安装时才住院。等到实施项目产业化的工厂进行设备、仪表等调试时，术后休养的王静康又先后7次赶到现场，检查并指导设备、仪表及管路安装到位。

终于，王静康和团队在华北制药厂“一次开车成功”，每吨青霉素产品净增效益两万元。该技术迅速在全国推广，应用于全国90%的青霉素产业，使我国青霉素产品占领八成以上的国际市场。

此后，“王静康”这三个字与“九五”“十五”“十一五”重大科研攻关和支撑计划项目及“十二五”科技支撑计划紧密相连。她的科研成果使我国工业结晶研发跻身世界前沿，让“中国结晶”一次次改写世界结晶产业格局。为此，王静康也被誉为“中国工业结晶之母”。

而她对团队的要求始终是要做到“一次开车成功”，“因为一旦失败就会给企业造成巨大的经济损失，所以此前的收集实验数据、小试、中试都要严谨再严谨，不能出任何纰漏”。在王静康的严格要求和督促下，多年来，团队进企业都能“一次开车成功”，从未失败。

——节选自《中国教育报》2017年9月15日第1版

（2）勇于创新，奋发进取

要攀登科学高峰就要参加到科技实践活动中去。科技实践是走前人未曾走过的路，其内在的探索性、复杂性、艰巨性，决定着科技活动的每一步前进都不会是一帆风顺的。正像马克思在《〈政治经济学批判〉序言》中讲的那样，“在科学的入口处，正像在地狱的入口处一样，必须提出这样的要求：‘这里必须根绝一切犹豫；这里任何怯懦都无济于事’”①。即使是在尊重科学、尊重人才的现代社会，追求科学、真理也不是一件轻松、惬意的事。要把一生献给科技事业，就必须具有坚定的信念和勇气去披荆斩棘，开拓前进，走前人未曾走过之路。

俗话说，“有志者事竟成”，然而科技工作者从树立了信念的“有志者”，到发现真理的“事竟成”之间还有一段艰难的路要走，没有顽强的毅力是不可能跋涉到成功彼岸的。同时，大自然的奥秘，客观事物的发展规律，是通过大量的现象和无数偶然事件表现出来的。科技工作者要通过积累、分析、研究一个个现象和一桩桩偶然事件来发现真理。这个过程也不是一朝一夕所能完成的，需要长时间反复的实验研究，甚至是无止境的，要几代人才能完成。这就需要科技工作者具有耐心和恒心。

科学研究不仅要勇于创新，而且要奋发进取。科学研究主要分为基础理论研究和应用技术研究两大类型，但不管哪种研究都要研究者努力做到奋发进取。基础理论研究，一定要深入广泛地进行调研，充分占有翔实的第一手材料，并运用科学方法，通过去粗取精、去伪存真、由表及里、由此及彼的方式求得真理性知识，并推动科学的进步繁荣。应用技术研究，更应当注重实际的调查研究，在理论和实践的结合上狠下功夫，把科学理论升华为新的理论假设或者实践决策，用以指导实践，并在实践中检验理论和发展理论。进行这两类科研的过程，都是奋发进取的过程。在为科研而科研、为职称而科研等急功近利、沽名钓誉等不正学风屡禁不止的情况下，更应倡导奋发进取、求真务实的良好学术品格。

（3）坚持真理，修正错误

坚持真理，修正错误，既是对科技工作者道德品质的要求，也是科技工作者在

---

①马克思，恩格斯．马克思恩格斯选集：第31卷［M］．北京：人民出版社，1998：415.

科学上取得成就的方法论原则。科研活动是人们对未知领域的探索，由于客观事物的存在和发展具有复杂性、多样性，而人们的主观认识具有一定的局限性和差异性，因而在学术界必然出现不同观点、不同理论和不同学派。这些认识，有的正确有的错误，有的全面有的片面，有的深刻有的肤浅。这些分歧和矛盾是客观存在的，也是不可避免的。同时，也正是这些矛盾及其斗争是推动科学发展的内在动力。真理总是同谬误相比较而存在，相斗争而不断发展。

科学真理最初往往掌握在少数人手里，真理能否被坚持，不仅是十分重要的，而且是十分困难的。因为任何一项科学发现和技术发明，都要经历反复实践的验证，才能为社会所承认，并在实践中获得广泛的应用和发展。这是科学发现和技术发明作为理论形式完成以后的历史使命和全部价值。然而，我们知道，新科技活动绝不是科技工作者只同自然界发生关系，而其中必然涉及人与人之间的关系，这种多重关系给科学技术的发展和科技工作者的活动带来了复杂性和艰苦性。这主要表现在对科技成果真理性的怀疑和对新发现的否定倾向上，特别是当新发现在理论上处于探索阶段，而发现者是初出茅庐的年轻人或不是社会上所公认的科学界人士时，这种否定倾向表现得尤为强烈。不少科学家为了追求真理、捍卫真理，献出了自己宝贵的生命。然而，科学真理是不可战胜的，它必将在同谬误的斗争中愈挫愈勇，并最终战胜谬误，并为越来越多的人所接受。所以，一个优秀的科技工作者，应该具备坚持真理、捍卫真理的胆略和气节，既要有发现真理的勇气，还要有不惧权威的大无畏精神。

修正错误也是坚持真理的一种表现，也是科技工作者应有的职业道德。错误是主观认识与客观世界及其变化规律不一致的反映。在探求真理的道路上，错误是很难完全避免的。但是不能因为怕出错误就不去追求真理了。正如李政道所言，不要怕犯错误。在科学上，要得到正确的东西，总要先犯很多错误；如果你能把所有的错误都犯过之后，那最后得到的就是正确的结果了。纠正错误，不仅可以克服主客观的不一致，还可以吸取经验教训，为认识科学真理找到新途径。所以，修正错误就是在向真理靠近，而将错就错才是最大的错误。法国科学家波义耳认为，为真理而放弃错误并不算丢脸，这比打肿脸充胖子或者认为原来是正确的就固执己见而坚持不改要好得多。科技工作者，必须具备坚持真理、修正错误的精神，具备执着追求、忘我的牺牲精神和锲而不舍的努力精神。否则，就不可能打开未知领域的大门。

本章小结

高校教师职业的特殊性决定了高校教师职业道德的特点，高校教师职业道德原则的确立，既要遵循一般社会道德要求，也要关照高校教育的现实需求，还要聚焦高校师德建设主体的发展诉求，由此，事业为先、学生为本、真理为上应成为新时代高校教师职业道德建设的基本原则。

思考与练习

1. 高校教师职业道德的特点表现在哪些方面？
2. 高校教师职业道德的原则有哪些？
3. 高校教师如何在教学科研中坚持以学生为本？
4. 联系实际，请你谈谈如何看待师德对教师个人职业发展的价值。
5. 材料分析。

殷鸿福：倾心地学教育 初心成就“金钉子”

1961 年，在取得硕士学位后，殷鸿福选择留校任教。他在北京地质学院的讲台上，一站就是 57 年。课堂之上，他手执教鞭，严谨、细致；科考路上，他带领学生奔波于崇山峻岭寻找上古时代遗迹，不知疲惫。“那年，我们跟着老师骑马在青藏高原科考。有些路段马都无法上去，只能跟着藏族向导徒手攀爬。老师腿上有旧伤，涉水的时候我提出背老师，但是殷老师却和队里的小伙子一起，卷起裤腿在雪水中穿行。”他的学生姚华舟回忆道。

凭着这股子“钉子精神”，殷鸿福带领团队实现了中国地质古生物学的重大突破。1986 年，他提出了以牙形石的首次出现作为三叠系初始标志的观点，经过七年论战，他的观点被国际主流学界认可，并奠定了中国在该研究领域的领先地位。

虽然常年在外跋山涉水，但殷鸿福从未放松教书育人。即便年至耄耋，他依然坚持在全国各地开设免费科普讲座。在殷鸿福看来，越是基础扎实，越是能为以后的研究铺设道路。

每年九月，殷鸿福都会给地质专业的大一本科生上《普通地质学》这门课。许多本科生在听完殷鸿福院士的《普通地质学》后都这样评价，“他讲课十分严谨、细致，并且对学生特别热情”，“而且他的时间观念非常好，每次上课他总是会提前 5 到 10 分钟进教室”。

在做人德行上，殷鸿福更是以身作则。一件衣服穿很多年，经常骑着一辆旧自行车，往返于家庭、教室、实验室之间。虽然是院士，但他坚决不享受院士待遇。“钱够用就行，把钱留给更有需要的人。”他多次以不同方式捐资助学。

——节选自央视网，2018 年 9 月 6 日

（1）结合材料分析殷鸿福教授是如何坚持事业为先和学生为本的？

（2）殷鸿福教授的事迹给予高校教学科研工作者在师德方面怎样的启示？

（3）请结合实际谈谈高校教师如何践行师德原则？

第四章

高校教师职业道德的结构与功能

每天要四问：一问我的身体有没有进步？二问我的学问有没有进步？三问我的工作有没有进步？四问我的道德有没有进步？

——陶行知

要论提示

- 了解教师职业道德结构，充分认识教育活动中的道德关系。
- 发挥教师职业道德功能，积极调整教育活动中的职业行为。
- 在实践中加强自身职业道德修养，提高职业道德境界。

百年大计，教育为先；教育大计，教师为本；教师大计，师德为本。“师者，人之模范也。”高校教师不仅承担着传播知识与真理的责任，更肩负着塑造生命与新人的时代重任，教师的一言一行都给学生以不可估量的影响，加强师德师风建设举足轻重，势在必行。况且随着建设一流大学的开展，建设一流大学的关键在于造就一支高素质的教师队伍，而师德师风是评价高素质教师队伍的第一标准。① 作为高校教师，只有认真了解职业道德结构，充分发挥职业道德功能，努力提升职业道德境界，才能符合时代的要求，响应国家的号召，成为高素质师资队伍中的一员，为我国培养一流人才，保障并提高高等教育的质量，实现由教育大国到教育强国的转变。

第一节　高校教师职业道德结构

恩格斯说：“实际上，每一个阶段，甚至每一个行业，都各有各的道德。”② 教师这一颇具代表性的职业，具有极强的专业性。尤其是随着经济的发展和社会的进步，人类对各行各业的道德要求愈来愈高，教师的职业道德规范也在顺应时代的潮流中渐趋专业化。这必然引起教师职业道德结构层次不断趋于专业化。③ 研究高校教师职业道德结构，对高校教师充分认识教育活动中的道德关系，调整自身的职业道德行为，具有重要的意义。

一、职业道德结构模式

学者王建新于 2005 年提出从规范的共性层面去考虑职业道德模式的构建，认为职业道德的模式是由“三个层次六个因素”构成，这三个层次依次为职业认知层次、

①曹国勇．新时代加强高校师德师风建设的四个着力点［N/OL］．光明日报，2018-09-27（14）［2018-10-15］．http：//news．gmw．cn/2018-09/27/content_31392753．htm

②马克思，恩格斯．马克思恩格斯全集：第 21 卷［M］．北京：人民出版社，2003：333．

③吴敬红，吕立国．高校教师职业道德特点和功能［J］．内蒙古民族大学学报（社会科学版），2004（01）：113．

职业情操层次、职业使命层次。①

在职业认知层次中，包含着职业态度和职业纪律两个重要因素。职业态度即一个人对某种特定职业的主观评价和心理反应倾向，可能是积极正向的，也可能是消极负向的；职业纪律作为一种行为规范，可以规范和控制人们的职业行为，调节职业过程中的各种矛盾关系，以此保障目标的实现。但仅仅依靠职业纪律的“他律”是远远不够的，最重要的是形成职业自律，在社会公约的基础上更好地维护社会秩序。

在职业情操层次中，包含着职业良心和职业责任两个重要因素。职业良心是现实社会中普遍通行和努力倡导的道德原则、规范和要求在个人内心深处积淀而成的自律准则和自制能力，在人们的行为过程中起着主导作用；职业责任即各行业和行业成员为了维护行业和职业的合法权益而对社会、公众、事业负有的使命、职责和任务，它是职业行为的内驱力，是人们必须严守的道德底线。

在职业使命层次中，包含着职业理想和职业荣誉两个重要因素。职业理想是人们个体理想总结构中的一部分，决定着人们的发展方向和努力程度，明确高远的职业理想更是给人以动力与支持，其落脚点是站在更高的层次上自觉承担社会责任和义务；职业荣誉是指对职业行为的社会价值所作出的客观评价和正确的主观认识，一方面它能使一个人自觉地按照客观要求的尺度履行职业义务，另一方面通过对人们进行职业贡献评价有利于促进人们积极进取，激发最大的潜能。

该结构模式理论从马克思主义哲学辩证理论出发，认为职业道德作为一种社会上层建筑和社会意识形态，是社会经济基础的反映 。② 因此，“三层次六因素”的职业道德结构模式是立足于我国当时经济水平发展的需要建构的。随着社会的快速发展，职业道德的结构模式也应不断更新，使之更符合我国现实社会的需要，也能使职业道德建设更富实效。

二、高校教师职业道德结构

结构主义学者霍克斯认为，所谓“结构”就是万事万物之间通过关系形成的组合，没有离开结构的关系，也没有离开关系的结构，关系产生结构，讨论关系必定连带讨论结构。③ 高校教师承担着教书育人、科学研究和学术研究、社会服务三大职能。作为教书育人的教师，高校教师需要处理好教师与职业、教师与学生的关系；作为从事学术研究的学者，高校教师需要处理好与外部对象性世界的关系，即人与自然、人与社会、人与人及人与自我的关系；作为服务社会的学术顾问，高校教师

①王建新. 论当前职业道德的结构模式［J］. 学术论坛，2005（09）：124-127.

②王建新. 论当前职业道德的结构模式［J］. 学术论坛，2005（09）：124.

③焦秋生. 哲学与教育课程论题——关系、结构与过程［M］. 济南：山东大学出版社，2015：3-4.

需要处理好追求经济效益与维护社会效益以及保证个人利益与服务公众、社会利益的关系。① 因此，本教材将高校教师职业道德结构与其承担的职能相联系，划分如下。

1. 高校教师教书育人的道德

首先，高校教师必须处理好教师与学生的关系。高校教师在教育活动中的首要对象就是学生，不仅需要向学生传递科学知识与真理，更需要培育学生正确的人生观与价值观，促进学生的全面发展。所以，在教书育人的过程中，高校教师需要尊重学生、热爱学生、理解学生、为人师表。高校教师需要尊重学生的主体地位，以师德大爱包容每一位学生。在此基础上，更好地理解学生，了解学生初入高校后的迷茫与困惑，感受学生远离亲人或者家乡的孤独，指导学生独立地学习与生活，鼓励学生积极参加社团活动，成为学生的良师益友。所谓为人师表，就是指教师在各方面都要严格要求自己，使自己成为学生的表率、榜样和楷模。青少年学生的求知欲和模仿能力随着其生理与心理方面的发展正处于巅峰时期，会无意中将周围崇拜的人物作为自己学习的直接楷模。② 因此，高校教师必须为学生树立好的榜样，发挥良好的示范作用。

其次，高校教师必须处理好教师与职业的关系。无论高等学校的职能如何变化，高等学校的人才培养这个本质属性都不会发生变化，而培养人才主要是通过教学这个方式来完成的，从这个意义上看，教学工作必然是高等学校的核心工作。③ 因此，高校教师需要把教学工作放在首位，在教学过程中循循善诱、因材施教、学而不厌、诲人不倦。高校教师在教育教学过程中应该面向全体学生，想方设法地使每个学生都能在原有的基础上获得进步。对学习能力较强、自觉性较高的学生，应该尽量拓宽他们的视野，启迪他们的思维，选择难度适当的任务，严格要求与信任鼓励相结合，促进学生广泛地学习，使其在品德、智力、能力等方面获得长足的发展；对学习能力较弱、自觉性较低的学生，教师应该循循善诱，因材施教，并加以反复督导，严加约束，激发学生的学习动机，提高学生的自我效能感，使之能够在学习中体验成功的乐趣与自信，后来居上。在这一过程中，高校教师为了更好地适应职业需要，完成教学任务，也必须多途径、多渠道、多方式地扩展自己的知识面，树立终身学习的意识，努力充实和提高自己。

2. 高校教师学术研究的道德

首先，高校教师在学术研究中必须处理好教学与科研的关系。高校教师除了教书育人外，还担负着科学研究和学术研究的使命。没有科学研究和学术研究作支撑，

①邢永富，吕秋芳．高等学校教师职业道德修养［M］．北京：首都师范大学出版社，2007：36-37.
②刘小林，曹开华．高校教师职业道德修养［M］．南昌：江西高校出版社，2011：50.
③李斐．论我国高校教学与科研关系的演变与协调发展［J］．高校教育管理，2015（01）：4.

高等教育就失去了生命的活力，高校的教学也就失去了勃勃生机，高校教师的职业生涯也会失去发展的希望、创造的前景和诱人的魅力。① 因此，高校教师要想使自己的教学富有生机与活力，必须热爱学术，追求真理。学术研究与教学紧密相连，是源与流的关系。学术研究是源，教学是流。只有源远，才能流长。② 高校教师要有献身于真理的学术精神和持之以恒的研究态度，加强学术研究，创新学术成果，才能使教学有取之不尽、用之不竭的资源；通过教学，高校教师能够巩固和加深对学术成果的理解，探寻教学中存在的问题，研究并发现教学规律，推动学术研究的进步。总之，高校教师既要热爱学术、潜心钻研，又要施之以教、以教促之，实现教学与学术研究的良性互动，既能使教学内容丰富多彩，又能使学术研究硕果累累。

其次，高校教师在学术研究中必须处理好竞争与合作的关系。高校教师在学术研究的生活中，要注重团结协作、公平竞争。协作是为了整体的生存和发展，竞争则是为了个体或局部的生存和发展，二者既相互矛盾又相互统一。③ 现代学术研究，脱离了协作，是很难成功的。相互协作正可以弥补个人知识局限的不足，集百家之长，聚众人之智。高校教师可以在交流中相互学习，在对话中碰撞出思想火花，推动学术进步。学术的竞争是学术工作者采取一定方式获得成果的手段，是学术研究的一种原初动力。在学术研究中，公平竞争是指对任何一项学术教育和研究活动及其成果，每个科学工作者都有均等的争取机会。在大家都想参加某项学术研究活动或取得一定的学术地位和荣誉，但又不能都得到满足的情况下，按照个人或集体的能力和取得成果的可能性裁决次序，而对于学术地位、荣誉及其成果的取得，只能是以其所获得的学术成果的实际水平进行衡量。④ 高校教师应自觉在学术生活中营造海纳百川的精神气度和文化氛围，允许学术争鸣，促进学术交流，维护学术昌明。

最后，高校教师在学术研究中必须处理好学术创新与学术规范的关系。学术研究是一项严肃而又认真的工作，高校教师须坚持一切从实际出发，在学术活动中必须实事求是，严谨治学。教育部于2006年颁布《教育部关于树立社会主义荣辱观进一步加强学术道德建设的意见》，强调在学术研究中要“实事求是、严谨治学。要忠于真理、探求真知，反对投机取巧、弄虚作假；要自觉遵守学术规范，潜心研究，努力铸造学术精品，反对粗制滥造、低水平重复；要正确对待学术荣誉，尊重他人劳动成果，反对抄袭剽窃、哗众取宠。”所以，高校教师在学术研究中要秉持诚实守信的态度，严谨治学，不弄虚作假，不侵占或歪曲他人的学术成果，不走歪门邪道等，自觉保持学术纯洁和营造良好的学术氛围。

3. 高校教师社会服务的道德

首先，高校教师必须处理好追求经济效益与维护社会效益的关系。服务社会是

---

①邢永富，吕秋芳．高等学校教师职业道德修养［M］．北京：首都师范大学出版社，2007：38.

②邹顺康．高等学校教师职业道德修养［M］．重庆：重庆出版社，2007：133.

③张培勇．和谐社会视域下的公民道德建设研究［M］．北京：中国水利水电出版社，2015：212.

④蔡秀．试论教师之间关系的特点及其道德规范［J］．江苏教育学院学报（社会科学版），1998（01）：22-24.

高校教师将学术研究的成果转化为社会利益、社会效益的过程，学术研究的过程旨在发明创造，服务社会则是知识的转化和物化。这一转化的过程，既包括科技知识的转化过程，也包括社会思想和道德的转化过程。高校教师创造的产品是公共产品，高校教师的社会服务具有公益性的品质和特征，其所创造的思想、科学、文化等精神产品的社会价值和价格超越了自身的实际价值，是无法用市场法则进行精确计算的。① 所以，高校教师在社会服务中必须秉承社会利益至上的公益性原则，不能仅用市场法则来论报酬、讲价格，必须坚持社会效益为先的原则，必须维护社会公众利益和公共利益。

其次，高校教师必须处理好追求个人利益与遵守社会道义的关系。高校教师在社会服务的过程中要秉承诚实守信的原则，不能见利忘义；要义利兼顾，还要树立正确的义利观，合法取得经济收入。高校教师在实施社会服务的过程中要追求公益、维护正义。第一，高校教师需要以“义”为引导，增进公益，树立增进社会利益和他人利益的仁义观，以增进社会进步、促进社会发展为目标。第二，要树立自觉让利的义利观，在社会服务中做出相应的自觉让步，尤其是功利上的让步。第三，以义统利，在市场运作中，完全抛弃利的义并不是真正的义，有损于社会的公平性，由此产生的不合理性反而会造成不义，因为合理谋利也是义，因此教师服务社会如果一味地强调“去利怀义”，也是一种不全面的义利观。②

最后，高校教师必须处理好校内职责与校外服务的关系。社会服务是现代学校继培养人才、科学研究之后演化而来的第三职能，也是教师专业职能的校外延伸。高校教师在处理校内职责与校外服务的关系时，要以服务校内为主，不仅需要遵守所在学校的教师管理规章制度，还要尽心尽力地完成好校内教师的职责。例如，高校教师需要认真教学，不敷衍了事；搞好学术研究，不推脱塞责；处理好与学生的关系，用心辅导每一位学生，为社会培养高级人才。高校教师只有在确保完成校内本职工作之后，才有可能进行校外服务，将学术研究的成果转化为社会利益、社会效益，并正确处理在社会服务中可能产生的各种利益冲突。

第二节　高校教师职业道德功能

教师作为思想文化的传播者，精神文明的开拓者，各类人才的培养者，始终肩负着传承文化，创新知识，繁荣学术，塑造灵魂的光荣使命，承担着开启民智，哺育人才，服务社会的重大职责。高校教师职业道德是教师完成其岗位职责和社会使

---

①邢永富，吕秋芳．高等学校教师职业道德修养［M］．北京：首都师范大学出版社，2007：39-40.
②张培勇．和谐社会视域下的公民道德建设研究［M］．北京：中国水利水电出版社，2015：214.

命的必备基础和条件。培养人才、促进社会进步是教师职业道德的核心要求，高校教师需要充分发挥其职业道德的功能，促进个人、他人及社会的发展。

一、认识与调节功能

1. 认识功能

教师职业道德的认识功能，是指在教育实践中，它具有通过道德判断、道德标准和道德理想等形式，客观地反映各种利益关系状态、教育规律特点和任务要求，帮助教师正确对待自己的权利和义务，并借助善与恶、利与害、正当与不正当、应该与不应该等概念来表现认识成果的功能。[①] 高校教师职业道德的认识功能主要体现在以下两方面。

一方面，它向高校教师提供有关的道德知识，给教师选择行为提供依据。高校教师职业道德规定了高校教师处理个人利益与集体利益和社会利益的道德原则，指明了高校教师在教育活动中应遵守的规范，从“应当怎样”和“不应当怎样”的外在尺度和内部“命令”来规范其言行[②]，指导高校教师正确地进行行为选择。例如，高校教师职业道德在规范教师与学生的关系时，强调高校教师要树立崇高职业理想，履职尽责，真心关爱学生，严格要求学生。针对当前高校师生关系中存在的问题，高校教师职业道德突出强调“公正对待学生”，“不得损害学生和学校的合法权益”。这样一来，高校教师在处理与学生的关系时，就知道哪些行为是正确的，哪些行为是违背高校教师职业道德而不可取的。

另一方面，它能够帮助高校教师认识自身对国家、对民族、对教育事业以及对他人应负的社会责任、应有的行为模式、应具备的道德素质和道德人格，促使教师与社会和社会教育融为一体，增强教师遵守师德行为规范的自觉性，从而促使高校教师在为社会、为教育服务中，完成自己的职业使命，创造与实现自己的人生价值。例如，高校教师职业道德强调高校教师要勇于承担社会责任，为国家富强、民族振兴和人类进步服务；要求高校教师主动参与社会实践，自觉承担社会义务，积极提供专业服务。这都强化了高校教师的责任意识，促使其实现人生价值。

2. 调节功能

教师职业道德的调节功能是指教师职业道德具有调控教师职业行为，协调教师各种人际关系的功能。从根本上说，高校教师职业道德调节功能的作用就在于它能激励教师的道德良知，唤起教师道德向善之心、道德荣誉感和道德责任感，指导教

---

①吴敬红，吕立国．高校教师职业道德特点和功能［J］．内蒙古民族大学学报（社会科学版），2004（01）：115．

②王兰英，黄蓉生．教师职业道德［M］．北京：高等教育出版社，2000：38．

师在调节自己与他人和社会的关系中，以及在各种人际交往中，纠正不良行为，实现自身道德由现有的或低层次的向应有的或高层次的水平转化。[①]

首先，高校教师职业道德具有调节高校教师与教育事业关系的功能。教师对教育事业地位和意义的认识，对教师职业的情感和态度，会直接影响到教育劳动的成效。一个教师如果缺少对教育事业重要意义的认识，对教师职业不感兴趣，他就不可能尽到教师的职责，不能为教育事业做出应有的奉献。因此，高校教师只有在具有崇高的职业道德基础上，才能深刻理解教育事业的伟大意义，正确评价从教的个人价值与社会价值，从而全身心投入到自己的工作岗位，兢兢业业，无私奉献。[②]由此可见，高校教师职业道德在处理高校教师与教育事业的关系方面具有重要的调节作用。

其次，高校教师职业道德具有调节师生关系的功能。良好的教师职业道德是调节师生关系的最佳手段。如果高校教师具有良好的职业道德修养，热爱学生、关心学生、了解学生、尊重学生，以平等的态度对待学生，就会激发学生对教师的热爱，使学生产生尊师、敬师的情感，从而形成融洽的师生关系。这样，既可以使教育过程顺利进行，创造和谐的教育生态环境，达到预期的教育效果，又可以使学生形成健康人格，同时还有利于进一步激发高校教师的工作热情，促进其提高道德品质。

除了与教育事业及学生之间的关系之外，高校教师还需要与同事、学校领导、学生家长以及社会有关方面等产生联系，形成各种人际关系。这些人际关系是高校教师进行教育活动的重要背景，调节好这些人际关系最根本的途径就是依靠自身良好的教师职业道德，使各方面相互配合，共同为实现教育目标而努力。

二、教育与促进功能

1. 教育功能

教师职业道德的教育功能，是指教师职业道德具有指导教师进行自我教育、学生教育的功能，主要表现如下：

第一，高校教师职业道德对高校教师具有教育功能。其主要通过师德知识、原则、规范的引导，运用说理、评价、榜样示范以及理论联系实际的方法，来教育高校教师正确认识和对待自己所从事的职业，正确认识自己、善待他人、履行职责，使教师形成自己的道德信念、风范和判断能力，支配自己的行为，塑造自己的人格，使教师产生提高道德修养的自觉性和积极性，从而提高自己的精神境界和师德水平，强化自己的事业心、责任感。

---

①吴敬红，吕立国. 高校教师职业道德特点和功能［J］. 内蒙古民族大学学报（社会科学版），2004（01）：115.

②教育部人事司. 高等学校教师职业道德修养［M］. 北京：北京师范大学出版社，2006：163.

第二，高校教师职业道德对学生具有教育功能，这也是高校教师职业道德最直接的功能。它是指教师在教育实践过程中，用自己的道德品质潜移默化地感染学生，使学生的道德品质提高提升。这种教育一般是通过高校教师严于律己、以身作则的道德行为给学生树立榜样，也就是通过“为人师表”或“言传身教”进行的。高校教师正确的世界观、人生观、价值观对学生有着积极的导向作用，能帮助学生辨别善恶美丑，提高道德认识；高校教师积极的道德情感富有生动性，可以引起学生情绪和情感上的共鸣，培养学生健康的情绪；高校教师坚毅的道德意志，能增强学生克服困难的信心与力量，鼓舞学生锻炼坚定的意志和顽强的毅力；高校教师高尚的道德行为，对学生有着直接的示范作用，能培养学生良好的道德行为习惯，指导学生选择正确的道德行为。①

2. 促进功能

教师职业道德体现了一定社会或阶级对教师职业行为的基本要求，是教师个体职业工作的精神动力。高校教师职业道德对教师本人的发展具有极大的促进功能，对教师人生价值的实现具有十分重要的意义。教师职业道德通过促进高校教师个体的提升，从而推动高校教师群体的发展，促进高素质师资队伍的建设，并促进社会道德文明风尚的发展。

首先，高校教师职业道德是促进教师专业发展，实现职业理想和专业抱负的巨大动力。高等教育的育人目标，对高校教师的专业理论基础和科学文化素养提出了很高的要求。高校教师没有扎实的专业理论功底，没有广博的知识结构基础，没有开拓创新能力，就不能承担起培养大学生的任务，就不可能在教学科研方面做出成绩和在事业上取得成功。高校教师职业道德在专业水平、专业技能、知识结构、科学态度、创新精神等方面对教师的高标准严要求，为高校教师的专业发展指明了方向，是教师提高专业水平，弘扬科学精神，养成良好教风，实现职业理想和专业抱负的巨大推动力。

其次，高校教师职业道德是促进教师群体发展，建设高素质师资队伍的巨大动力。党的十九大从新时代坚持和发展中国特色社会主义的战略高度，做出了优先发展教育事业、加快教育现代化、建设教育强国的重大部署。只有教师兴，才能教育兴；只有教育兴，才能国家兴。而教师兴，必须要有良好的师德做基础、做动力、做保证。而高校教师的职业道德是高素质高校教师队伍建设的核心和灵魂，是高素质高校教师队伍建设的重中之重，其对高素质教师队伍建设的促进功能是毋庸置疑的。

最后，高校教师职业道德对社会良好道德风尚的形成具有极大的促进功能。这种促进功能主要通过三个渠道实现：一是受到师德影响的学生走入社会后，他们从

---

①黄蓉生．教师职业道德修养［M］．重庆：西南师范大学出版社，2001：86.

教师那里学习、效仿到的优良品质与道德风貌，对社会道德风尚发生作用；二是高校教师亲自参加社会活动而影响社会道德风气；三是高校教师用自己的道德规范行为直接影响家庭成员、亲朋好友、邻里等社会各层面的人，对社会风气产生影响，净化社会环境，促进道德文明风尚的形成。① 总之，广大高校教师的道德面貌，已经成为关系整个社会精神面貌的大问题。如果每个教师都具有良好的职业道德，并能自觉地影响社会，就会在社会物质文明和精神文明建设中产生不可估量的推动作用。

三、规范与评价功能

1. 规范功能

教师职业道德的规范功能，是指教师职业道德通过公约、条例、规范、守则等具体形式，来规范和约束教师的职业行为，使其符合社会的需要和职业发展的需要。2014 年《教育部关于建立健全高校师德建设长效机制的意见》颁布，强调要严格师德惩处，发挥制度规范约束作用，建立健全高校教师违反师德行为的惩处机制。若高校教师违反高校教师职业道德规范的行为，依法依规分别给予警告、记过、降低专业技术职务等级、撤销专业技术职务或者行政职务、解除聘用合同或者开除；对严重违法违纪的要及时移交相关部门。建立问责机制，对教师严重违反师德行为监管不力、拒不处分、拖延处分或推诿隐瞒，造成不良影响或严重后果的，要追究高校主要负责人的责任。由此可见，高校教师职业道德作为行为规范，时刻约束着教师的职业活动和行为，对教师产生着经常的、深刻的影响，为教师的全面发展和自我完善奠定了坚定的基础。

2. 评价功能

教师职业道德的评价功能，是指将教师职业道德作为重要内容评价教师、考核教师。2011 年，教育部、中国教科文卫体工会全国委员会研究制定了《高等学校教师职业道德规范》（简称《规范》），在印发《规范》的通知中强调要改进和完善师德考核：各地各校要将师德纳入教师考核评价体系，并作为教师绩效评价、聘任（聘用）和评优奖励的首要标准，严格执行“一票否决制”；完善师德考核办法，将《规范》作为师德考核的基本要求，结合教学科研日常管理和教师年度考核、聘期考核全面评价师德表现；建立健全师德考核档案；对师德表现突出的要予以重点培养、表彰奖励，对师德表现不佳的要及时劝诫、督促整改，对师德表现失范的要依法依规严肃处理。次年，教育部、中央组织部等部门发布《关于加强高等学校青年教师队伍建设的意见》，其中关于优化青年教师成长发展的制度环境明确提出，各地各校

①杨丽．教师职业道德［M］．长春：东北师范大学出版社，1999：14．

要进一步完善符合青年教师特点的用人机制，完善重师德、重教学、重育人、重贡献的考核评价机制，促进优秀青年教师脱颖而出。由此可见高校教师职业道德在教师评价体系中占据着重要地位。高校教师职业道德一定要充分发挥评价功能，这样教师才能自觉遵守师德规范，树立良好的职业形象。

黄老师，我们想您

乔中坤

到今天，黄大年老师已经离开我们整整163天了，当我从无数个恸哭的梦中惊醒，当我看着老师安静的微信再也没有弹出消息，当我到达地质宫五楼，电梯门打开的一刹那，看见老师办公室的灯没有亮……我知道，他真的走了。

在黄老师眼里，我们每个学生都是一块璞玉，只要因材施教都能成才。在给学生设计研究方向时，他总是考虑我们的兴趣爱好和发展前途。在教学中，黄老师总是有针对性地对大家进行培养和训练。尽管黄老师经常出差，可他从来没放松对我们的要求：他的笔记本电脑上，给每个学生都建了学习笔记和读书报告文件夹，在开会休息期间就进行批阅。他还经常利用出差的午休时间，召开电话、视频会议，给大家耐心解答问题。

……

这段时间，总有人问我们："做黄老师学生，最大的感受是什么？"我们都会回答："做黄老师的学生，真的很幸福！"黄老师始终用慈父般的爱呵护着我们：科研平台位于地质宫顶楼，夏天特别热，他就给每个实验室配备电风扇，让师母给我们煮绿豆汤；冬天特别冷，他又出钱给大家购买电暖器；雾霾天，他还细心地给我们买口罩；五一国际劳动节、十一国庆节、端午节、中秋节，几乎每个节日我们都是在黄老师家度过的，黄老师和师母每次都给我们做一大桌子好吃的，油烟过敏的他还亲自下厨给我们做油焖大虾。

7年来，在黄老师指导的研究生中，共有14人获得省部级奖励，8人获得国家奖学金，3人获得"李四光奖"……2016年12月，黄老师生病了，我们都慌了。……2018年1月13号，是我们一生中最冷的一天。我们捧着黄老师的遗像，为他送行。仪式结束后，我们都不肯走，齐刷刷跪倒在地，决堤的泪水肆意奔流。

黄老师，我们真的好想好想您：您知道吗？您的离去给我们带来了极大地悲痛，但您牵挂的孩子们并没有因为悲痛而意志消沉，怠慢学业。黄老师，您知道吗？现在我们去实验室学习的时间比以前更早了，晚上回宿舍的时间也更晚了，就连周末休息时也是全员到齐。黄老师，我知道您已经离我们而去，但您却从未真正离开，您一直与我们同在！

——节选自《吉林日报》2018年02月23日第1版

第三节　高校教师职业道德境界

高校教师肩负着为社会培养高级专门人才的重要使命，要完成这种使命不仅需要具有渊博的学识，更需要具备高尚的职业道德。高校教师职业道德的水平影响着教师专业发展、学生人格发展和社会道德发展。因此，作为一名高校教师，必须在拥有高深的学问的同时，着力提升自己的职业道德水平，达到一定的职业道德境界。对高校教师职业道德境界进行研究，有助于广大高校教师认清自身职业道德境界所处的层次，了解自身存在的问题，不断加强道德修养，以提高自身的职业道德境界。

一、教师职业道德境界的含义

“境界”一词，在我国古代文献中指“疆界”“地域”，后来引申为人们所处的境况，一些思想家用它来说明人们在学识、技艺、智慧、道德方面所达到的程度。[①]伦理学上的境界，是指人接受道德教育，进行道德修养所达到的程度。那么，什么是教师职业道德境界呢？教师职业道德境界，是指教师在接受道德教育、进行道德修养后，所达到的对自身职业生活的道德觉悟程度及所形成的道德品质状况和情操水平。其中值得注意的是，如果教师仅仅在某些方面符合了某一层次教师职业道德境界的要求，还不能说他已经达到了该层次的教师职业道德境界。因为，教师职业道德境界是一种极其复杂的道德意识现象。教师只有在理解层次、修养层次和操守层次均达到一定造诣，且三个层次的表现和谐一致、长期稳定时，才实际上形成了该层次的教师职业道德境界。[②]

二、高校教师职业道德境界

综合考虑教师职业理解、职业态度、职业技能、职业作风、职业情感等因素的差异，高校教师的职业道德境界可分为四个层次，依次为：谋生境界、职业境界、事业境界、志业境界。

1. 谋生境界

谋生境界，是指只把高校教师职业理解为一种个人谋生手段的教师所处的境界。

①黄蓉生．教师职业道德修养［M］．重庆：西南师范大学出版社，2001：263.

②戚继颖．高校教师职业道德境界研究［D］．北京：首都师范大学，2008.

这类教师对于教育事业的社会意义和教师的职业价值缺乏基本的领悟，对人民教师义务的认识处于较低的水平，更谈不上在教学生涯中全面发展自身个性。他们之所以选择“高校教师”作为自己的职业，主要是因为高校教师有着固定的收入和一定的社会地位，其职业动机完全是个人的生存和利益。可以说，这一层次的教师主要考虑的还只是个人的利益，比较功利。

处于谋生境界的教师在职业态度上，只知道什么是自己要做的，但这种外在的“应该做的”并没有转化为内心的责任。正因为如此，其职业态度是消极的，谈不上敬业勤业，更谈不上乐业，而处于“守业”的被动状态；其教师责任的承担、教师职业技能的进取是在“维持生计”“保住饭碗”的强大外力约束之下被迫完成的无奈之举。所以从根本上讲，处于谋生境界的教师始终是在被动、懵懂的状态中从事着教育劳动，其工作成效必然是很低的。①

处于谋生境界的教师在职业作风方面，其行为表现总是处在“道德他律”之中，基本上表现不出“道德自律”状态，对职业纪律的遵守本质上只是一种“被强制”状态。由于谈不上对教育事业的热爱，甚至有的还厌恶教师职业，这些教师的职业责任本质上是受外界支配的，大多表现为既不教书也不育人。由于其职业责任是受外界支配的，一旦外界的监督松懈，他们便会出现怠工或偷懒状况。由于从事教师职业只是为了谋生，所以这一境界的高校教师最突出的特征就是以个人的经济利益为中心，或者以被雇用的心态看待自己的教育教学工作，缺少敬业精神和奉献精神。

处于谋生境界的教师的职业情感还处于很低的水平，他们长年从事着自己并不热爱的工作，其职业荣誉感无从获得，至多只能体会到一种职业的虚荣感。由于对教育的劳动投入很少，处于该境界的高校教师无法体会到教育劳动过程中的巨大乐趣。久而久之，教育劳动成为一种精神负担，只是因为谋生所迫，才“当一天和尚撞一天钟”。所以，不干而不能谋生的无奈感，干不好而受到监督、批评、处罚的压迫感，干久了而产生的职业厌倦感，必然折磨着其内心。

2. 职业境界

职业境界，是指已经摆脱了只把教师职业理解为自己谋求生存的工具，或者说是摆脱了只把教师职业作为一种获得经济收入的工作的想法，能够把教师工作视为一种专门的职业，认真备课，全身心地投入教育教学工作中，逐渐养成自己的事业心、责任感，并且把教好书视为对学生、家长和社会尽责的教师所处的境界。此境界是对谋生境界的超越。能够把工作职责转化为内心的道德感和行为准则，形成了职业良心，能够自觉地调整自己的从师行为，是作为教师所应当具有的最基本的职业道德境界。

处于职业境界的教师在职业态度方面，已经具有一定的敬业精神，无论喜欢不

①袁贵礼．师德境界浅论［J］．运城学院学报，2006（03）：50-52.

喜欢当教师，无论对学校的待遇满意不满意，但只要在岗一天，就会认真地备好每一节课，上好每一节课，认真地履行教师的职责。他们的职业态度是积极的，能够做到敬业和勤业的统一；其职业责任的承担、职业技能的进取都是在其自觉的职业责任感支配下，“应然”而完成的分内之举。这一类教师的工作是富有成效的。

处于职业境界的教师在职业作风方面，视教书育人为内心道德意识支配下的“良心活”，所以有较强的“道德自律”意识，能够规范地执行职业纪律，无论是否存在外在的监督，总能够尽职尽责，坚守岗位，扎实学识。在处理教育劳动中的利益关系方面，他们能够正确处理“义利”关系；在教学和科研方面，也能较好地完成任务。但是，由于他们对教育事业和教师职业责任和义务的理解还不是很深刻，片面地认为作为一名教师只要认真教书就算完成任务。因此，这类教师热衷于教学和科研，并能做出相应的业绩，但不热心于对学生的思想引导和教育工作，甚至有的教师在为人师表、行为示范方面还做得不够。

处于职业境界的教师在职业情感方面，对教育事业所具有的重大意义有了基本的领悟，对教师所应该承担的责任与义务有了一定程度的认可，对教师职业已经具有了一定的情感，能够做到基本热爱教育事业，在工作中体会到了教师职业劳动的稳定感和满足感。

3. 事业境界

事业境界，是指那些把教育工作理解为一项个人事业的教师所处的境界。此境界的教师是在经历了教师职业生活初始阶段，达到了最基本的职业道德后，经过不断地教育教学实践以及教师职业道德修养，使自己的教育行为日益符合教育的本质和规律，逐渐成为有事业心、责任感、有理想、有抱负的教师。

处于事业境界的教师在职业态度方面，通过成就事业、履行责任获得发展，赢得学校、学生、社会的广泛认可和尊重，体会到教师职业的满足感和成功感。因此，该境界教师的职业态度是积极进取的，他们已经将事业心、责任感、自己的聪明才智与教师工作融为一体，潜心钻研学科发展和教育教学规律，热爱学生、热爱工作，成为学科的专家、教师的模范和育人的楷模。此时，教师的职业技能已从外在的要求上升为外在要求与内在要求的融合，职业技能的提升是其实现人生价值的追求。

处于事业境界的教师在职业作风方面，能够把教师的职责转化为内心的道德准则和行为准则，能够自觉地调整自己的职业行为，勤奋地钻研自己的专业知识，热衷于教育教学工作和育人工作，同时努力完成自己的科研工作。他们已经能够领悟到教育事业和教师职业的重大社会意义，能够体会教育事业是关系千家万户的大事；他们对教师责任、义务的认识也具有一定的深度，能够自觉地把教育事业放在个人问题前面；他们重视与学生的心理沟通和情感交流，循循善诱，诲人不倦，以身作则，为人师表，成为学生的榜样。

处于事业境界的教师在职业情感方面，已经达到了较高水平。他们热爱教育事业，并且能够做到忠诚于教育事业。每当自己的事业获得进步，特别是自己的工作业绩得到学生、家长、学校、社会的赞许和回报时，就会产生一定的职业荣誉感、尊严感、成就感，体验到教育劳动所带来的快乐，得到收获的满足。在实践中真正品味到职业劳动的酸甜苦辣，体会到职业劳动的意义和价值，感受到职业劳动的乐趣。

但事业境界还不是师德的最高境界。在这个层面上，教师的教书育人还仅仅是教师获得事业感、成功感、神圣感和幸福感的手段，而非目的。教师内心世界还时常会受到来自教育过程之外的世俗社会的各种物质利益的干扰和诱惑，尤其是当教师投入的无形劳动与外在的有形回报不相吻合、不成比例的时候，教师内心的平衡感就会更强。只有当德性发自内心、而非溺于物欲、屈于环境、诱于名誉之时，也就是从自觉升华为自由、由他律转化为自律之时，才能达到师德的最高境界。①

4. 志业境界

志业境界，是指教师以教书育人为职业目的而非手段，淡泊名利，潜心教学科研，自觉抵制各种外来诱惑，在教育教学的过程中寻找幸福、体味人生、感悟神圣、实现人生价值的精神状态和价值追求。此时教师已经将自身微观的本职工作，与学校集体中观的教育教学工作和国家、民族宏观的教育事业联系在一起，意识到自己肩负的神圣使命和历史责任，他们在教育和教学的过程之中而不是过程之外来体会职业的幸福和人生的乐趣，在教育和教学的过程之中而不是过程之外找寻人生的意义和价值。

处于志业境界的教师在职业态度方面，表现出对教育工作的挚爱和高度负责，达到了爱业和精业的统一。他们把教育工作视为自己所应该承担的社会责任和历史使命，视为自己生命的重要组成部分，始终在享受着作为一名高校教师的精神快乐。可以说这类教师已经把教育事业视为具有神圣性的事业。因而，其在灵魂深处对教育事业有着切实的领悟并将自己的生命意义与之联系起来，并能够倾注自己全部的热情。因此他们也把教师技能的进取视为发展自身个性、实现人生价值和提高生命质量的重要途径。

处于志业境界的教师在职业作风方面，自始至终以饱满的热情和激越的精神状态投入教育劳动，可以在他人毫无察觉的情况下，在教师岗位上呕心沥血，不知疲倦地忘我工作，并矢志不渝地终身从事挚爱的教育事业，具有高度的责任意识和奉献精神，心境恬淡、激情满怀、甘于寂寞、乐于奉献。他们能自觉地遵守教师职业规范，在教育和教学的岗位上尽职尽责。在处理教育劳动过程中的利益关系方面，他们往往"义"字当头，甚至是舍生取义，公而忘私。在教学和科研方面，勤奋学习，不断进取。总之，在教书、育人、学术研究等方面都做出较好的业绩，获得学

---

①邢永富，吕秋芳．高等学校教师职业道德修养［M］．北京：首都师范大学出版社，2007：57.

生和同事的普遍好评。

处于志业境界的教师在职业情感上，达到了最高的水平，以教育劳动为光荣，以教育劳动为快乐，以教育劳动为幸福，甚至把教育劳动视为自己生命的组成部分。在职业生涯中他们的精神世界是丰富的、崇高的、自由的。志业境界是对世俗的超越，对功利的超越，对自我的超越，正是这种超越使教师的人格不断提升和完善，并在劳动创造中卓然挺立，体验到了一种最彻底的内心愉快。

纵观以上关于高校教师职业道德境界的分层，虽然目前高校中确实存在一些只是把教师职业当作个人谋生手段的教师，但毕竟是少数。尽管如此，我们也不能掉以轻心，不能任由这种教师在师资队伍中蔓延，否则会对高等教育乃至整个社会产生恶劣影响。相比较而言，职业境界是师德的底线，是师德最基本的、最起码的，也是最低的要求。处于职业境界的教师具备了教师最基本的职业态度，履行了教师最基本的职业责任。事业境界是一种具有相当普遍性的职业道德境界，广大高校教师特别是那些处于谋生境界和职业境界的教师要不断努力加强自身的职业道德修养，使自己的职业道德境界从低层次的谋生境界和职业境界向更高一层次的事业境界迈进。志业境界是最高层次的境界，也是目前大力提倡的境界。虽然对广大高校教师而言，它在很大程度上还只是一种理想，但也不是难以企及的。良好的师德人格的形成不是一朝一夕之事，高校教师职业道德境界发展是一个由被动到主动再到自觉的不断提升的过程。区分教师职业道德的境界，是为了使每一个教师都能客观、正确地认识到自己所处的职业道德水平，拥有不断提高自身职业道德修养的自觉性及能力，找到适合自己的方法来加强自身的职业道德修养，最终达到更高层次的职业道德境界。

本章小结

本章阐述了高校教师职业道德的结构；指出了高校教师应充分发挥教师职业道德的认识与调节功能、教育与促进功能、规范与评价功能；明确了教师职业道德境界的含义以及划分依据；从职业理解、职业态度、职业技能、职业作风、职业情感五个角度分别论述了处于不同职业道德境界的教师的表现。

思考与练习

1. 高校教师职业道德的功能有哪些？
2. 高校教师在教书育人以及学术研究中应该处理好哪些关系？
3. 请结合实例，具体论述高校教师职业道德的规范与评价功能。
4. 材料分析。

把生命最宝贵的时光，献给祖国最需要的地方

30 余年从教、16 年援藏、10 年引种红树……复旦大学教授钟扬的名字总是和植物联系在一起，他把自己比作裸子植物，像松柏，在艰苦环境中生长起来才有韧性，生长得慢却刚直遒劲。2017 年 9 月 25 日，53 岁的他如同一颗种子回归大地，而他留下的千万颗种子终将绽放新生。

矢志不渝，援藏不仅是奉献！“在漫长的科考途中，我深深地觉得，这片神奇的土地，需要的不仅仅是一位生物学家，更需要一位教育工作者。”在钟扬看来，若想可持续地促进西藏地区的生物学发展，还需要培养人才，为西藏打造一支科研“地方队”。16 年间，他为西藏大学申请到了第一个国家自然科学基金项目，成为西藏自治区第一位长江学者特聘教授，帮助西藏大学培养出第一位植物学博士并申请到第一个生态学博士点，带出了西藏自治区第一个生物学教育部创新团队，开始参与国际竞争。

爱生如子，教师是他最在意的身份！钟扬常说，“教师是我最在意的身份”。他的心里始终将学生放在第一位。十几年来，钟扬坚持身体力行带学生到野外开展生物多样性研究。在学生眼里，钟老师充满仁爱之心，又总是风趣幽默。所有的学生都吃过他做的饭，一半以上的学生在他宿舍里住过。多少个野外考察的清晨，钟老师被冻得嘴唇发紫，忍着身体不适，赶早起来为大家生火做饭。他推动设立了研究生服务中心，全天服务 12 小时，一年 365 天无休，最大限度地方便研究生办事。他还推动创立了研究生论文指导中心、研究生 FIST 课程等重要项目，想方设法满足研究生的学术发展需求。

敢为先锋，不懈攀登生命高度！钟扬曾这样诠释对生命高度的理解，“在一个适宜生物生存与发展的良好环境中，不乏各种各样的成功者，它们造就了生命的辉煌。然而，生命的高度绝不只是一种形式。当一个物种要拓展其疆域而必须迎接恶劣环境挑战的时候，总是需要一些先锋者牺牲个体的优势，以换取整个群体乃至物种新的生存空间和发展机遇。……这就是生长于珠穆朗玛峰的高山雪莲给我的人生启示，它将激励我毕生在青藏高原研究之路上攀登”。正如钟扬教授留下的种子将会孕育无数新的生命，他的攀登也必将激励更多后来者的坚定前行。

——节选自复旦大学新闻文化网，2017 年 9 月 26 日

（1）结合材料，请你谈一谈钟杨教授是如何正确处理教学与科研关系的。

（2）结合材料，请你谈一谈钟扬教授所处的高校教师职业道德境界。

（3）从钟扬教授高尚的职业道德中你获得了哪些启示？请结合自身实际，进行小组讨论，探讨作为一名高校教师，你将从哪些方面努力，不断提升自身的职业道德境界。

第五章

高校教师职业道德的主要规范

使学生对教师的尊敬的唯一源泉在于教师的德和才。

——爱因斯坦

要 论 提 示

- “四有”好教师标准是新时代师德建设的基本遵循。
- 《高等学校教师职业道德规范》是教师职业行为的基本规范。
- 《新时代高校教师职业行为十项准则》是新时代高校师德建设的新要求。

2014年“教师节”前夕，习近平同北京师范大学师生代表座谈时讲到“四有”好教师标准：“每个人心目中都有自己好老师的形象。做好老师，是每一个老师应该认真思考和探索的问题，也是每一个老师的理想和追求。我想，好老师没有统一的模式，可以各有千秋、各显身手，但有一些共同的、必不可少的特质。”“第一，做好老师，要有理想信念。”“第二，做好老师，要有道德情操。”“第三，做好老师，要有扎实学识。”“第四，做好老师，要有仁爱之心。”① 这是新时代对高校教师职业道德规范提出的新要求。

高校教师在教育教学活动中应当遵循一定的道德规范。高校教师道德规范是社会对高校教师的基本要求的概括，反映和体现着师德原则和精神；它通过高校教师个体自我评价和社会舆论评价相结合的方式，影响着高校教师的行为。高校教师道德规范的形成，不仅与高校教师职业活动息息相关，而且与教育规律紧密联系，只有那些能正确反映教育规律内在联系和要求的师德规范才能发挥应有的作用。高校教师在教书育人活动中的道德规范主要有针对个体道德的教师义务和良心，以及需共同遵守的道德行为规范等。

第一节　高校教师的义务

个体道德是处在他律阶段上的道德，其核心和最高范畴是义务。义务是对道德规范的自我意识，是道德行为的开始。所以黑格尔说：“道德之所以是道德，全在于具有知道自己履行义务这样一种意识。”② “义者，宜也”，宜即适宜、应当。所谓义务，是个体对他人或社会做自己应该做的事情。

道德义务是人类社会生活中普遍存在的道德关系和道德要求。任何社会或阶级，都要为全社会的成员或本阶级提出一定的义务要求，以调整人们之间的关系，把人

①习近平．做党和人民满意的好老师：同北京师范大学师生代表座谈时的讲话［M］．北京：人民出版社，2014：4.

②［德］黑格尔．精神现象学：下卷［M］．北京：商务印书馆，1979：157.

们的行为引导到一定的社会秩序中去，任何个人在同他人或社会整体（民族、国家、阶级、政党、团体等）的交往和关系中，也总是要做出尽某种义务的行为。正如马克思在《德意志意识形态》中说的：作为确定的人，现实的人，你就有规定，就有使命，就有任务，至于你是否意识到这一点，那是无所谓的。作为教师，更应正确认识自己履行的义务，认真承担自己应尽的职责。

一、高校教师义务的含义

义务可分为若干类型，如法律义务、道德义务、政治义务、组织义务、宗教义务等。道德义务是人们的主要义务之一。所谓道德义务是指人们在一定的内心信念和道德责任感的驱使下，自觉地、无私地对社会、对他人所负有的道德责任。它是一定社会或阶级的道德原则和道德规范对人们行为的要求。

高校教师的道德义务是教师道德原则和规范的具体体现，也是一定社会历史时期的阶级道德原则和规范的具体要求。它包括两个方面的含义：一是指社会对教师在履行教师职责时所提出的道德要求的总和；二是指教师在教育实践中，自觉意识到一定社会或阶级对教师提出的各种要求的合理性，从而把教师道德原则和规范，变成自己的道德信念，积极、自觉地履行教师对社会、对学生的职业责任。现阶段，我国教师的主要义务是：坚持党的基本路线，按照党和国家的教育方针政策，自觉为社会主义事业培养合格的建设者和接班人。

二、高校教师的道德义务的特点

高校教师的道德义务具有鲜明的个性特征。

1. 具有高度的自觉性

道德义务不同于法律义务，并不会违背了就要受到相应的处罚。道德义务虽然也有一种约束力，具有道德命令的性质，但它是在教师自觉认识和了解道德要求的基础上，自感应使自己的行为符合道德规范，自觉承担起对学生、对他人、对社会的道德责任。所以，这种道德义务是教师自觉认识并自愿选择的道德责任，而不是组织或他人所强加的，更没有附带任何条件。

2. 具有公而忘私的奉献精神

非道德型的义务是同权利相对应的，二者是不可分割的。但是，道德义务则不然，不能以享受权利为前提，它所强调的是责任，是奉献，是牺牲。教师在道德上尽义务所做出的有利于学生，有利于社会，有利于他人的事情，不但不以享受权利为前提，在特殊情况下还或多或少地要牺牲个人利益，乃至奉献出生命。尽管尽了道德义务，有时会获得社会舆论的肯定和赞扬，得到社会回报的某些权利或利益，但从教师本身来说，做出行为是不以求得权益报偿为条件的，行为后也不要求以索取和享受某种权益回报为结果。否则，他的行为就称不上道德行为，就没有任何道德意义。

3. 具有自我道德完善的意义

高校教师履行道德义务是自我道德完善的过程。履行义务不仅有改造客观世界、造福人民的社会价值，更是改造主观世界的重要途径，能使高校教师自身的道德水平向高层次迈进，达到新的境界。历史上和现实中的许多杰出教育家和模范教师，都是在不断履行教师道德义务的过程中，逐渐成熟起来，并成为我们学习的光辉榜样的。

三、高校教师道德义务的确立

在教育活动中，教师道德义务的确立，是由多方面的因素决定的。

1. 决定于高校教师对新时代的清醒认识

教师的道德义务和一般道德责任一样，既不是唯心主义和宗教学说所说的天外之物，也不是旧唯物主义者所说的由人的自然本性和自然需要所决定的，而是根源于社会的经济和物质生活条件，根源于社会历史发展进程的要求和时代需要。我们当今的时代，是建设中国特色社会主义的新时代，把教育摆在优先发展的战略地位，努力提高全民族的思想道德和科学文化水平，是实现我国社会主义现代化的根本大计。历史赋予教育战线全体同志，特别是广大教师的任务和责任是极其光荣、艰巨而又紧迫的。对于这些，高校教师只有对新时代有了清醒的认识，才能确立正确的义务感，自觉地肩负起新时代的责任和历史的使命，把教育工作提高到一个新水平，为提高全民素质，促进国家振兴和社会进步做出更大的贡献。

2. 决定于高校教师对教育事业的无私奉献精神

无私奉献是教师稳定、持久的情感和鲜明的意向选择，是教师世界观、人生观和价值观的表现。常言道：无私才能无畏，无畏才能负责。一个人如果私心太重，经不起名利的诱惑，干什么事情都前怕狼后怕虎，就不可能确立义务感。在我国教育史上和现实生活中，教师义务感的确立，都与他们的无私奉献精神相关。伟大的教育家陶行知先生，终身安于“茅茨土阶”“粉笔生涯”。他从教三十年赢得桃李满天下，他以“捧着一颗心来，不带半根草去”的高尚情怀，献身教育、鞠躬尽瘁，表现了一个教育家的崇高义务感。

3. 决定于教师对教育事业的敬业、乐业思想

所谓“敬业”，就是教师要对教育事业、教师职业的性质、任务、社会作用等有正确认识，具有专心致志的端正职业态度。这是教师确立义务感的前提。所谓“乐业”，是指教师要深刻认识自己所肩负的光荣而艰巨的使命，坚定为人民教育事业而献身的职业信念，并从热爱教育事业出发，进而对学生负责。这是教师确立义务感的内在条件。一个教师如果对他所从事的教育事业无敬业、乐业思想，就谈不上确立义务感，更不用说勤业了。特别是在当前，由于我国生产力发展还不平衡、不充分，不同行业的工作条件、福利待遇都存在着不小的差距，教师的敬业、乐业思想对教师义务的确立尤为重要。

第二节　高校教师的良心

自律阶段是个体道德发展的一个更为重要的阶段。个体随着道德实践活动的发展和深入，对社会道德的分析、判断和选择能力也在不断地提高。个体不仅越来越清楚地认识到按照某种社会道德要求去尽义务的必要性和重要性，而且尽义务逐渐地成为他心灵的一种需要、一种深刻的责任感。于是这时义务对个体来说，就不再只是一种自觉意识到了的责任，而是成了对责任的一种自觉意识；不再是异己的存在，而是为我的存在。这样义务的他律性就被扬弃了，个体道德的发展也随之由他律阶段提升为自律阶段。皮亚杰说：“当心灵认为必须要有不受外部压力左右的观念的时候，道德自律便出现了。”① 个体道德从他律阶段向自律阶段的升华也就是从道德义务向道德良心的转化过程。良心集中地体现了个体道德活动在自律阶段的特点。

一、高校教师良心的含义

所谓“良心”，就是个人在履行对他人和社会的道德义务的过程中所形成的一种深刻的责任感和自我评价能力，是个人意识中各种道德心理因素的有机结合。人们在现实生活中，由于自觉意识到应有的使命、职责和任务，从而产生对他人和社会应尽义务的强烈而持久的愿望。良心的形成是各种道德心理因素（包括道德认识、情感、意志和信念等）相互作用的结果。

良心和义务都是一种道德意识，两者的不同之处在于：义务来自道德的主体之外，它表现为个体对自己行为的道德责任感，良心最显著的特征则是自律性。一个

①［瑞士］让·皮亚杰．儿童的道德判断［M］．傅统先，陆有铨，译．济南：山东教育出版社，1984：233.

人遵循良心来行动时，他就是在以自己的名义而不是以别人的名义来抉择。因此，如果说义务是个体对道德的规范性的自我意识，那么，良心则是个体对道德的主体性的弘扬，是一种发自内心深处的对自己的道德主体性的隐蔽呼唤。从义务到良心的转化，就是从道德规范性向道德主体性的升华。

高校教师的良心是指教师对自己的教育劳动所应负的道德责任的认识和评价，是教师特有的一种自觉的道德意识。教师的良心是教师在教育职业生活中，在履行为社会教书育人的义务过程中产生和形成的。它既是体现在教师的职业意识中的一种强烈的道德责任感，又是教师依据一定的道德准则对自己的行为进行自我评价的能力。作为一种道德责任感，它是教师对社会和学生的强烈义务感的表现。作为一种自我评价的能力，它是一定的道德原则和规范在教师内心深处形成的稳定的信念和意志。就其全部内容而言，它是一定的道德观念、道德情感、道德信念和意志在教师职业意识中的有机统一。

二、高校教师良心的作用

教师的良心，是教师道德觉悟的综合表现，是教师道德的灵魂。它的产生、形成和发展对调整教师的行为始终具有很大的能动作用。

首先，在行为之前，教师的良心决定着行为的选择。人们在做出一种行为之前，道德良心依据道德义务的要求和自己认定的善恶标准，对自己这一行为的动机进行预先估价，从而确定行为的选择。也就是道德良心对行为的动机要进行审定，并依照其所具备的道德判断力，对符合道德要求的行为动机予以肯定，对不符合道德要求的行为动机予以抑制或否定，为具体的行为动机指定符合道德要求的路线，这就是良心的选择作用。

其次，在行为过程中，高校教师的良心对行为进行监控。它监督着行为过程的发展，对符合道德要求的情感、信念、意志给予支持、鼓励和强化，对不符合道德要求的，尤其是对行为过程中的认识上的错误、不正确的行为等加以调整和制止，以保证道德原则和规范的实现。

再次，在行为之后，教师的良心对行为的结果做出评价。因为教师的良心与教师的义务、职责相关，只有当教师行为结束之后，良心才能全面审查和评价行为的效益和影响，总结经验教训。如果发现个体做了不道德的事，良心会责备自己，如果个体做了有道德意义的事，良心会产生满足感，人会感到欣慰。从良心发挥作用的三个环节来看，其作用的充分发挥，主要是在教师行为之后，也只有在教师行为之后，尤其是在一系列行为之后，良心才能从实际的行为后果和影响中做出全面公正的评价。一个教师在总结回顾自己的一生时，往往会产生最深刻的良心发现，就是这个道理。

此外，良心表现在集体的社会行为之中，是有阶级性和广泛社会性的。也就是说一个民族、一个阶级、一个政党和一个集体，一旦形成自己的良心，那就实际上代表了这个民族、阶级、政党和集体的共同信念及意志。一方面，它作为整体的意志谴责民族败类、阶级敌人、叛徒、懦夫等；另一方面，它促使各民族团结起来去反对侵略者，促使先进阶级去完成历史使命，促使革命政党去完成任务……总之，良心在道德领域里有着巨大而广泛的作用，它左右着人们道德意识的各个方面，并贯穿于人们行为的始终，是教师的重要精神支柱和精神导向。特别是在当前新旧经济体制转轨阶段，广大教师树立高尚的道德良心既有很强的现实针对性，又对促进社会主义精神文明建设，提高全民的道德水平，净化社会风气，具有广泛的社会作用。

三、高校教师良心的形成

高校教师的良心，是在一定的社会关系和物质生活条件下及教育实践中，通过教师对社会和学生的义务关系的深刻体验和认识而逐渐形成的。

1. 要正确认识良心的起源和本质

关于良心的起源和本质问题，在马克思主义伦理学未产生以前，历史上的中外伦理学家们，均未能从一定物质生活条件和社会关系中进行考察。他们或者认为良心是一种先天的“良知”，或者把良心归结为某种“绝对精神”，或者把良心仅仅看作是人的一种自然情感，甚至认为动物也有这种“自然情感”。

马克思主义伦理学产生以后，它第一次科学地揭示了良心的产生和本质，阐明了良心的社会内容和在道德生活中的重大作用。马克思主义伦理学认为良心既不是什么天赋的神秘现象，也不是人的“自然情感”的再现，而是由人的知识和全部生活方式决定的。也就是说它根源于人们的社会生活之中，是由人们的物质生活条件和社会关系所决定的。不同的物质生活条件和社会关系中，良心正如马克思所说是不同的，即“共和党人的良心不同于保皇党人的良心，有产者的良心不同于无产者的良心，有思想人的良心不同于没有思想人的良心”①。良心的本质实际上是人类社会特有的一种意识，是一定社会关系和道德关系在人们头脑中的反映。

教师的良心，乃是教师对社会和学生的义务关系在教师内心的反映，是外部的义务要求转化为教师内心的道德要求和个人品质的结果。教师要形成自己的正确良心，首先就要对良心的起源和本质有正确认识，要树立正确的良心观。

2. 要深刻理解一定社会的道德关系

无论是教师个人或是教师集体的良心，虽然表现形式是主观的，但内容却是客

①马克思，恩格斯．马克思恩格斯全集：第6卷［M］．北京：人民出版社，1961：152.

观的，都是教师对一定社会道德关系的自觉反映和深刻理解。一是作为教师良心的重要方面的道德责任感，是教师在深切体验和认识到自己对学生、对教师集体、对社会的教育义务时，才产生和形成的。教师个人没有对学生、对他人和社会之间的这些义务关系的深刻理解、体验，就不可能在意识中产生和形成教师道德责任感。二是作为教师良心，是以自我评价的道德原则和规范为前提的，也是客观存在的一定社会或阶级的道德要求。没有一定社会或阶级的道德要求的客观存在，或者这些客观要求不被教师所理解，或者内化为教师的内心信念，变成教师个人的思想感情和内在的个性特征，同样，也不可能形成教师在道德意识中的自我评价能力。因此，对一个教师来说，只有以教师道德为指导，自觉认识和深刻理解了一定社会道德关系，才能形成教师良心。

3. 要自觉地进行自我修养、自我教育

教师良心的形成，很大程度上取决于教师自己在社会和教育实践中的自我修养、自我教育。离开了教师自己在社会和教育实践中的自我修养、自我教育，一定社会或阶级的道德要求就很难变成教师的“道德自律”，很难使教师发自内心地去履行对学生、他人和社会的义务。因此，一个教师，要形成自己的良心，只有在自己的教育实践中，不断地用教师道德规范对照检查自己，解剖自己，加强自我修养、自我教育。

第三节　高校教师职业道德规范的内容

为贯彻落实党的十七届六中全会精神，全面提高高校师德水平，增强广大教师教书育人的责任感和使命感，2011 年，教育部、中国教科文卫体工会全国委员会研究制定了《高等学校教师职业道德规范》（以下简称《规范》）。2018 年，为深入贯彻习近平新时代中国特色社会主义思想和党的十九大精神，深入贯彻落实全国教育大会精神，扎实推进《中共中央国务院关于全面深化新时代教师队伍建设改革的意见》的实施，进一步加强师德师风建设，教育部研究制定了《新时代高校教师职业行为十项准则》。这些都对高校师德师风建设提出了新的更高要求。

一、高校教师职业道德规范的具体要求

1. 爱国守法

(1) 爱国

就是热爱祖国，热爱人民，拥护中国共产党领导，拥护中国特色社会主义制度。遵守宪法和法律法规，贯彻落实党和国家教育方针，依法履行教师职责，维护社会稳定和校园和谐。不得有损害国家利益和不利于学生健康成长的言行。

我们都知道，热爱祖国体现一个人对自己祖国的深厚感情，反映一个人对祖国的依存关系，是调节个人与祖国（国家）之间关系的政治原则、法律规范，也是道德要求。热爱祖国是一种高尚的道德情感，是每一个人都应当自觉履行的责任和义务。《规范》特别强调教师要热爱祖国，热爱人民，拥护中国共产党领导，拥护中国特色社会主义制度。

热爱祖国对一个教师来说尤为重要。苏联教育家苏霍姆林斯基在给儿子的信中有这样一句话：一个真正热爱祖国的人，在各方面都是一个真正的人。中华人民共和国成立以来，无数的人民教师胸怀爱国赤子之心，为民族振兴、社会主义国家繁荣和进步做出了巨大贡献。

热爱祖国是教师献身教育的思想基础，热爱祖国是中华民族的优良传统和崇高的思想品德，是教师对祖国的一种深厚感情和为社会主义事业无私奉献的精神。

(2) 守法

教师的法纪观念如何，不仅反映着自己是什么样的人，而且直接影响着培养的下一代会是什么样的人。教师自觉地做到遵纪守法，可以直接影响青少年学生的健康成长，促进社会主义民主法治建设和道德风貌的良性发展，对于培养一代合格的社会主义新人，对于我们国家和民族的未来，是至关重要的。因此，人民教师应当十分注重培养自己良好的法纪风貌，做到遵纪守法，而且应当把它作为教育活动和日常生活中一项基本的行为规范，严格要求，贯彻始终。

《规范》明确要求教师要全面贯彻国家教育方针，自觉遵守教育法律法规，依法履行教师职责权利。不得有违背党和国家方针政策的言行。

2. 敬业爱生

高校教师要坚持育人为本，立德树人。遵循教育规律，实施素质教育。注重学思结合，知行合一，因材施教，不断提高教育质量。严慈相济，教学相长，诲人不倦。尊重学生个性，促进学生全面发展。不拒绝学生的合理要求。不从事影响教育教学工作的兼职工作。

(1) 爱岗敬业就是热爱自己的工作岗位，热爱本职工作，是一种普遍的工作要

求。爱岗敬业是对高校教师的职业道德要求，也是一种崇高的美德。高校教师爱岗敬业的总体要求是：热爱学生，以学生为本，围绕学生的成长成才，关注、关心和关爱学生；对教育教学工作认真负责、精益求精，对学生严格要求、悉心培养。具体表现为：上课认真负责，执行考勤制度，不迟到、不早退，课堂纪律严格，认真解答学生提出的问题，认真批改作业；严格执行考试制度，命题实事求是，评卷认真负责，考试成绩能客观公正地反映学生水平；积极开展教育教学研究，努力探索教育教学规律，对教育教学工作进行科学设计与有效实践，不断改进教学方法；开展科学研究，服务地方社会经济发展；学习和充实新的知识，不断提高自己的理论和业务水平，掌握学科前沿动态。总之，一个爱岗敬业的教师，学生是他生命的给养，讲台是他生命的舞台，教学是他生命的源泉。

（2）热爱学生、诲人不倦是调整教师与学生相互关系的道德规范，也是教师教书育人的感情基础，同时又是教师热爱祖国、热爱人民、热爱社会主义教育事业的具体体现。高校教师只有做到热爱学生、诲人不倦，才能真正做到献身教育、甘为人梯。热爱学生、诲人不倦是高校教师做好教育工作的力量源泉，是完成教书育人教育目的的重要条件。

热爱学生、诲人不倦应有的道德要求是：

要关心学生，观察了解学生。教师热爱学生，最根本的就是要按照党的教育方针从德、智、体、美、劳等几个方面全面地关心学生的成长。高校教师全面关心学生的成长，首先要从全面关心学生的学习开始。学生应以学习为主，放松或放弃学习，对学生健康成长都是不利的。教师要培养、教育学生，还要观察和了解学生。俗话说“知之深，爱之切”，高校教师要多接触学生，了解他们的家庭情况，了解他们的心理状态，了解他们的志趣、爱好，了解他们的喜怒哀乐。教师对学生了解得越深，爱得也就越深，师生关系才会更融洽。

要尊重学生，鼓励信任学生。大学生的意志、独立自主意识都比较强，因此，高校教师要注意尊重学生。教师尊重学生是热爱学生的表现，也是社会主义条件下新型师生关系的具体体现，是促进学生健康成长的重要条件。尊重和信任学生，必须尊重学生的人格，不允许粗暴批评、压制、体罚、训斥、辱骂、讽刺学生。高校教师尊重和信任学生，就要给学生以信心和力量，鼓励和发扬学生身上积极美好的东西。即使是有缺点乃至犯错的学生，也要充分信任他们，尊重他们，引导他们克服错误，在教师的信任和期待中不断进步。著名教师魏书生经常对学生讲的一句话就是：“咱们商量商量。”① 学生犯了错误，魏老师不是粗暴简单地批评，而是用学生愿意接受的方式帮助学生改正错误，在教书育人过程中充满对学生的信任。

要严格要求学生，疏导管理学生。俗话说，严师出高徒，“教不严，师之惰”。热爱学生本身就要求教师要严格要求学生。大学生虽然已经有了很强的自主性和自

①朱仁宝．现代教师素质论［M］．杭州：浙江大学出版社，2004：154.

觉性，但仍然需要严格要求，否则，也会有学生出现纪律松散、行为放任、抄袭作业等行为，也会有学生出现偏激、浮躁、马虎、应付等现象。如果教师对学生要求不严，马马虎虎，就是对学生不负责任，就是误人子弟。

教师在严格要求学生的时候，要讲求教育的艺术。首先，要求教师要严而有度。就是说严格要有一定的限度，要掌握一定的分寸。如果严格出格就会适得其反。其次，要严中有理。就是说教师对学生的要求应该是合理的，符合教学规律的，并且是经过学生的努力可以达到的。再次，要严而有方。就是说教师对于学生的严格要求，不是一味地命令或禁止，否则，就不一定能有显著的效果。教师若采用疏导、寓教于乐等机动灵活的方式，往往会收到更好的效果。最后，要严而有恒。就是说教师对学生提出一种要求，就要使它相对持续，而不是朝令夕改或虎头蛇尾。教师对要求的落实要做经常性检查，从而培养学生良好的学习和行为习惯，切不可不进行监督，放任自流。

永不凋谢的玫瑰

吴非

在苏联的一所学校，校园的花房里开出了美丽的玫瑰花，每天都有很多同学前来观看，但都没有人去采摘。

一天清晨，一个四岁的小朋友（就读于该校幼儿园）进入花房，摘下了一朵最大、最漂亮的玫瑰花。当她拿着花走出花房时，迎面走来了该校的校长。校长十分想知道小女孩为什么要摘花，便弯下腰亲切地问：

"孩子，你可以告诉我你摘下的花是送给谁的吗?"

"送给奶奶的。奶奶生了重病，我告诉她学校里有一朵很大的玫瑰，奶奶不信，我这就摘下来送给她看，希望她早点儿好起来。等奶奶看完了之后我会把花送回来。"

听完孩子的回答，校长的心颤动了。他牵着小女孩的手，从花房里又摘下了两朵大玫瑰花，说道："这一朵是奖给你的，你是一个懂事的孩子；这一朵是送给你奶奶的，感谢她养育了你这样的好孩子。"

这位校长是谁呢？他就是伟大的教育家、万世景仰的育人楷模苏霍姆林斯基。

——节选自《教育发展研究》2005 年第 4 期

3. 教书育人

"教书育人"是对高校教师职业的最重要内容——教育教学的道德关系的高度概括，反映了教师培养人才的基本使命和最主要的职责，是高校教师职业道德的核心。

其基本内涵是指教师既要传授知识、传承文化，使学生“成才”，又要培养学生的思想品德，促进学生全面发展，使学生“成人”。“教书”与“育人”是同一过程的两个方面，教师应寓“育人”于教育教学活动之中。教书育人在道德原理层面的要求是“坚持育人为本、立德树人”。在道德原则方面的要求是“遵循教育规律，实施素质教育。注重学思结合，知行合一，因材施教，不断提高教育质量。严慈相济，教学相长。尊重学生个性，促进学生全面发展”。在道德准则方面的要求是“不拒绝学生的合理要求，不得从事影响教育教学工作的兼职工作”。

目前，高校教师存在不专心“教书”，只“教书”不“育人”，不关心学生成长的现象。这是造成高等教育质量滑坡、师生关系不和谐的主要原因。因此落实这条规则是非常迫切的。

高校教师要做到教书育人除了加强政治理论学习外，还应积极进行教学改革，提高课堂教学的质量。课堂教学是教书育人的重要途径。要提高课堂教学的质量，必须积极进行教学改革，调整和改革课程体系、结构、内容，建立新的基础教育体系。改变课程过分强调学科体系，脱离时代和社会发展以及学生实际的状况；更新教学内容，加强课程的综合性和实践性，重视实验课教学，培养学生的实际操作能力，大力提高教育技术手段，提高课堂教学质量。

把教书育人延伸到课外活动中。课外活动不仅是课堂教学的重要补充，还是进行思想教育的广阔天地。有人将课外活动定义为“第二课堂”或“第二渠道”。教师在课外活动中和学生打成一片，交心谈心，感情融洽，能了解到学生心灵深处的秘密，捕捉教育时机。课外活动对于促进学生德、智、体、美、劳全面发展有着重要的作用，这是教书育人不可忽视的一个方法。教师结合教学内容开展课外活动，可以寓教于乐，寓理于情，使学生在不知不觉中接受思想教育。要增强活动的教育性，教师必须进行有计划、有目的的启发、引导。在课外活动中，学生的行事态度、思想情感、组织纪律性、集体主义精神、对社会生活中的各种现象的看法等，很容易表现和反映出来。因此，教师应抓住机会，及时开展教育，以达到教书育人的目的。

4. 严谨治学

2014 年 9 月 9 日习近平在北师大师生座谈会上强调了教师的专业素养，“扎实的知识功底、过硬的教学能力、勤勉的教学态度、科学的教学方法是老师的基本素质，其中知识是根本基础。学生往往可以原谅老师严厉刻板，但不能原谅老师学识浅薄。‘水之积也不厚，则其负大舟也无力。’知识储备不足、视野不够，教学中必然捉襟见肘，更谈不上游刃有余”。习近平引用一位国外教育家的话“为了使学生获得一点知识的亮光，教师应吸进整个光的海洋”鼓励教师终身学习。他还借用陶行知的话“出世便是破蒙，进棺材才算毕业”，要求老师“始终处于学习状态，站在知识发展前沿，刻苦钻研、严谨笃学，不断充实、拓展、提高自己”。

在教书育人的过程中，教师应该严谨治学，这是毫无疑问的。严谨治学，一是指教师要认真完成教学任务，以负责的态度对待教学；二是指教师要以严谨的态度把教育和教学当作一门科学来对待，提高教育教学和科研的水平。这两层意思都与教师的素质紧密相连，是教师完成教书育人神圣使命的重要保证。

北京大学中文系的孟二冬教授可谓是严谨治学、一丝不苟的优秀代表。每到批改论文时，孟二冬的家里就成了图书馆，到处会铺满打开的书，供他随时查找。他看过的学生论文，几乎每页都夹有小纸条，纸条上除了对论文框架和立意提出建议外，还有勘误。他常常比学生自己还要认真，让学生深受感动。他去日本讲学两年，刚回到家里，不顾手头的许多事情，只用了三天时间就看完了学生四万字的论文，还批注了许多意见，连错别字都不放过，正是这种严谨治学的态度，使孟二冬老师达到了职业道德的最高境界，那就是把教书育人、严谨治学作为一种志向，当作一种追求。教师只有这样，才能无愧于学生、无愧于学校、无愧于社会、无愧于国家、无愧于时代、无愧于人民。

5. 服务社会

高校教师要勇担社会责任，为国家富强、民族振兴和人类进步服务。传播优秀文化，普及科学知识。热心公益，服务大众。主动参与社会实践，自觉承担社会义务，积极提供专业服务。坚决反对滥用学术资源和学术影响。

高校教师要发挥服务社会的职能，可以依托教师岗位开展以下工作：第一，开展技术研发，开展科技成果转化，联合开展科技攻关，组建产学研联盟或工程（技术）研究中心，帮助企业提高技术研发能力和经营管理水平，为企业培养技术和管理人才，为基层提供教育、法律、会计、医疗等培训或服务，完成社会决策咨询等多形式、全方位合作；第二，服务于企业研发中心，译介国外的相关技术资料，以便让企业掌握最新资料，把握市场及产品动向，了解国外市场动向，开拓国际市场，提高企业效益；第三，以企业的社会决策咨询需求为导向，签订合作协议，充分发挥专业优势，利用场地、实验设备和人才资源，催生企业的创新能力，在人才培训与交流、促进科技成果转化等方面进行合作，扩大企业知名度和美誉度。

高校教师服务社会职能的发挥不能影响正常的教学活动，更不可因服务社会而荒废本职工作，在服务企业的时间里要认真处理好教学、科研和服务社会三者之间的关系，要做到以教学为依托、科研为载体、服务社会为升华的全方位多维视角的职能发挥，真正实现持续、健康、和谐发展。①

6. 为人师表

高校教师要学为人师，行为世范。淡泊名利，志存高远。树立优良教风，以高尚师德、人格魅力和学识风范教育感染学生。模范遵守社会公德，维护社会正义，

---

①田俊雷，文中晴．基于多维视角的高校教师服务社会职能［J］．学理论，2012（10）：206-207.

引领社会风尚。言行雅正，举止文明。自尊自律，清廉从教，以身作则。自觉抵制有损教师职业声誉的行为。

2018 年 5 月 2 日，习近平在北京大学师生座谈会上强调指出，古人说："师者，人之模范也。"在学生眼里，老师是"吐辞为经、举足为法"，一言一行都给学生以极大影响。教师的思想政治状况具有很强的示范性。要坚持教育者先受教育，让教师更好地担当起学生健康成长指导者和引路人的责任。

为人师表，以身立教，是教师道德的显著特征和重要规范。人民教师只有衣着整洁、大方，举止端庄，语言文明，礼貌待人，作风正派，以身作则，率先垂范，才能给学生树立起效法的楷模，使之"亲其师"而"信其道"，从而提高教育的有效性。

为人师表，以身立教，是教师道德的显著特征。师表，意谓典范，学习榜样。《史记·太史公自序》："国有贤相良将，民之师表也。"杨雄《法言·学行》云："务学不如务求师。师者，人之模范也。"这里说的"师"或"师表"，意思是一样的，都不限于教师。教师的为人师表，以身立教，是指教师自身的言行和形象，要成为学生学习、效法的榜样和楷模，以便有力地影响学生，感染学生，达到育人的目的。这是教育事业对教师道德的必然要求，也是社会主义教师道德的应有之义。

以上教育家的大量论述充分表明，以身作则、为人师表确是古今中外教育家们的实践经验概括和总结，是人类传统优良师德宝库中的重要财富，是教师劳动和智慧的结晶。

高校教师为人师表、以身立教的道德要求虽然是反映教育过程的客观需要，但从它的内容来看，主要是根据一定社会和一定阶级的利益以及一定社会道德规范提出来的，具有鲜明的时代性、阶级性。在这里所讨论的为人师表、以身立教就意味着教师必须要按照社会主义精神文明建设的要求，从外表、言行、作风三个方面去努力塑造自己的形象。

首先，注重衣着、仪表。衣着、仪表是社会个体具有审美价值的外表或外观，它反映教师个体形象的外部特征，从中可以透视教师的内在气质。善于修饰"润色"自己的外表，具有高尚文明的举止、言谈、仪表风度，是教师职业的特殊需要，是教师教育人的重要条件，有着十分重要的作用。

其次，讲究文明礼貌。文明礼貌是一个人内在素质和修养的外在表现。教师文明礼貌，是指教师在教育工作中及社会活动中体现出来的具有审美价值的外在表现，是教师待人接物时通过言谈、行为、姿态和表情所表现出来的美感。合格的教师必须讲究文明礼貌。

最后，教师要谦逊谨慎，作风正派。教师作风是教师思想水平、工作态度、生活方式以及文化素养、文明风度的综合反映，是教师知、情、意、行在教育教学活动中的概括性表现。它体现了教育者的世界观、内在素质和精神风貌，是实现教育职能的重要条件。教师有了优良作风，就能给学生展示良好的教育者形象，更好地起到以身立教的作用；就可以对学风、校风产生积极的影响，优化教育载体。作为一个人民教师必须十分重视完美形象的塑造，作风正派，充分发挥人格魅力。

二、新时代高校教师职业行为十项准则

教师是人类灵魂的工程师，是人类文明的传承者。长期以来，广大教师贯彻中国共产党的教育方针，教书育人，呕心沥血，默默奉献，为国家发展和民族振兴做出了重大贡献。新时代对广大教师落实立德树人根本任务提出新的更高要求，为进一步增强教师的责任感、使命感、荣誉感，规范职业行为，明确师德底线，引导广大教师努力成为有理想信念、有道德情操、有扎实学识、有仁爱之心的好老师，着力培养德智体美劳全面发展的社会主义建设者和接班人，教育部于 2018 年特制定以下行为准则。

1. 坚定政治方向

坚持以习近平新时代中国特色社会主义思想为指导，拥护中国共产党的领导，贯彻党的教育方针；不得在教育教学活动中及其他场合有损害党中央权威、违背党的路线方针政策的言行。

2. 自觉爱国守法

忠于祖国，忠于人民，恪守宪法原则，遵守法律法规，依法履行教师职责；不得损害国家利益、社会公共利益，或违背社会公序良俗。

3. 传播优秀文化

带头践行社会主义核心价值观，弘扬真善美，传递正能量；不得通过课堂、论坛、讲座、信息网络及其他渠道发表、转发错误观点，或编造散布虚假信息、不良信息。

4. 潜心教书育人

落实立德树人根本任务，遵循教育规律和学生成长规律，因材施教，教学相长；不得违反教学纪律，敷衍教学，或擅自从事影响教育教学本职工作的兼职兼薪行为。

5. 关心爱护学生

严慈相济，诲人不倦，真心关爱学生，严格要求学生，做学生良师益友；不得要求学生从事与教学、科研、社会服务无关的事宜。

6. 坚持言行雅正

为人师表，以身作则，举止文明，作风正派，自重自爱；不得与学生发生任何不正当关系，严禁任何形式的猥亵、性骚扰行为。

7. 遵守学术规范

严谨治学，力戒浮躁，潜心问道，勇于探索，坚守学术良知，反对学术不端；不得抄袭剽窃、篡改侵吞他人学术成果，或滥用学术资源和学术影响。

8. 秉持公平诚信

坚持原则，处事公道，光明磊落，为人正直；不得在招生、考试、推优、保研、就业及绩效考核、岗位聘用、职称评聘、评优评奖等工作中徇私舞弊、弄虚作假。

9. 坚守廉洁自律

严于律己，清廉从教；不得索要、收受学生及家长财物，不得参加由学生及家长付费的宴请、旅游、娱乐休闲等活动，或利用家长资源谋取私利。

10. 积极奉献社会

履行社会责任，贡献聪明才智，树立正确义利观；不得假公济私，擅自利用学校名义或校名、校徽、专利、场所等资源谋取个人利益。

本章小结

道德规范是一定社会或阶级概括的人们应普遍遵循的行为善恶准则。它既是一定社会物质生活条件的产物，又与道德原则有着密切的联系。道德原则是高度概括的道德规范，或者说是最根本的道德规范；道德规范则是围绕道德原则展开的，是具体的道德原则。遵循习近平关于“四好教师”标准，根据教育部《高等学校教师职业道德规范》的要求，以及《新时代高校教师职业行为十项准则》，高校教师道德规范可以概括为“爱国守法，敬业爱生，教书育人，严谨治学，服务社会，为人师表”。本章分别论述了上述规范。对此加以认真学习研究和掌握，是高校教师在思想道德修养中，进行科学的道德行为选择，培养优秀的道德品质，完善社会主义教师道德人格的重要课题。

思考与练习

1. 什么是高校教师的义务？

2. 什么是高校教师的良心？它是怎样养成的？

3. 有人说，爱国主义是“空洞的口号”或“正确的废话”，尤其对教师来说意义不大，教师只要把书教好就行了。你对这种观点是什么看法？

4. 你在教育教学过程中，是否有违背国家方针政策的言行？组织一次教研活动，集中讨论，互相提醒，共同反思自己的言行。

5. 材料分析。

南京大学梁莹学术不端事件

前段时间媒体曝光了梁莹的多篇论文涉嫌抄袭、一稿多投，以及她在教学中态度不端而被南京大学本科生举报一事。

梁莹是香港理工大学硕士，南京大学行政管理学博士，北大博士后，又是美国芝加哥大学博士后。在南京大学任博士生导师、教授，是青年长江学者，可谓是学术界的“牛人”、高学历的知识分子。但是梁莹学术造假一事曝光之后，对南京大学的影响非常大，很多人开始质疑南京大学老师的学术水平是否过关？南京大学的学术审查力度是否合格？很多人对南京大学的学术质量也提出了质疑，不仅如此，大家还对青年长江学者的学术能力提出了一系列的质疑。

2018 年 12 月 13 日上午，南京大学针对梁莹学术造假、科研造假等情况，给予其七大处分。

结合这一事件，请你谈谈高校教师该如何加强师德修养。

第六章

高校教师职业道德行为的选择

请你记住，你不仅是自己学科的教员，而且是学生的教育者、生活的导师和道德引路人。

——苏霍姆林斯基

要 论 提 示

- 高校教师职业道德行为选择有自身特色。
- 高校教师树立科学价值观，正确对待人生境遇，其职业道德行为选择才能实现。
- 教育部对高校教师划出的七条“师德红线”是高校教师职业道德禁行行为。

道德不同于其他社会意识现象，道德的一切行为都以选择为前提。从某种意义上说，没有选择就没有道德活动。道德行为的选择是以行为主体的价值观为指导，培养人的择善去恶的能力，确定人生的高尚目标，从而干预生活、影响社会及完善社会关系。高校教师由于所处地位和身份的特殊性，相对于其他道德行为的选择而言，其职业行为的道德选择有其自身的特点。2016 年 9 月 9 日，习近平到八一学校看望慰问师生，发表重要讲话，强调教师做的是传播知识、传播思想、传播真理的工作，是塑造灵魂、塑造生命、塑造人的工作。2016 年 12 月，习近平在全国高校思想政治工作会议上强调，教师不能只做传授书本知识的教书匠，而要成为塑造学生品格、品行、品味的“大先生”。所以，高校教师只有正确地做出职业道德行为选择，才能使自己具备适合自己职业的高尚道德品质，充分发挥其在教育教学过程中的作用。

第一节　高校教师职业道德行为选择的含义和特点

高校教师职业道德行为的选择是教师职业道德实践活动的重要内容。教师职业道德行为的正确选择，是因材施教，取得良好的教学效果，培养中国特色社会主义合格人才的首要前提，是用道德手段调节教育过程中的人际关系，维护教育教学活动正常进行的必要条件；是使教育教学行为符合社会需要并得以顺利实施的重要保证。

一、高校教师职业道德行为选择的含义

高校教师职业道德行为选择是指高校教师在教书育人的职业活动中，如何根据高校教师职业道德的基本原则和规范来把握和选择自身的职业行为的实践活动。高校教师职业行为的道德选择是高校教师职业行为发生之前的思维过程，是高校教师在职业道德意识的支配下，在不同的道德价值之间进行取舍的一种特殊的道德活动。

选择的字面含义是“挑选”，意指在两个或两个以上的对象之间做出的取舍。选

择活动是从人类自我意识产生之时开始的，在人类社会的早期，由于人类在自然必然性面前始终处于受支配的地位，选择受到极大的限制，人们还没有形成自觉的选择意识。随着人类劳动分工的细化，人与人之间由于社会交往的日渐频繁而确立了多种多样的关系，也形成了多种多样的要求，从而不仅有了选择的可能，而且选择的范围也在逐渐扩展。在近代，资本主义生产方式更加拓展了人的活动范围和视野，商品经济滋生了人的价值意识和选择愿望，于是，选择受到了更加广泛的重视。以达尔文进化论为代表的进化论把选择应用于人的历史，认为人是进化的产物，是适者生存、劣者淘汰的结果，这就是著名的“自然选择说”。进化论虽然高扬了选择，但这种选择忽视了人作为进化主体所具有的能动的自我选择性，过分强调自然支配，以致把自然规律直接应用于社会，形成了社会达尔文主义。康德最终将自然规律与社会规律分开，把前者归于必然，而把后者归于选择。康德认为，认识和道德是两个截然不同的领域，道德高于认识。道德的对象是自由的规律，是人的实践精神自我立法和自我选择，只有出于人的善良意志的行为，只有经过人自由选择的东西，才是道德的。

从自然必然性过渡到人的自由选择，是人类精神的又一次飞跃。马克思主义通过论证这一飞跃的实践基础而肯定了它的革命意义，这就是以自由选择为特征的认识主体和实践主体，是人类社会完善的推动者。社会的发展主要是通过人的自我选择实现的，有目的、有意识地选择促进了人的智力和体力、社会组织、社会生活有序发展。社会中的每一个成员都负有选择的使命和责任，放弃这种使命，就是放弃做人的资格，就是把自己降到物的水平。

社会不断发展，社会生活日趋复杂，人的选择也越来越具有多样性。从选择的主体看，有个人的选择和群体的选择；从性质上看，又有主动的选择和被动的选择；从过程上看，还有认识选择、情感选择、行为选择和交往选择；等等。这些选择交互影响，构成了不同社会生活领域里的选择，如政治选择、法律选择、经济选择、宗教选择和道德选择等等。

道德选择是一种特殊的社会选择，它渗透于人类道德的一切领域，不仅包括行为动机、意图、目的选择，而且包括行为的方向、过程、结果的选择；不仅表现在主体道德行为的外在方面，如行动、交往、调节等道德实践活动，而且表现在主体道德行为的内在因素，即认识、情感、意志等精神活动上。反过来讲，人类道德的一切内容无不具有选择的意义。人生观、人生价值是对生活方式的选择；人生理想、人生信念是对生活道路的选择。不仅道德原则、道德规范指导着人们的行为选择、交往选择，而且道德知识、道德情感也标志着人的选择方向和选择手段。概而言之，高校教师道德行为选择就把教师内在的价值观念、道德品质等以行为活动的形式呈现给自己或别的人，同时又表现出教师为达到某一道德目标而主动做出的价值取向。

二、高校教师职业道德行为选择的特点

高校教师职业道德行为选择乃是出于对他人和社会利益的某种自觉态度，是高校教师自主、自决、自择的过程。但相对于其他道德行为的选择而言，高校教师所处的地位和身份决定了其职业行为的道德选择又有其自身的特点。这些特点主要有以下四点。

1. 公众性

公众性，是指高校教师具有社会公众性人物的属性。他们面对的不仅是学生，还有社会，他们的行为无论是对学生，还是对社会都有重大影响，因而极易受到他人和社会的关注。这与高校教师的职责和社会价值是分不开的。

高校教师是专门人才的培养者，是社会生产经验和社会规范的传递者，是未来社会人才的生产者。人在社会生活中为了生存和发展，就必须要学会如何劳动和生活，于是社会发展到一定阶段，就产生了教育，出现了教师。在现代社会，从一定程度上讲，离开了教师，个人的成长和发展，人类特有的劳动意识、目的、创造，人类的智慧和能力，就不能得到继承、培养和开发，人类的自身再生产、社会的物质生产和精神生产也就不能得到延续和发展。所以人们常用“百年树人”来表述教师劳动的深刻意义，用“人类灵魂的工程师”来赞美教师的工作，这也正说明了教师劳动的社会价值。

现代科学技术的发展，生产力水平的提高，以及国民经济和各项事业的发展，在一定程度上取决于高等教育所培养的人才的数量和质量。今天，知识无疑已成为生产力发展的决定性因素。20 世纪下半叶，科学技术迅猛发展，科学、知识、信息直接应用于生产过程，成为生产力中最积极、最有革命意义的内容。现在可以看到这样明显的事实，即经济的发展越来越取决于教育的发展，取决于教师的劳动。面对知识经济时代的到来，建设国家创新体系、实施国家创新工程，对新世纪教育的使命和作用提出了更高的要求。高校成为创新体系基地之组成部分，也肩负着培养和造就大批具有创新意识和能力的高素质人才的艰巨使命。知识经济是知识型、创新型、学习型、头脑型经济，它要求将教育、人才摆在优先发展的战略地位。教育是知识经济的核心与基础，是推动经济发展的重要动力源，它对整个社会生产力的发展都具有基础性、决定性的作用。

由此可见，高校教师的职业行为选择不仅直接关乎个人的成长、家庭的幸福，还关乎国家的繁荣、社会的发展。所以，高校教师职业行为的道德选择必然受到每个学生、学生家长，乃至全体社会成员的关注和监督。

2. 示范性

示范性，就是为人师表，是指高校教师无论在知识，还是在人格上都被人们奉为楷模，其言行对人们有导向作用，是人们效仿的榜样。高校是培养高素质人才的摇篮，是人类文明的重要发源地，是文化传承的主要阵地，是人才流动最频繁的部门，对社会的影响既具有空间的广泛性，又具有时间的长久性。所以，高校既是精神文明的示范区，走在精神文明建设的前列，也是精神文明的辐射源，让具有良好思想品德修养和掌握现代科技文化知识的高素质人才不断充实到社会各部门，为提高全民族的精神文明水平做出贡献。因此，高校是社会文明水准的窗口，除了国家的专门研究机构，高校汇集了各领域最高水平的科学文化知识，人类的进步与文明不断从这里被接受、被发展和被创造，并向全社会传播和扩散。

作为高素质人才的培养者、人类文明的创造者、精神文化的传播者，高校教师在学生和社会人士的心目中，其为人师表是有着不同含义的。然而，知识渊博、道德高尚、造诣精深、富有远见，是人们对高校教师的整体印象。因此，高校教师的人格及言行本身具有直接的教育影响力，不仅其语言、行为、仪表等成为学生效仿的对象，其为人处世的方法也对学生产生着潜移默化的作用。它不仅影响学生的精神面貌，并通过学生向社会辐射和扩散，而且作用于当代社会，更对未来社会产生影响。

3. 限制性

正是高校教师职业行为所具有的公众性、示范性，使高校教师在职业行为的道德选择中，往往不能完全顺从自己的意愿，或多或少都加入了一定的被动因素，这就是高校教师职业道德行为选择的限制性。这是由高校教师的职业特性所决定的。

高校教师的一个重要职责是教育引导他人，这不仅表现在思想上，还表现在行为上。要起到正确的教育引导作用，必须要有正确的思想、行为，这就为高校教师职业行为的道德选择做了一个潜在的设定，即必须要做出相对比较正确的选择和行为。因此，高校教师在职业行为中，要注意自己的言行规范，凡是要求别人做到的，首先自己要做到；要求别人不必做到而身为教师又是必要的，也要做到。所以，高校教师无论在语言、仪表，还是行为、风度等方面都要受到一定的职业限制。高校教师在职业行为中，必须使用规范、准确、纯洁的语言，讲究文明礼貌，不能污言秽语、脏话连篇，不能对学生讽刺挖苦、破口谩骂；必须要有端庄、典雅的举止，朴素、大方的穿着，饱满、热情的精神，而不能粗鲁无礼、奇装异服、浓妆艳抹、精神萎靡；必须要可亲、可敬、沉着、冷静，表现出知识涵养，不能冷若冰霜，拒人于千里之外，不能因自己心境不佳、身体不好就乱发脾气、耍态度，也不能因自己心情愉快就手舞足蹈、举止轻浮；必须模范遵守法规法纪、制度章程，而不能以身试法，随意破坏规矩；必须有效控制自己的私人行为给职业行为带来的负面影响，不能因与家人、邻里等发生矛盾和冲突，而把情绪带到工作中，把怨气、怒气发泄在学生、同事身上……高校教师在职业行为中的一言一行都是受到限制的，必须符合高校教师的身份和角色。

4. **渗透性**

这一特性也可称为延伸性，是指高校教师职业道德行为选择的标准渗透到其日常生活中，从而使其日常行为也有一定职业化的要求。这也是由高校教师的职业特性决定的。

由于职业的神圣性和崇高性，高校教师深受人们的敬仰，其行为备受关注，易为人们效仿。因此，人们不仅希望高校教师在职业行为中表现为一个“完人”“圣人”，还要求高校教师在日常生活中同样完美、高尚。这就决定了人们对高校教师的关注不会只局限于其职业活动范围，在私人场合，人们仍会以高校教师的身份、角色去界定和评价他们。这虽然并不一定合理，对高校教师来说也过于严格，但这种客观存在却使高校教师的日常生活不得不受到其职业的影响，同样不能随心所欲。所以，高校教师的日常生活必然要表现出一定的职业化，很多时候需要用职业道德规范来约束自己的私人行为，用职业行为道德选择的标准来要求自己，时刻不能忘记自己的高校教师身份。如果高校教师在日常生活中的行为选择有悖于教师职业道德，那就必然会破坏高校教师在人们心目中的良好形象和崇高地位，导致威信扫地，使学生、他人产生厌恶、抵触情绪，从而失去表率、示范作用，严重影响教育效果，甚至危及高等教育目标的实现。试想一个在职业行为中表现得温文尔雅，而在生活中却表现得粗俗不堪，或在讲台上大谈仗义凛然、乐于奉献，而在生活中却胆小怕事、斤斤计较，或在校园里穿着朴素大方，而私底下却袒胸露背的高校教师，会给学生、他人留下什么样的印象。

所以，高校教师的日常生活被深深地打上了职业的烙印，其职业要求自然要渗透私人空间，高校教师不仅在学校，而且在家庭和社会上都要时刻保持道德的自觉，恪守高校教师职业道德规范。

由以上高校教师职业道德行为选择的特点说明，高校教师作为一个有着特殊身份与角色的社会个体，其职业行为的选择不能够单纯地顺从自己的意愿，而是要受到诸多其他条件的制约。高校教师职业行为的道德选择不仅要考虑到自己，还要考虑到他人，从而表现出一种“身不由己”的属性。正因为如此，高校教师职业道德行为的选择才能体现出其人格魅力与道德价值的高尚。

第二节　高校教师职业道德行为选择的实现

职业道德行为选择作为一种现实的活动，既是高校教师内心善恶的搏斗，同时也是一种复杂的利益考虑，不可避免地会遇到许多矛盾和冲突，它们影响着高校教师的认识和选择。高校教师要想做出正确的职业道德行为选择，最终采取正确的职业道德行为，顺利实现教书育人目标，必须要有正确的价值观的引领。

一、以社会主义核心价值观作为职业道德行为选择的标准

党的十八大提出的“倡导富强、民主、文明、和谐，倡导自由、平等、公正、法治，倡导爱国、敬业、诚信、友善”从国家、社会和公民三个层面概括了社会主义核心价值观的价值目标、价值取向和价值准则。这三个“倡导”，勾绘出一个国家的价值内核、一个社会的共同理想、亿万国民的精神家园。党的十九大报告中明确指出：“要以培养担当民族复兴大任的时代新人为着眼点，强化教育引导、实践养成、制度保障，发挥社会主义核心价值观对国民教育、精神文明创建、精神文化产品创作生产传播的引领作用，把社会主义核心价值观融入社会发展各方面，转化为人们的情感认同和行为习惯。”基于此，高校教师职业道德行为选择理应以社会主义核心价值观为标准。

2013 年 11 月，习近平在山东曲阜考察孔府和孔子研究院时曾指出，国无德不兴，人无德不立。必须加强全社会的思想道德建设，激发人们形成善良的道德意愿、道德情感，培育正确的道德判断和道德责任，提高道德实践能力尤其是自觉践行能力，引导人们向往和追求讲道德、尊道德、守道德的生活，形成向上的力量、向善的力量。2014 年 5 月 4 日，习近平考察北京大学时又指出，核心价值观，其实就是一种德，既是个人的德，也是一种大德，就是国家的德、社会的德。国无德不兴，人无德不立。如果一个民族、一个国家没有共同的核心价值观，莫衷一是，行无依归，那这个民族、这个国家就无法前进。这样的情形，在我国历史上，在当今世界上，都屡见不鲜。

一方面，我们要建设基于社会主义核心价值观的新型社会道德环境。这要求社会有一个系统的评价社会行为和经济行为的道德标准。这包括两个方面：一是对邪恶的东西有体制化的严厉的惩罚；二是让公民对社会、对道德、对文化、对价值、对国家有一个正面的系统认知。中国特色社会主义新时代的道德价值观念系统不再是基于自然血亲人伦之等级结构的天然不平等的权利分配和道义承诺，而是基于民主、文明、自由、平等、公正等社会主义核心价值观之上的新型伦理道德。易言之，

行为的道德正当性和伦理合理性不再以伦理等级权威为判断标准，相反，必须以社会公共认同的社会伦理规范为基本评价尺度，最根本的是以有利于满足人民群众日益增长的美好生活需要为终极圭臬。

另一方面，高校教师要模范践行社会主义核心价值观。要把践行社会主义核心价值观贯穿到教育教学的全过程，处处育人、时时育人，引导和把握好人生方向，特别是引导和帮助青少年学生扣好人生的第一粒扣子。高校教师要率先垂范，有以天下为己任的家国情怀，常思民族之安危、教育之兴衰、学生之疾苦。努力坚定信仰，培育和践行社会主义核心价值观。具体而言，高校教师要从坚持“铁一般信仰”的维度，着力提升培育和践行社会主义核心价值观的举旗定向性；从坚定“铁一般信念”的维度，着力增强培育和践行社会主义核心价值观的目标坚定性；从尊崇“铁一般纪律”的维度，着力增强培育和践行社会主义核心价值观的条规约束性；从强化“铁一般担当”的维度，着力赋予践行社会主义核心价值观的履职主动性。

二、正确对待人生境遇

高校教师在培育践行社会主义核心价值观的基础上，还要正确对待经历的不同境遇，在风风雨雨、艰难坎坷中，做出正确的职业道德行为选择。人生不可能一帆风顺，总会有风风雨雨。大千世界，芸芸众生，有的人一生辉煌，有的人一生平凡，有的先甜后苦，有的先苦后甜。千差万别的人生历程表明：人都会经历顺境与逆境、生与死、得与失、乐与苦等人生境遇。在瞬息万变、错综复杂的社会中，如何正确认识、对待人生境遇，将直接影响到高校教师职业道德行为选择的成败。

1. 顺与逆

人生境遇中的顺与逆，是客观存在的。所谓顺境即在追求理想目标过程中出现的顺利境遇；反之称为逆境。出现顺与逆，一是环境原因，它主要包括自然条件的变化和社会条件的变迁。无论是自然变化还是社会变迁造成的顺与逆，对于个体来说都具有不可选择性。二是个人原因，即主体条件的千差万别。主要包括行为者自身的条件和认知的水平两个方面。个人自身各种条件如容貌、身高、健康、经济状况、智能水平、心理素质等会使个人需要的满足产生很大的差别，从而造成人生的顺境与逆境；另外，个体因对人生境遇的认识水平不同而对人生顺境与逆境的反映和感受也会很不一样。比如同是遭遇失业，有的人认为从此前途无望而灰心丧气，有的人认为这是一件平常的事情而从容应对，还有的人把它看成人生发展的新契机而重鼓创立新业的勇气……顺境与逆境，对每个人的“机会”是不均等的，有的人顺境多一些，有的人逆境多一些，这取决于客观条件和个人的主观条件。环境的变化和自身的条件也许个人无法完全把握，但对待它们的态度个人是可以掌握的。高校教师都面临着教学、科研、评职称、评奖以及处理好家庭与社会关系等一个又一个问题，不会总是“万事如意”，有时也难免面临人生的低谷，有的教师没能从低谷中走出来，甚至个别的还把宝贵的生命推向了深渊。其实，世上没有绝望的处境，只有对处境绝望的人。面临人生的低谷，需要勇气、需要自信。如果今天是人生的低谷，那么明天将是人生的高峰——满怀勇气和信心的一步步拾级而上的高峰。

在对待顺境与逆境的态度上，一方面应从容应对各种境遇，“得之淡然，失之泰然，思之安然，处之坦然”，做到“泰山崩于前而色不变，麋鹿兴于左而目不瞬”①；另一方面既要有乐观的心境，又要有奋斗的勇气。当一帆风顺时，要多想到矛盾和困难，使自己始终理智地保持清醒的头脑，不至于在挫折突然来临时手忙脚乱，而是能信心百倍地应对它；当身处逆境时，要敢于正视挫折和困难，看到希望和前途，永不丧失努力的信心，并冷静地对逆境中的消极因素进行客观的分析，积极地寻求正确的方式方法战胜困难，走出逆境。

2. 生与死

生与死是现实人生的一个基本矛盾。对人生持消极态度的人认为：“生死由命，富贵在天”。如悲观主义者认为：“生死茫茫，万事空空”；“人生如梦，价值几何”；“生不足喜，死不足悲”。如享乐主义者认为：“人生如朝露，行乐须即时”，宣扬“今朝有酒今朝醉”，一切为了活着和享乐。对人生持积极乐观态度的人认为：生命是宝贵的，要爱惜生命，热爱生活和创造生活；为了坚持和捍卫真理，为了民族利益、国家利益和人民利益，应勇于牺牲，视死如归。这一生死观是建立在对生与死辩证关系全面理解基础之上的正确生死观。

就像《感恩的心》这首歌中唱到的：“我来自偶然，像一颗尘土。”生命是宇宙发展的最高级形式，每一个来到世界的生命都无比幸运，都应心怀感激。而死呢，那是必然。每个人生来就有绝症，那就是无论早晚，都得一死。生，由不得人；死，也由不得人。剩下来由得人的，就是怎么对待生死了。

从人的自然属性来讲，所谓生，是指自然人的肉体生命的开始和其起点到终点的全过程；所谓死，则是指自然人的肉体生命的完结。从人的社会属性来看，所谓生，是指社会人的精神生命活动的存在价值和意义；所谓死，则是指社会人的精神生命活动的停止。现实的人既具有自然属性，又具有社会属性，因而其现实生命就是肉体生命与精神生命所构成的有机统一体。生与死的辩证关系告诉我们：无价值的肉体生存，实为无意义的精神死亡；有价值的肉体死亡，实为有意义的精神长存。这虽生犹死，虽死犹生的哲理，十分深刻地道出了生死的真谛。所谓生得有价值，就是指活着能使别人过得更美好，能为社会的发展起推动和促进作用；所谓死得有意义，就是指死是为民族利益、国家利益、人民利益而献身，为坚持和捍卫真理而献身。

---

①苏洵．心术［M］//刘青文．唐宋八大家散文鉴赏．北京：北京教育出版社，2013：1250．

高校教师既要看到生命是宝贵的，应该珍惜生命，热爱生活，锻炼和爱护好自己的身体，不做无谓的牺牲；又要看到生命的宝贵主要不在于它的延续，而在于它是工作、生活和实现崇高人生目的的基础条件。健康、长寿的意义在于能更好地工作、生活，为学生、为社会、为人类多做贡献，使人们过得更美好。因而，自己活着应努力工作，刻苦钻研，积极进取，勇于开拓，为中华民族的复兴贡献自己的智慧和力量，做到生有价值，死有意义，无愧于自己宝贵的人生，也无愧于我们这伟大的中国特色社会主义新时代。

3. 得与失

人的需要、追求和爱好是多方面的、变化着的。但是，在人的需求与满足人的需求之间存在着矛盾。如何看待这一矛盾？不同的人有不同的得失观。有的人不懂得人生得失的辩证法，在认识和处理人生的种种得与失时，往往缺乏正确态度，尤其看重得而惧怕失。

人是需要有一点牺牲精神的。人的牺牲精神不仅仅表现在与自己利益相关的事情中，更需要体现在处理同他人、集体和国家的关系中。有的高校教师认为“我既不干损人利己之事，也不干为他人而使自己吃亏之事，何错之有?”然而，仔细分析，这种做人的心态未免太过明哲保身。试想，如果人人都抱着这样的得失态度，那么当国家和集体利益面临损害的时候，就没有人勇于做出必要的牺牲，最终任何个人的利益都会丢失得干干净净。高校教师应确立正确的得失观，特别是要懂得“一损俱损、一荣俱荣”和“众人划桨力量大”的道理，为大学生做好正确对待得失的榜样，敢于牺牲，乐于助人，使人生过得更有意义，更有价值。

4. 乐与苦

乐与苦是人们在认识和改造自然与社会的实践过程中，对人与环境、人与人之间相互作用而产生的两种既对立又统一的主观体验。在苦乐问题上，有的高校教师追求个人享乐，工作上得过且过，收入上却要求高报酬，不愿做艰苦的工作，对于吃苦更是缺乏思想准备。有的高校教师认为：今天的社会环境好了，人们的生活条件也不同了，因此，我们应该强调享受不是强调吃苦。这种看法实际上是把“苦”与“乐”这一矛盾绝对地对立起来，机械地割裂开了。

人生实践表明，苦乐相依是人生路上不可避免的事实。只要生活、学习、工作、奋斗，就必然会遇到这样或那样的艰辛和困苦；但只要具备了条件，经过不懈努力，就会“苦尽甘来”。因此，高校教师应树立正确的苦乐观，学会辩证地看待苦与乐，只要自己所受的苦能换来长远的、真正的乐，只要他人、社会能获得幸福、安乐，就应该高高兴兴地吃下这个苦。要不断改造和充实自己的精神世界，努力学习，提高自己的生活、工作能力和精神境界。同时，还应该通过不断战胜自己工作上的困难，磨炼出坚韧不拔的意志品格，走出个人生活的狭小天地，形成一种勇敢无畏、吃苦耐劳、积极进取、乐观向上的精神态度。

为了事业的成功虽苦尤乐，为了最广大人民的利益吃苦在前，享乐在后，这是当代高校教师对待苦与乐的正确态度。有道是，“不经一番寒彻骨，怎得梅花扑鼻香”①。

山不过来，我就过去

易发久

在追求成功的过程当中，我们十有八九不会一帆风顺，一定会遇到困难、碰到瓶颈，也一定有“头撞南墙”的时候。

《古兰经》上有一个经典故事，有一位大师，几十年来练就一身“移山大法”，然而故事的结局足可让你我回味——

世上本无什么移山之术，唯一能移动山的方法就是：山不过来，我就过去。

现实世界中有太多的事情就像“大山”一样，是我们无法改变的，或至少是暂时无法改变的。“移山大法”启示人们：如果事情无法改变，我们就改变自己。

如果别人不喜欢自己，是因为自己还不够让人喜欢；

如果无法说服他人，是因为自己还不具备足够的说服能力；

如果顾客不愿意购买我们的产品，是因为我们还没有生产出足以令顾客愿意购买的产品；

如果我们还无法成功，是因为自己暂时没有找到成功的方法。

要想事情改变，首先得改变自己。只有改变自己，才会最终改变别人，只有改变自己，才可以最终改变属于自己的世界。

山，如果不过来，那就让我们过去吧！

——节选自《成功之路》2003 年第 3 期

三、拥有充沛的职业道德动力

高校教师职业道德动力即教师在客观的社会实践中按照社会要求根据自身价值判断而产生的职业道德需要，从而促使教师做出职业道德行为选择的愿望和动机。即是说，社会要求只有通过高校教师这个主体，转化为其自身的需要，形成道德动力，教师才能做出正确的职业道德行为选择。

1. 道德动力的源泉

道德动力的源泉就是“价值”与“完善”。它体现于主观的认识与主客观互动的

---

①黄檗禅师《上堂开示颂》

关系中。

首先，从主观认识方面来说。德国哲学家康德把真、善、美三者严格区别开来，把道德归为善，在其著作《实践理性批判》中提出支配人们行为的有两种原则：一种是以欲望、情感支配活动，这种原则或动机是有条件的，叫“假言命令”；另一种是以人的内心“善良意志”支配行为，是无条件的，叫“绝对命令”。人们之所以遵守道德，是因为他们服从“绝对命令”。康德的“绝对命令”，简单地说，就是道德是“理性的选择”“意志的自律”。

中国儒家伦理中的道德动力与康德的“绝对命令”有异曲同工之妙。儒家认为人们的道德动力实际是人性天生的“善”。儒家在强调个体自身的自动性（有善性必有善行）、自主性（有善心必表现善行）的基础上，更指出了由己及人的向外推展，也依据于对良心（善性善行）的共鸣。孟子特别注重“万物皆备于我矣。反身而诚，乐莫大焉”① 的德性自我主宰，这与孔子注重的“吾欲仁，斯仁至矣”② 的主体欲善而必善的立论完全一致。同时，孔子认为的“己所不欲，勿施于人”③ 与“己欲立而立人，己欲达而达人”④ 则表现了善性的推展。问题是人在纷繁复杂的大千世界怎么才能始终保持“性善”的道德动力呢？儒家开出了两个良方：一是不断加强存善的修养，通过努力修养达到崇高的道德境界；二是防微杜渐的祛恶灭欲，彻底摆脱“恶”的羁绊。这正如刘备所言：“勿以恶小而为之，勿以善小而不为。惟贤惟德，能服于人。”⑤

其次，从主客观互动关系方面来讲。最早的“德”与“得”相通，“德”“得”相通、合一，是中国道德精神的精髓、真谛，也是中国伦理精神结构的起点。自商周以来，“德”就在“得”的基础上展开其所具有的道德意义。最初，“德”字在殷商卜辞中作“得”讲，是指得到或占有奴隶、财富之义。于是，“有德”（即有得）就成了对奴隶主贵族的“美称”，从而具有了道德意义。到周以后的“德”，其社会内容仍指占有获得奴隶、财富之义。在周人看来，先王灭殷而获得“厥邦厥民”的业绩就是“德”。这样，周人把获得天下的方法、才能、品德等主观因素，亦称为“德”。反之曰，有“德”才能获得天下，由此提出了“以德配天”“敬德保民”的思想。“德”字便获得了道德上的意义。到老子那儿，这种理解发展为“德”是对生命的意义。“道生之，德畜之，物形之，势成之。是以万物莫不尊道贵德。道之尊，德之贵，夫莫之命而常自然。”⑥ 这里的“德”，被庄子解释为“物得以生谓之德”。就是说，凡使别人有所得，并能起到济生、利民的作用，即“德”。韩非说：“德也者，

---

①《孟子·尽心上》
②《论语·述而》
③《论语·颜渊》
④《论语·雍也》
⑤《三国志》
⑥《老子》

人之所以建生也。"[1] 就是指，"德"是使人得以生存的一种东西。

这样，从把"德"理解为占有、获得财富，到把"德"理解为一切符合济生、保存生命、利于他人的行为，便有了"德者，得也"的结论。其含义大致有二："德"首先是指对财富的占有，即"得"，以及由"得"而体现出的人的生命的意义，这是"德"获得道德意义的前提；在此前提下，"得"，就是指个体对财富的分享以及个体生命对"道"的获得。这里的"得"本质上是指有得于道，即在实际生活中，在"得"中体现一定的原则、准则。这种原则、准则亦为"德"。具体地说，"德，外德于人，内德于己也"[2]。

自春秋以后，由于生产力的发展和私有经济力量的扩大，人们"辟土地"，得"好货"的财富欲以及政治权威欲造成了"事利而已"的思潮，其后果便是"礼坏乐崩"，"周道衰而王泽竭，利害兴而人心动"[3]。于是，"德者，得也"中包含的"蕴利"思想便重新被后世的思想家诠释。"得"内含着"利"，正是"利"造成"人心动"。这样，以儒家为代表的伦理思想开始大力宣扬与"利"相对应的"义"。此后，"德""得"关系就由"义""利"关系所代替，"德"者，"义"也；"得"者"利"也。"德""得"互通、合一的思想就为"义为上""见利思义"的义利对立、分离的思想所取代。直到宋明理学的"存天理，灭人欲"的理欲之辩，这种义利、理欲对立论便构成了中国伦理思想"重义轻利""重德轻得"的精神结构，原有的"德者，得也"中"德""得"互通、合一的思想终于丧失了其原始的意义。即便如此，儒学家们也并非绝对地不要利，而是要将"利"纳入"义"的轨道，以"义"求"利"，"正其义则利自在，明其道则功自在，专去计较利害，定未必有利，未必有功"[4]。由此得出了"利在义中""义中有利"的结论。

鉴于以上分析，我们可以看出，"德""得"相通，代表了中国传统伦理精神的精华。义利、理欲之间的对立不过是"德""得"互通在理论上的变形。在现实性上，建立在"德者，得也"基础上的道德辩证法仍然给人们一定的启示："得"应当"德"，以"德"谋"得"，以"德"作为"得"的原则和规范，以"德"的方式"得"，"德"也必然"得"，这是中国传统道德动力的真谛所在。

2. 高校教师应该努力实现自主自觉的职业道德活动

一是把职业道德化为自己内心的律令，让职业道德活动真正成为出于"我"的活动，而不是被迫的或为达到外在目的而进行的活动。二是把职业道德活动同义务结合起来，让个人的职业道德追求通过义务表现出来。正如黑格尔所说："一方面他既摆脱了对赤裸裸的自然冲动的依附状态，在关于应做什么、可做什么这种道德的

---

①《韩非子·解老》

②许慎撰，段玉裁注．说文解字［M］．上海：上海古籍出版社，1988：76，501．

③陈亮．陈亮集·孟子［M］．北京：中华书局．1974：86．

④黎靖德．朱子语类 卷三十七．

反思中，又摆脱了他作为主观特殊性所陷入的困境；另一方面他摆脱了没有规定性的主观性，这种主观性没有达到定在，也没有达到行为的客观规定性，而仍停留在自己内部，并缺乏现实性。”① 三是职业道德活动不仅指向教师主体之外的人、物、关系，而且指向主体自己，指向自己的观念和行为，使改造客观世界与改造主观世界互相结合，互相促进，从而使职业道德活动真正成为完善教师自身的实践——精神活动。

这种自主自觉的职业道德活动与其说是已经达到的阶段，不如说是正在实现的过程。人类的道德活动还远远没有达到完全能动自主的状态。高校教师要做的正是要日益扩大这种活动的领域，以使道德真正成为推动人类社会进步的巨大精神力量。

第三节 高校教师职业道德禁行行为

2014 年 9 月 29 日，教育部印发了《关于建立健全高校师德建设长效机制的意见》（以下简称《意见》），对高校教师划出了七条“师德红线”。触犯“红线”的教师将会受到警告、记过，甚至开除的惩罚。这实际上就是高校教师职业道德行为选择的负面清单，是高校教师职业道德的禁行行为，是高校教师千万不能触碰的“高压线”。

一、高校教师“师德红线”的主要内容

七条“师德红线”简称“红七条”，具体包括：

（1）损害国家利益，损害学生和学校合法权益的行为；

（2）在教育教学活动中有违背党的路线方针政策的言行；

（3）在科研工作中弄虚作假、抄袭剽窃、篡改侵吞他人学术成果、违规使用科研经费以及滥用学术资源和学术影响；

（4）影响正常教育教学工作的兼职兼薪行为；

（5）在招生、考试、学生推优、保研等工作中徇私舞弊；

（6）索要或收受学生及家长的礼品、礼金、有价证券、支付凭证等财物；

（7）对学生实施性骚扰或与学生发生不正当关系；其他违反高校教师职业道德的行为。

《意见》规定，要将师德考核纳入高校教师考核重要内容，考核结果应通知到教师本人，确定不合格的，应当听取教师本人意见。师德考核不合格者年度考核应评

①［德］黑格尔．法哲学原理［M］．张正泰，译．北京：商务印书馆，1961：167-168.

定为不合格，并在教师职务（职称）评审、岗位聘用、评优奖励等环节，实行一票否决。在强化监督、惩处的同时，《意见》也注重师德激励，要求职务（职称）晋升和岗位聘用等评选中，在同等条件下，优先考虑师德表现突出的高校教师。"高校师德建设工作一直以来都是各部门齐抓共管，没有明确责任人和牵头部门，导致谁都可以管，谁都管不好的现状。"教育部教师工作司负责人介绍，这次《意见》就要求高校明确师德建设的牵头部门，由相关责任部门组成师德建设委员会。

不可否认，这些年来，由于受到市场经济大潮的影响和教育产业化的诱惑，一些高校教师背离职业操守、忘记育人宗旨、淡化师德意识，唯利是图者有之，学术造假者有之，性侵学生者有之，收受礼金者有之，争权夺利者有之，贪污腐败者有之，使得高校教师的负面新闻时常见诸报端，高校教师的形象受到极大影响。正是鉴于此，教育部从遏制教育腐败、挽救师德沉沦、拯救教师形象的角度出发，发布高校师德"红七条"。

二、高校要当好师德"红线"的看守者

"师也者，教之以事而喻诸德者也。"合格的教师首先应该是道德上的合格者。术业不精的教师充其量教不好学生知识，但心术不端的教师却会带坏学生的品格。近年，高校教师学术造假、收受贿赂、性骚扰学生等失德行为屡屡见诸报端，由于一些行为并不构成犯罪，致使一些道德败坏的教师难以受到处罚。高校教师失德行为多发，严重伤害了教师队伍和高校的形象，高校自身疏于管理也难辞其咎。近年的多起失德案例暴露出一些高校日常管理中"重科研，轻师德"的问题严重，对违反师德的行为不主动追究，甚至"护短"，仍然将严重违反师德的教师留在讲台上。

针对这些问题，教育部《关于建立健全高校师德建设长效机制的意见》明确提出，高校是师德建设的责任主体，高校主要负责人是师德建设的第一责任人；高校应组建师德建设委员会，并建立一岗双责的责任追究机制。制度最终转化为师德建设的助推力，还需要高校积极作为。师德建设委员会能否发挥职能，师德考核能否真正做实，失德教师的处置能否及时、公平、公开，都将决定师德建设的成效。

履行师德建设的主体责任，高校一方面需要强化日常管理，尽快建立起相应的管理体系，将师德考核落到实处；另一方面，对违反师德行为的处置，应当公开透明、公平公正，而不能抱着"家丑不可外扬"的心态大事化小、小事化了。学校需严格按照教育法、教师法，清理校规中与法律相冲突的条款；对于违纪违规甚至违法的行为，一律按照法律程序处理，不能姑息迁就，为维护所谓的声誉而有报不查，让"红线"成为"遮丑"的虚线；要建立师德档案、考核奖惩机制，完善优胜劣汰的准入和退出机制，强化师德监督和评价体系，让教师自愿遵守师德准则、履行职业使命；人才培养体制、考试招生制度、现代学校制度、办学体制等改革要向纵深推进，让教师真正珍视并热爱"阳光下最神圣的职业"。地方教育主管部门也应当发

挥职能，帮助高校扎牢篱笆，防范和惩戒教师失德行为。

三、高校教师要自尊自律，做好师德“红线”的维护者

高校教师是社会最高层次的知识分子，是青年学生的导师、社会风尚的引领者。高校教师的职业道德不仅关系到青年学生的成长、高校的人才培养质量，而且影响到整个社会的道德风尚。当前我们的教育正在遭遇多元文化、多元价值观的挑战。社会各种思潮通过各种信息媒体向学校奔涌而来。高校不是真空地带，同样受到社会消极风气的影响。因此，高校教师要自尊自律，树立正气，抑制邪气，做师德“红线”的坚定维护者。

1. 自尊自律，防微杜渐

高校的教师都是有渊博知识、有理性认识的知识分子，高校的师德建设应该以教师为主体。高校教师要明确自己肩负的崇高育人使命，捍卫教师职业的尊严。从点滴做起，思想上一出现不安分的苗头就立即压下去，不给失德言行以任何机会，成为青年学子的榜样。刚入职的青年教师，要把师德修养作为入职培训的第一课，要认识教书育人的使命和师德的重要性；中老年教师要淡泊明志、严谨笃学、敬业爱生，不断提高自身修养，能够引领青年教师和学生树立崇高理想，树立正确的世界观、人生观、价值观，培养学生为祖国为人民服务的责任心、创新精神和实践能力。

2. 加强学习，提高修养

教育者要先受教育。教师要向社会学习，向群众学习，向自己的教育对象学生学习，当然也要学习理论，要博览群书，通过学习达到自尊自律、慎独自爱的精神境界。

高校教师要认真学习马克思主义、毛泽东思想、邓小平理论、“三个代表”重要思想、科学发展观和习近平新时代中国特色社会主义思想，学习党的路线、方针、政策，关心国内外大事，明确高校所肩负的培养人才、振兴学术、创新知识的使命，树立为实现中华民族伟大复兴而努力的理想。

高校教师要学习中华优秀传统文化，传承中华美德，培育矢志爱国、自强不息、厚德载物、诚信待人、慎独自爱的精神。对自己学而不厌，对学生诲人不倦，以身作则，为人师表。

高校教师要博览群书，文理兼修。理科教师可以读点文学艺术作品，提高文化修养；文科教师可以读点科普作品，了解现代科学技术的发展趋势。通过读书来修身养性，提高文化修养、思想品位、道德情操。我国历代大师名师无不重视自我修养，注重道德修养。

3. 严谨治学，淡泊名利

2018 年 9 月 10 日，习近平在全国教育大会上的讲话中指出："人民教师无上光荣，每个教师都要珍惜这份光荣，爱惜这份职业，严格要求自己，不断完善自己。做老师就要执着于教书育人，有热爱教育的定力、淡泊名利的坚守。"①

高校教师要树立严谨治学的学风，反对浮躁，反对急功近利、追名逐利的思想；反对导师霸权主义思想，把学生当雇员，只使用不培养。教师要以德立身、以德立学、以德施教。遵循高等教育教学规律，创新指导培养方式，潜心教书育人，全过程育人、全方位育人，做学生成长成才的指导者和引路人。

方永刚的"真"

王金海

采访报道方永刚同志先进事迹，深深为方永刚同志的精神所打动。方永刚为人率真，办事较真，作风认真。方永刚的思想言行鲜明地彰显着一个"真"字，就是矢志不渝追求真理，对党的创新理论真学、真信、真心传播、真诚实践。

真学是基础。方永刚抱着感恩的心走上求学之路。他常说："我是党的创新理论的直接受益者。没有党的创新理论，我上不了大学，读不了博士，成不了教授，摆脱不了贫困。"方永刚读得滚瓜烂熟的一本书是 1983 年出版的《邓小平文选》，四周和封面被磨穿，泛黄的书页上记满了他的学习心得。方永刚学习理论不是"摆样子""装门面"，而是发自内心的全身心投入。党的理论每前进一步，方永刚的学习和研究就跟进一步。方永刚曾因车祸住院 108 天，研读了 43 本理论书籍，撰写了 30 万字的著作。方永刚真心学习科学理论，头脑不断得以武装，思想不断得以净化，境界不断得以提升。

真信是核心。方永刚讲课常引用《论语》中子贡向孔子问政的典故。子贡问：何以国泰民安政稳？孔子答三条：足兵，足食，民信。子贡再问：三去其一呢？孔子答：去兵。子贡又问：再去一呢？孔子答：去食。"自古皆有死，民无信不立"。古代圣贤把人的信仰放在首位，超越了足兵足食。一个人是要有点精神的，否则将成为行尸走肉；一个国家也是要有精神的，否则将变成一盘散沙。精神的下线是道德，精神的上线是信仰。信仰不坚定，行动就盲从。党的创新理论的科学性和真理性犹如强大的磁力深深吸引着方永刚，令他陶醉，令他折服。党的创新理论，让他真切看到了中国特色社会主义事业的光明前景，让他真切体会到党的理论创新的巨大魅力。方永刚真诚信仰党的创新理论，在他的身上已"内化为血肉，上升为灵魂"。

---

①坚持中国特色社会主义教育发展道路 培养德智体美劳全面发展的社会主义建设者和接班人［N］. 人民日报，2018-09-11（01）.

真心是根本。有人说：政治理论多枯燥呀，一上政治课就瞌睡就溜号，结果讲的不愿讲，听的不愿听。方永刚却认为，党的创新理论是与时俱进的理论，是对实践做出及时反应的理论，这么鲜活的理论怎么会枯燥无味呢？群众不愿听，不是党的创新理论有问题，而是政治理论宣讲者没有真心为群众当好“政治翻译”“广播电台”，老讲那些不切实际的“正确的空话、大话、套话”。党的理论虽然来自丰富的实践，但毕竟是抽象的、逻辑化了的理论。让党的理论成为思想向导，还要把理论还原到生活中去，用群众喜闻乐见的方式，把党的理论讲解给群众听，树立群众的信仰，坚定群众的信念。方永刚传播党的创新理论总是有一种紧迫感、使命感，即便到了癌症晚期，还坚持宣讲，他说：“我肚子有问题，但脑子没问题，嘴没问题！”他不仅在学校把每堂课都讲成精品，超额完成200%的教学工作量，而且深入工厂、农村、连队、机关，向干部群众宣讲千余场，撰写理论研究论文千万字。方永刚以真心换真心，赢得了人民群众热烈欢迎。

“如果有一天我的生命之钟停摆了，我愿意把它定格在自己的岗位上，永远保持一名思想理论战线英勇战士的冲锋姿态，让有限的生命为太阳底下最壮丽的事业燃烧……”方永刚把教授党的创新理论，当成神圣的事业，视为生命之约，他无愧于“人类灵魂的工程师”的光荣称号，他是真正的顶天立地的共产党人。

——选自《人民日报》2007年4月5日

1835年8月12日，马克思在自己的中学毕业论文《青年在选择职业时的考虑》中写道：“如果我们选择了最能为人类福利而劳动的职业，那么，重担就不能把我们压倒，因为这是为大家而献身，那时我们所感到的就不是可怜的、有限的、自私的乐趣，我们的幸福将属于千百万人，我们的事业将默然地，但是永恒发挥作用地存在下去，而面对我们的骨灰，高尚的人们将洒下热泪。”[①] 身处中国特色社会主义这个伟大的时代，高校教师应该积极与这个变革发展的社会产生联系，让自己的生活和思想深深融入民族复兴的事业当中。高校教师要有与大海、天空交换蔚蓝与开阔的胸襟，挺立潮头，做出正确的职业道德行为选择，树立献身教育的敬业精神、学而不厌的治学精神、诲人不倦的育人精神、率先垂范的榜样精神，将自己的奋斗融入祖国和人民的需要，在实现“中国梦”的宏伟蓝图中实现自己的人生价值。

本章小结

本章首先解释了高校教师职业道德行为选择的含义，阐述了高校教师职业道德行为选择的特点，论述了高校教师职业道德行为选择的机制；接下来说明以社会主义核心价值观作为职业道德行为选择的标准，正确对待人生境遇，拥有充沛的职业

①马克思，恩格斯．马克思恩格斯全集：第40卷［M］．北京：人民出版社，1982：7.

道德动力，高校教师职业道德行为选择才能实现；最后介绍了高校教师职业道德禁行行为，即教育部高校教师师德“红线”的主要内容，强调高校要当好师德“红线”的看守者，高校教师要自尊自律，做好师德“红线”的维护者。

思考与练习

1. 什么叫高校教师职业道德行为选择？有何特点？

2. 具体而言，高校教师怎样模范践行社会主义核心价值观？

3. 请联系实际，谈谈你对高校教师自尊自律，做好师德“红线”的维护者的认识。

4. 材料分析。

孙老师为某高校博士研究生，毕业后到某高校任教。先是因为住房问题与单位领导发生口角，后又在职称评定的投票环节中，因赞成票未超过三分之二多数而导致职称评定未通过。孙老师非常气愤，认为是院领导有意整她，故到学院办公室大吵大闹。因备感委屈，她上课时控制不住自己的情绪而声泪俱下，无法继续上课，中途回办公室休息。后又因心情不好，在家休息，只好请别的老师代课。后又在教师的集体活动中，不顾场合，只要看见院领导就想发脾气，宣泄心中的不快。

请问：你认为孙老师应如何认识和处理工作中遇到的不如意？

第七章

高校教师职业道德的评价

师也者，教之以事，而喻诸德者也。

——《礼记》

要论提示

- 高校教师职业道德评价的必要性与重要性。
- 通过阶级标准和历史标准对高校教师进行职业道德评价。
- 通过自我评价、学生评价、社会评价等途径对高校教师进行职业道德评价。
- 坚持动态和静态评价结合、定性和定量评价结合、硬性和软性评价结合。

百年大计，教育为本。教师承担着人才培养的重任，关系着国家未来发展，开展高校教师职业道德评价活动对教师、教育事业、国家人才培养工程都有着积极的推动作用。当前，在进行高校教师职业道德评价的过程中，只有明确高校教师职业道德评价的标准，正确处理教师行为动机与效果的关系，采用合理的评价途径和方法，实事求是地对高校教师进行职业道德评价，才能充分发挥高校教师职业道德评价的积极作用，推动国家教育事业的发展。

第一节　高校教师职业道德评价的含义与意义

为进一步增强教师的责任感、使命感、荣誉感，规范职业行为，明确师德底线，引导广大教师努力成为有理想信念、有道德情操、有扎实学识、有仁爱之心的好老师，需要坚持开展高校教师职业道德评价活动，充分发挥好职业道德评价的作用。

一、高校教师职业道德评价的含义

高校教师职业道德评价是高校教师道德实践中一项重要的活动，这项活动的开展，对于提高教师的职业道德素质，形成良好的教风、学风、校风具有重要的意义。要充分发挥其作用，实现其意义，首先就要弄清楚什么是高校教师职业道德评价。而在此之前，则必须充分理解和把握什么是道德评价。

1. 高校教师职业道德评价的内涵

道德评价，是人们依据一定的社会或阶级的道德准则，对自己或他人的道德行为进行善恶评判的活动。当这种善恶评判发生在职业活动中，就是职业道德评价。高校教师职业道德评价即是指高校教师自己或他人、社会根据一定的社会或阶级的高校教师职业道德标准，通过社会舆论、传统习惯和内心信念等方式，对自己或他人的行为所做的道德判断活动。

2. 高校教师职业道德评价的分类

高校教师职业道德评价的分类与道德评价的分类方式基本一致。按评价的主体不同，高校教师职业道德评价分为社会评价和自我评价；按评价的状态不同，高校教师职业道德评价分为动态评价和静态评价；按评价的重点不同，高校教师职业道德评价分为定量评价和定性评价；按评价的指标不同，高校教师职业道德评价分为硬性评价和软性评价。此外，根据不同的分类方式，还可分为绝对评价、相对评价等。

3. 高校教师职业道德评价的特点

高校教师职业道德评价是针对高校教师群体的特殊性道德评价。其特点具有道德评价特点的共性，又具有自身的特性。高校教师职业道德评价的特点主要有以下几点：

（1）判断的主观性。道德评价与历史评价不同，历史评价强调实然，追求最大限度的“真”，而道德评价强调应然，追求最大限度的“善”。历史评价是评价者结合史实、史料，最大限度地还原事物的真实面貌，而道德评价则需是通过思想的交流对被评价者所做行为做出道德善恶的判断。道德评价常常要受到评价人的立场、观念、情感、喜好的影响，这使得在道德善恶的判断过程中，往往呈现出较强的主观性。在高校教师的职业道德评价中，这种主观性更为鲜明，高校学生思维自由、想法独立，他们的评价往往出自于各自的立场和观念，依据自身的情感和喜好来建立道德评价标准，这使得高校学生在对教师进行职业道德评价时主观性十分鲜明，在现实生活中表现为同一个教师在不同学生眼中有不同的形象。

（2）思想的深刻性。高校教师职业道德评价是两种思想的碰撞，道德评价不仅对一个人的外在行为进行善恶的评价，而且还会对其思想进行善恶评价。由表及里，表里兼顾，通过道德评价不仅可以纠正一个人的不良行为，更能审视其思想、灵魂的纯洁性。在高校教师的职业道德评价中，不管是教师自己还是他人都会自觉或不自觉地对自身的思想高度、心灵纯度、灵魂深度进行考察和鉴定。评价者和被评价者会进行深刻的思想交流，交流带来的反馈结果，又会使双方产生愉悦或痛苦，思想在这一评价过程中变得更加深刻。

（3）空间的广泛性。道德评价存在于人类社会的各个领域。人类的经济生活、政治生活、精神生活、社会生活都离不开道德评价，即便在法律审判的范围内也能见到道德评价的身影。高校教师的职业道德评价，同样具有广泛性的特点。高校教师的道德评价存在于教师职业生活中，几乎无处不在，无时不有。无论是在教学、科研、学科建设、人才培养、服务社会、对外交流等各个领域，高校教师行为都需要符合应有的职业道德，不管是何时，高校教师的职业道德素质都会面临自身、他人或社会的道德评价。

（4）时间的持久性。道德评价存在于人类社会的各个阶段，即使是到了共产主义社会，人类社会的阶级性消失，道德都不会消失，道德评价也将一直存在。高校教师的职业道德评价，是随着高校教师群体的产生而产生的，发展而发展的，与高校教师的职业道德相伴而生，同向而行。此外，对高校教师进行道德评价具有深远持久的影响，评价结果不仅能够影响高校教师一时的思想和行为，让其改正不良行为，发扬优良品德，还会对其今后的道德素质和道德行为产生影响，具有时间上的持久性。

二、高校教师职业道德评价的意义

《中共中央、国务院关于深化教育改革全面推进素质教育的决定》指出："建设高质量的教师队伍，是全面推进素质教育的基本保证。"实施素质教育，不仅要围绕如何培养学生素质进行探索，而且要围绕如何提高教师素质开展研究。在教师必须具备的各项素质中，道德素质是尤为重要的一项。习近平总书记在全国教育大会上的重要讲话指出："教师是人类灵魂的工程师，是人类文明的传承者，承载着传播知识、传播思想、传播真理，塑造灵魂、塑造生命、塑造新人的时代重任。"高校教师的职业道德素质直接影响到学生道德素质的培养和发展，影响到教育现代化进程和国家教育强国战略部署。

高校教师的职业道德建设是一项系统工程，开展高校教师职业道德评价，对鉴定和规范高校教师职业道德，激励高校教师提高自身的职业素质，选择高尚的职业行为具有重要意义。同时，对高校教师的职业道德进行评价，也有利于学生道德水平的提高、社会道德信念的养成。

1. 高校教师职业道德评价有利于鉴定高校教师的道德素质

在高校内部，来自于上级领导、教师、广大学生的评价是教师职业道德评价的重要方面。领导、教师和学生往往将传统的和权威的针对教师职业道德的阐释作为评价的依据，传统和权威的阐释包括国家的教育法律法规、教育政策和教师职业道德原则和规范等。在评价中，若高校教师的行为表现符合评价者提出的要求，就被鉴定为道德水平高；反之，若是高校教师无法达到或是违背了传统的和权威的道德标准，则被鉴定为道德水平低。这种鉴定一方面有利于评价者明晰高校教师的职业道德水平。教育行政部门、学校管理者、学生等评价者对教师个体和整体的基本道德情况有清晰的认识，为教师的选用、晋升、职称评定及奖惩提供一部分依据，有利于对高校教师进行科学化管理。另一方面，有利于被评价者反思自身的职业道德素质。通过评价，可以促使高校教师找到自身与他人的职业道德差距，反思自身的优点与不足，不断提升自身职业道德修养。

2. 高校教师职业道德评价有利于规范高校教师的职业行为

“道德不同于法律，没有专门的执行机关。它是通过社会舆论、传统习惯和内心信念来维系的。”① 高校教师同其他行业的劳动者一样，对于本行业的职业道德要求有一个从不自觉到自觉遵守的过程，所以高校教师在履行其职业道德要求的时候，并非一开始就完全处于自觉状态，这样就需要通过高校教师职业道德评价，对教师职业活动中的行为表现予以规范。

高校教师职业道德评价分为有形评价和无形评价。当教师产生不道德行为后，教师职业道德评价常以有形的形式来进行规范。表现为群众的贬抑、家长的谴责、领导的批评、学生的抗议等，这种有形的评价如同栅栏一般，将高校教师的职业素质和行为限制在合乎道德的范围。高校教师的个人内心信念则是一种无形的力量，这种无形的力量在教师职业道德评价中发挥着极其重要的作用。它在行为引发前，起着保证动机纯正的作用；在行为过程中，起着引导行为方向的作用；在行为后，起着评价行为后果的作用。这些有形的和无形的高校教师职业道德评价每时每刻都规范着教师的言行，从而促进高校教师职业道德素质的提高，形成一种稳定的职业道德习惯。

3. 高校教师职业道德评价有利于激励高校教师遵守职业道德

高校教师职业道德评价除了鉴定、规范每个教师的言行、举止、思想、观念外，还具有道德激励作用。一般来说，无论评价结果是好是坏，都能激发高校教师的积极性和主动性。

首先，对高校教师的职业道德进行评价，有助于高校教师明晰自身教育行为在道德上的得失，促使高校教师改正消极的、低劣的行为，激励他们选择积极的、高尚的道德行为。在具体的教育活动中，高校教师将道德付诸实践之前，往往会面临着多种行为选择。大多数高校教师可以牢记使命、不忘初心，爱岗敬业、教书育人，改革创新、服务社会，为教育现代化和教育强国战略做出重大贡献。但是也有个别高校教师放松自我要求，对工作敷衍了事，对学生不加指引，严重者甚至出现违反师风师德的行为，损害了教师队伍整体形象。因此，我们要根据高校教师职业行为准则对高校教师进行评价，用正确的行为准则来激励高校教师，使得高校教师自觉成为政治素质过硬、业务能力精湛、育人水平高超的高素质教师。

其次，对高校教师的职业道德进行评价，有利于建立健康良好的道德氛围，形成良好的道德风气，在潜移默化中激励高校教师提高自身职业道德素质。长期的道德评价活动可以促使良好的、高尚的、健康的道德氛围的形成和发展。如今，国家高度重视优秀教师的模范作用，在全社会寻找师德榜样，宣传教师的道德风尚，肯

①郑禾. 教师职业道德修养 [M]. 北京：对外经济贸易大学出版社，2004：181.

定教师的道德人格；各高校也对教师在实际的道德活动中所积累的道德经验，给予高度的评价。在健康良好的道德氛围和风气中，高校教师会受到激励，唤起内心良好的职业道德信念，促进自身职业道德的升华，一心一意地献身于自己所认定的崇高事业。

4. 高校教师职业道德评价有利于推进社会道德水平的提高

高校教师职业道德评价，不仅直接促进着教师职业道德素质的提高，而且有利于高校学生的道德进步，有利于整个社会道德的进步。

一方面，高校教师职业道德评价的直接目的是加强高校教师职业道德的自觉性，但最终是为了学生的全面发展。习近平在全国教育大会上指出，培养什么人，是教育的首要问题。我国是中国共产党领导的社会主义国家，这就决定了教师的使命是培养德智体美劳全面发展的社会主义建设者和接班人。大学生是中国的未来和希望，在我国，高校教师的道德情感、道德信念、道德行为和习惯，都必须围绕着学生的健康全面发展这个主题。高校教师言传身教，在教学中，用良好的道德修养、行为举止去塑造学生的思想和行为，从而提高学生的道德水平，促进高校学生成长成才。

另一方面，高校作为社会的一个重要且特殊的构成部分，是文明的示范基地，是道德的重要阵营。高校教师在整个社会中，其道德水平应是高于社会的平均道德水准的。在高校与社会的相互作用中，教师职业道德评价活动会直接影响到社会上其他行业人们的道德情感和道德信念的养成，起到“一棵树摇动另一棵树，一朵云推动另一朵云，一个灵魂召唤另一个灵魂”的道德辐射作用。

第二节　高校教师职业道德评价的标准与依据

制定高校教师职业行为准则，明确新时代高校教师职业规范，是对广大教师的警示提醒和严管厚爱，是深化师德师风建设，造就政治素质过硬、业务能力精湛、育人水平高超的高素质教师队伍的关键之举。

在教育改革不断深化、教育现代化进程不断推进的今天，高校教师不能再因循守旧，故步自封，只沿用以前的旧理念、旧方法来应对新情况、新问题。新时代下，高校教师不断地创新教育理念和教育方法，不断地进行研究和探索。因此，我们既要肯定成功者，又要鼓励那些动机正确，但效果一时不显著的高校教师，我们要肯定他们的良好动机和长远性的教育效果。在评价高校教师职业道德时，做到局部和整体、现实性和长远性相结合，实现高校教师行为动机和行为效果的辩证统一。

一、高校教师职业道德评价的标准

评价高校教师职业道德，必须明确评价高校教师职业道德的标准是什么，这个标准就是高校教师行为的善与恶。“因为善与恶是人们在社会生活中，对人的行为和事件进行评价的最一般概念，是个人与社会之间所发生的复杂的道德关系的反映。”[①] 道德所说的善，主要指符合国家和社会公共利益要求的行为；道德所说的恶，主要是指违背国家和社会公共利益要求的行为。

马克思主义伦理学认为，善恶具有鲜明的阶级性、历史性。评价个人道德善恶的标准，主要包括两个方面：阶级标准、历史标准。

1. 阶级标准

阶级标准是衡量一切道德行为的根本源泉。在阶级社会中，不同的阶级有着不同的道德原则和道德规范，对于每一个人来说，判断其行为是否合乎道德，主要是以其所属的阶段的阶级利益为标准，善恶标准在根本上体现着统治阶级的利益。

“任何道德评价都是关于一定社会存在中道德理论客体对于道德主体，即对某个具体社会或具体群体有道德价值的表述。”[②] 马克思揭示了道德评价的标准是符合一定社会、一定群体的利益诉求，他还提出，“人们按照自己物质生产的发展建立相应的社会关系，正是这些人又按照自己的社会关系创造了相应的原理、观念和范畴”[③]。表明物质生产是道德评价阶级性的根源。

在我国社会主义条件下，符合社会主义道德原则和规范的行为即是善的，违背社会主义道德原则和规范的行为即是恶的。我国高校教师是社会主义人民教师，肩负着引导全社会树立社会主义道路自信、理论自信、制度自信、文化自信的艰巨使命。我们始终以社会主义道德的基本原则和规范来要求高校教师：“全心全意为人民服务；共产主义劳动态度；爱护公共财物；热爱科学，坚持真理；爱国主义和国际主义等”[④]。

2. 历史标准

评价高校教师的职业道德是善还是恶，要将教师的职业行为放到特定的社会环境和特定的历史阶段中加以考察。我们在对高校教师进行职业道德评价时，既要遵循新时代对高校教师提出的职业道德要求，又要坚守原有的科学合理的道德标准。

一般来说，我们对高校教师职业道德进行评价，要看其职业行为是否符合中国

---

①罗国杰. 马克思主义伦理学［M］. 北京：人民出版社，1982：492.

②马克思，恩格斯. 马克思恩格斯全集：第4卷［M］. 北京：人民出版社，1958：144.

③马克思，恩格斯. 马克思恩格斯全集：第4卷［M］. 北京：人民出版社，1958：144.

④罗国杰. 马克思主义伦理学［M］. 北京：人民出版社，1982：94.

社会发展的趋势和客观要求。在新时代下，凡是有利于全面建成小康社会，有利于全面建设社会主义现代化强国，有利于中华儿女勠力同心、奋力实现中华民族伟大复兴中国梦的行为，就是善的；反之，就是恶的。

二、高校教师职业道德评价的依据

在道德行为评价中，究竟是以行为的动机为依据，还是以行为的效果为依据，或是将两者结合起来作为依据，一直是中外伦理学家争论不休的问题。在长期的论战中，出现了唯动机论和唯效果论。从总体上来看这两种观点都是片面的，他们的主要错误就在于割裂了动机与效果之间的辩证关系。马克思主义伦理学运用唯物辩证法，对单纯的动机论和效果论进行了批判，认为善的行为应该是良好动机与效果的完美结合。师德评价的客体是教师的教育行为，而教育行为又表现为从动机到效果的过程，因此，在对高校教师职业道德进行评价时，我们要把教育行为的内在动机和外在效果结合起来分析。

1. 动机

所谓动机，是指高校教师在处理与他人和社会的关系中，自觉追求一定目的的主观意向或愿望。“它是行为过程的主观方面，包含着对道德理想、道德原则、道德规范乃至人生目的的认识。它是引起行为的起因或出发点，是直接激励或推动高校教师进行职业行为选择以达到一定目的的内在动力。”① 在教育实践中，教育行为的效果必定受到内在动机的影响。一般来说，正确的职业动机往往指向正确的职业行为，带来良好的效果。相反，不良的职业动机往往会使高校教师做出有害的、卑劣的行为。因而，在对高校教师进行职业道德评价时，分析和确认其行为动机善良与否，直接影响到评价结果是否公正。

动机只存在于行为者内心，是个人维持其某种行为的心理状态，行为者之外的人根本无法准确地知道行为者本人的真实动机是什么。一方面，高校教师职业动机的表现形态可能具有虚假性，我们无法判断其动机和行为是否一致，因此，不能单从高校教师的职业动机来评价其职业道德；另一方面，高校教师的职业动机可能具有空想性。动机离不开一定的外部条件，人是由环境决定的，行为是在环境中形成的。高校教师的职业动机无论多么美好、崇高，一旦脱离现实环境，将无法付诸教育实践，也只是一个空洞的意向或愿望，不能通过道德行为来证明。由此观之，我们不能只从高校教师的职业动机来评价其职业道德，还要在高校教师的职业行为中，观察其动机的变化情况，检验其动机的实现程度。

①冯益谦，谢文新．教师职业道德导论［M］．武汉：华中师范大学出版社，2014：74．

2. 效果

所谓效果，指的是高校教师履行自己的职责的个别行为和一系列行为，以及给他人和社会所带来的实际后果。动机得到了实现，即为效果。效果反映的是客观存在，是由动机所引发的行为实践及其客观结果。效果既包括与动机相联系的预期目的的实现，也包括高校教师职业行为活动的过程及其影响。

高校教师的每一个具体动机都会以某种效果的形式来完成，效果是凝结化的目的，是教师职业行为成功与否的标准，效果在高校教师职业道德的评价中具有重要的意义。但是，由于效果的好坏与多种因素有关，所以效果的好坏并不能代表动机的好坏。在教育实践中，动机和效果之间的关系是十分复杂的。一般来说，可分为四种情况：一是好的动机产生好的效果；二是坏的动机产生坏的效果；三是好的动机产生坏的效果，即“事与愿违”；四是坏的动机产生好的效果，即“歪打正着”。由此可知，好的动机也会引出坏的效果，坏的动机也能引出好的效果，因此，我们不能仅仅以效果来评价高校教师的职业道德，而是应该权衡效果等综合结果来进行评价。

3. 动机与效果的辩证统一

所谓动机与效果的辩证统一，是指动机和效果是高校教师职业行为的两个要素，二者是辩证统一的。动机是行为产生的主观原因，效果是行为结束时出现的客观现实；动机是行为的起点，效果是行为的终点。二者是相互依存、相互联结、相互贯通、相互转化的。

毛泽东同志在《在延安文艺座谈会上的讲话》中强调的那样：“唯心论者是强调动机否认效果的，机械唯物论者是强调效果否认动机的，我们和这两者相反，我们是辩证唯物主义的动机和效果的统一者。”①

那么，如何将动机与效果统一起来对高校教师的职业道德进行全面的考察呢？总的来说，我们在对高校教师每一个教育阶段、每一次教育活动、每一个教育行为进行考察时，都要既了解其心意，又观察其成效。一般来说，首先要从效果入手，因为效果是行为发生后的客观因素；但是也要透过效果看动机，找出引起效果的主观因素来。“当发现效果与动机不一致时，应该把动机的善恶作为高校教师职业道德评价的主要依据。”②

同时，在考察动机和效果的联系时，我们必须坚持现实性和长远性相结合的观点，这样才能对高校教师的职业道德做出正确的评价。从动机的产生到效果的产生，有一个不断行为的过程。行为是由动机到效果的桥梁，我们不能单从某一个阶段、

---

①毛泽东．毛泽东选集：第三卷［M］．北京：人民出版社，1991：825.

②糜海波．新时代师德评价与师德建设的应有维度［J］．伦理学研究，2018（02）：117-123.

某一活动、某一行为的动机和效果就对高校教师的职业道德盖棺定论。一方面，即使高校教师具有良好的动机，也可能发生不良的效果，但他们必定会在行为中总结经验，吸取教训，开展新的行为，最终达到动机和效果的一致。另一方面，人才培养具有滞后性，好的教育效果并非在当下就能显现，而是在未来才会完全显现。因此，在评价高校教师职业道德时，要运用现实性与长远性相结合的观点进行系统动态的考察。

教育部关于高校教师师德失范行为处理的指导意见

教师〔2018〕17号

各省、自治区、直辖市教育厅（教委），新疆生产建设兵团教育局，有关部门（单位）教育司（局），部属各高等学校、部省合建各高等学校：

为进一步规范高校教师履职履责行为，落实立德树人根本任务，弘扬新时代高校教师道德风尚，努力建设有理想信念、有道德情操、有扎实学识、有仁爱之心的高校教师队伍，现就教师违反《高等学校教师职业道德规范》《教育部关于建立健全高校师德建设长效机制的意见》和《新时代高校教师职业行为十项准则》等规定，发生师德失范行为的处理提出如下指导意见。

一、各高校要严格落实师德建设主体责任，建立完善党委统一领导、党政齐抓共管、牵头部门明确、院（系）具体落实、教师自我约束的工作机制。党委书记和校长抓师德同责，是师德建设第一责任人。院（系）行政主要负责人对本单位师德建设负直接领导责任，院（系）党组织主要负责人也负有直接领导责任。

二、高校教师要自觉加强师德修养，严格遵守师德规范，严以律己，为人师表，把教书育人和自我修养结合起来，坚持以德立身、以德立学、以德施教、以德育德。发生师德失范行为，本人要承担相应责任。

三、对高校教师师德失范行为实行“一票否决”。高校教师出现违反师德行为的，根据情节轻重，给予相应处理或处分。情节较轻的，给予批评教育、诫勉谈话、责令检查、通报批评，以及取消其在评奖评优、职务晋升、职称评定、岗位聘用、工资晋级、干部选任、申报人才计划、申报科研项目等方面的资格。担任研究生导师的，还应采取限制招生名额、停止招生资格直至取消导师资格的处理。以上取消相关资格处理的执行期限不得少于24个月。情节较重应当给予处分的，还应根据《事业单位工作人员处分暂行规定》给予行政处分，包括警告、记过、降低岗位等级或撤职、开除，需要解除聘用合同的，按照《事业单位人事管理条例》相关规定进行处理。情节严重、影响恶劣的，应当依据《教师资格条例》报请主管教育部门撤销其教师资格。是中共党员的，同时给予党纪处分。涉嫌违法犯罪的，及时移送司法机关依法处理。

四、对师德失范行为的处理，应坚持公平公正、教育与惩处相结合的原则，做到事实清楚、证据确凿、定性准确、处理适当、程序合法、手续完备。

五、高校要建立健全师德失范行为受理与调查处理机制，指定或设立专门组织负责，明确受理、调查、认定、处理、复核、监督等处理程序。在教师师德失范行为调查过程中，应听取教师本人的陈述和申辩，同时当事各方均不应公开调查的有关内容。教师对处理决定不服的，按照国家有关规定提出复核、申诉。对高校教师的处理，在期满后根据悔改表现予以延期或解除，处理决定和处理解除决定都应完整存入个人人事档案。

六、高校师德师风建设要坚持权责对等、分级负责、层层落实、失责必问、问责必严的原则。对于相关单位和责任人不履行或不正确履行职责，有下列情形之一的，根据职责权限和责任划分进行问责：

（一）师德师风制度建设、日常教育监督、舆论宣传、预防工作不到位；

（二）师德失范问题排查发现不及时；

（三）对已发现的师德失范行为处置不力、方式不当；

（四）已作出的师德失范行为处理决定落实不到位，师德失范行为整改不彻底；

（五）多次出现师德失范问题或因师德失范行为引起不良社会影响；

（六）其他应当问责的失职失责情形。

七、教师出现师德失范问题，所在院（系）行政主要负责人和党组织主要负责人需向学校分别做出检讨，由学校依据有关规定视情节轻重采取约谈、诫勉谈话、通报批评、纪律处分和组织处理等方式进行问责。

八、教师出现师德失范问题，学校需向上级主管部门做出说明，并引以为戒，进行自查自纠与落实整改。如有学校反复出现师德失范问题，分管校领导应向学校做出检讨，学校应在上级主管部门督导下进行整改。

九、各地各校应当依据本意见制定高校教师师德失范行为负面清单及处理办法，并报上级主管部门备案。

十、民办高校的劳动人事管理执行《中华人民共和国劳动合同法》规定，对教师师德失范行为的处理，遵照本指导意见执行。

教育部

2018 年 11 月 8 日

第三节　高校教师职业道德评价的途径与方法

当前，我国社会主义建设事业进入了新时代，一些传统的教师要求已经不符合新时代的社会要求。因此 2018 年 11 月教育部颁发了《新时代高校教师职业行为十项准则》，作为高校教师职业道德评价的标准。这部高校教师行为准则的规范条目中便充分体现了仁、义、礼、智、信这些传统的优良品德，并对某些传统要求做了符合新时代要求的阐述，如古时的“忠”要求教师忠君，如今要求教师爱国守法，忠于社会主义。因此，在进行高校教师职业道德评价时也要批判地看待古而有之的教师道德评价标准，继承发扬传统习惯中的有益成分，摒弃和克服传统习惯中的消极因素，使之为新时代的教育事业服务。

一、高校教师职业道德评价的途径

教师是人类灵魂的工程师，文明的传播者，在教育事业中扮演着重要的角色。教师是否拥有较高的道德水平，关系着新时代社会主义建设事业能否健康发展。高校教师职业道德评价是检测和提高教师道德水平的有效手段，其主要途径有自我评价、学生评价、社会评价三种。这三条评价途径相辅相成，共同作用于高校教师职业道德评价。

1. 高校教师自我评价

高校教师职业道德评价中的自我评价，是指高校教师依据一定社会和阶级的教师职业道德标准，通过内心信念对自身外在行为做出善恶评判的方式。这种评价是在教师的内心进行的，它所达到的深度和广度完全取决于教师本身所具有的职业道德责任感和自觉性。曾子曰：吾日三省吾身。教师的自我评价便是这样的一种形式，通过自省，及时检查自身的品行是否得当，有则改之，无则加勉。

高校教师的自我评价是开展高校教师职业道德评价的首要环节。习近平在全国教育大会上提出教师要把教书育人和自我修养结合起来。广大教师如果能自觉地进行自我评价，时时反省自己，剖析自己的一言一行，我国教师的道德水平一定能得到很大的提升。只有搞好了自我评价，才能有效促进自我评价和社会评价的统一，提高高校教师职业道德评价的质量。高校教师只有严格要求自己，自觉将教师职业道德准则内化于心、外化于行，形成坚定的职业道德意志，才能获得教师人格的升华，做好学生的榜样，为新时代的教育事业培养出品学兼优的人才。

2. 高校学生评价

高校教师职业道德评价中的学生评价，是指教师在与学生的教与学的相互关系中，学生依据教师职业道德的准则和规范对教师的行为予以善恶判断的道德评价方式。高校学生与高校教师具有特殊的关系——高校学生既是教师教学活动的参与者，也是教师道德行为的鉴定者。高校学生评价可被视为开展高校教师职业道德评价的一条极为重要的途径。

由于高校学生是高校教师的教育对象，通过长时间的接触，学生对教师教书育人的态度、情感、专业技能都在头脑中经常地进行道德评价。相较于其他的社会评价者，高校学生与教师教学的关系更密切，因此对高校教师的评价往往更加中肯，更具现实意义。

高校要给予学生一定的渠道和平台以对教师道德行为作评价。开展高校学生评价有利于高校教师接受学生的意见和建议，改进教学内容、提高教学质量、规范道德行为。高校教师也应该重视学生对自己的思想和行为的评价，学生的意见和评价既可以帮助教师正确认识自我，发扬自己的长处，提高自己的教学水平，教师也可以从学生的评价中发现问题，改正自己的不良行为，完善自我道德品行，以适应新时代教育事业的发展和人民的需要。

3. 社会评价

教师职业道德评价中的社会评价是一种狭义的社会评价，是指教师所在学校之外的个人或组织对高校教师的行为进行评价。社会评价通常依靠社会舆论和传统习惯。

社会舆论是指人们用语言或者文字发表对社会生活现象的某种带有倾向性意见的行为。社会舆论讨论的内容多种多样，常见的有政治舆论、经济舆论、道德舆论等，而高校教师职道德评价中所谈的社会舆论是指人们用语言或者文字发表对高校教师行为善恶的道德判断的意见。在道德评价的过程中，人们不断通过各种渠道和方式，从道德的角度对教师教书育人的态度、行为、质量等多方面发表各种各样的意见。这样的社会舆论会对教师的行为起到监督和调节作用，是人们对教师职业道德评价最普遍、最常见的形式。

这种舆论分为两类，一类是自觉的、有组织的舆论，“一般是指利用国家政权所掌握的各种宣传工具对民众进行宣传教育”[①]。如每年教师节，国家和学校都会表彰一批优秀教师，在报纸等新闻媒体上宣传先进教师事迹。如2018年中央电视台《寻找最美教师》栏目对蓝茵茵等十名优秀教师的光荣事迹予以报道，在全社会宣传和学习他们的精神。另一类是自发的、无组织的舆论，通常是人们遵循生活实践经验和已有的传统习惯而形成的，是一种非正式的舆论，如学生家长在茶余饭后议论教师品行优劣。

黑格尔在《法哲学原理》中指出：社会舆论是人们表达他们意志和意见的方式，是一种巨大的力量。不管是正式的还是非正的社会舆论都会对教师职业道德评价产生重要的影响。高校教师应充分重视社会舆论，吸取其中某些中肯的意见，改正自身的不当行为，发扬自己的优秀品质。

传统习惯是指人们在社会生活中长期形成的一种稳定的、习以为常的行为倾向，是调节人们在某些活动范围内活动的一定方式。它受到民族情绪、社会环境的深刻

①陈静．教师道德建设［M］．武汉：华中师范大学出版社，2006：129．

影响，表现出强烈的民族性和地域性，是一种重要的社会因素和重要精神力量。随着我国社会的发展和进步，社会的各行各业都逐渐形成了自己的道德准则和规范，高校教师这一行业也形成了与自己的职业生活相一致的职业传统和职业习惯。比如，教师要坚持因材施教、有教无类，教师要有蜡烛般的奉献精神。这些传统习惯对当今高校教师的职业观念、职业理想和职业行为都发挥着不同程度的作用和影响，是进行高校教师职业道德评价的重要标杆，在高校教师职业道德评价中具有特殊的作用。现在人们常常用是否合乎传统教师职业习惯来评判高校教师行为的善恶。

二、高校教师职业道德评价的方法

高校教师职业道德评价的方法是否得当，关乎教师职业道德评价的结论是否正确合理。科学的评价方法是实现高校教师职业道德评价意义的重要条件。当下，我国对于高校教师的道德评价采取多样化的评价方法，坚持动态评价和静态评价相结合、定性评价和定量评价相结合、硬性评价和软性评价相结合，始终本着实事求是的精神对高校教师职业道德做出合理准确的评价。

1. 坚持动态评价和静态评价相结合

在教师职业道德形成的过程中，教师自身的内在信念、外部环境因素的变化都会对教师职业道德的形成产生影响，因此动态评价要求在对高校教师职业道德评价时要对这些可变的因素给予全盘考虑，忽视其中任何一个因素的变化都会对评价的结果造成影响。这里所指的动态评价是指在进行教师职业道德评价时将教师职业道德的形成和发展视为一个变化的过程。静态评价则是指不考虑客观环境变化以及教师自身的个别行为变化而对高校教师职业道德进行评价，静态评价更注重高校教师在某个时段的道德水平。

动态评价具有长远性，注重教师自身在道德养成中的主体性作用。静态评价具有即时性的特点，侧重于通过评价及时调控教师的行为，提升教师道德水平。动态评价和静态评价作为两种不同的道德评价的方法，二者统一于教师职业道德评价，共同作用于教师职业道德评价的过程，缺一不可。

2. 坚持定性评价和定量评价相结合

定性评价是高校综合教师自评、学生评价、社会评价的结果对高校教师职业道德所做出的实质性评定，是高校经过相关部门严格审查之后做出的科学评价。定性评价是重要的师德评价方法，但在其评价过程中要特别注意几点：首先是要保持评价的客观性、真实性，避免先入为主的成见干扰。其次，在评价过程中要注意依据的严谨性，充分调研，切忌在依据不充分的情况下贸然对高校教师职业道德做评价。对高校教师进行职业道德评价的定性评价有利于强化教师道德意识，提升教师职业道德整体水平。

定量评价是指从教学、科研、社会服务等几个方面对教师职业道德水平进行量化打分，并对其划分等级，以达到激励和鞭策教师以德育人的评价方法。“通常来说，高校在对教师进行职业道德定量评价时常采用行为评定量表法与等级评定法两种方式。”① 前者是将需要观察的教师道德行为逐项开列在评定量表中，在限定的时间内把观察到的教师评定量表中的行为记录下来；后者则是在前者的基础上将记录下来的道德行为划分为若干等级，这样有助于对教师做横向比较，有利于教师发现与他人的差距，促使教师反省自身品行，改善不良行为。

高校教师职业道德评价的过程中要坚持定性评价和定量评价相结合，科学准确地评判高校教师的道德状况。

3. 坚持硬性评价和软性评价相结合

硬性评价是指依据组织内部制定的师德行为规范、规章制度等约束性指标，对教师的道德行为是否符合这些指标做出客观评价。硬性评价具有较强的约束力，它往往与其他相关的规章制度一起发生作用，通过强制性的措施促使高校教师遵守师德规范，让其不愿也不敢逾越师德红线。2018 年 11 月，为深入贯彻落实全国教育大会精神，进一步推进师德师风建设，教育部印发了《新时代高校教师职业行为十项准则》，为高校教师制定出具体化的教师职业行为清单及示范行为处理办法，要求各高校以有力措施坚决查处违反师德行为，对于违反这十项准则的高校教师，给予其教师职业道德评价一票否决。

“软性评价是相对于硬性评价而存在的概念，它是来自于社会舆论、传统习俗或者内心信念的非强制性评价。”② 虽然软性评价没有硬性评价那么强的约束力，但对于教师行为却具有巨大的隐性影响。在新时代，我国继续深化改革开放，在引进优秀文化的同时，西方资本主义腐朽思想也加强了对我国教师的侵蚀力度，近年来拜金主义、享乐主义、极端个人主义在我国教师队伍中兴风作浪。社会舆论、教师的内心信念等软性评价对于教师行为具有较强的渗透性和感染力，能够帮助教师有效抵制、克服和清除自身的不良思想和行为，提升自身道德品质。

高校教师职业道德评价中硬性评价和软性评价共同作用于高校教师职业道德水平提升的过程中，唯有将外部的强制性约束与内部的主动性选择相结合，教师道德水平才能有效提高。

高校教师职业道德评价是衡量、判定高校教师职业行为及道德品质善恶的尺度和准绳。在评价过程中，要对高校教师的每一次教育活动、每一个与教育相关的行为都进行认真观察，做到充分地听其言、察其行、观其效。在教育不断发展、变革

---

①陈静. 教师道德建设［M］. 武汉：华中师范大学出版社，2006：129.

②黄蓉生. 教师职业道德新论［M］. 北京：人民教育出版社，2014：167.

的今天，高校教师师德评价还应当对致力于教育教学探索的教师给予特别的支持。在传统观念里，高校教师职业的尊严，主要取决于社会公众对教学成果的认同，取决于结果而不是过程。在教育改革日益深入的新时代，高校教师的职业责任不仅在于传播知识，还在于研究和生产知识。要研究和探索，就可能成功，也可能失败。所以，既要肯定成功者，又不能挫伤更多的一时未见显著效果的探索者。高校教师职业道德评价，也一定要努力为探索者留出应有的空间。

本章小结

本章分三个板块，系统地介绍了高校教师职业道德评价的相关内容。首先，明确了高校教师职业道德评价的含义，并从教师个人、学生、社会三个角度论述了开展高校教师职业道德评价活动的积极意义；其次，从历史唯物主义出发，阐释了高校教师职业道德评价的标准，即阶级标准、历史标准，提出要将动机和效果的辩证统一作为高校教师职业道德评价依据；最后，通过分析高校教师、学生、社会三者的特点，指出高校教师道德评价的三条途径即自我评价、学生评价和社会评价。根据高校教师职业道德评价这一活动的特点，论证在高校教师职业道德评价过程中要坚持动态评价和静态评价相结合、定性评价和定量评价相结合、硬性评价和软性评价相结合的原则。

思考与练习

1. 请简要回答高校教师职业道德评价的特点。
2. 请简要回答进行高校教师职业道德评价的意义。
3. 作为高校教师，你认为怎样才能更好地进行自我评价？
4. 材料分析。

重视师德制度建设应成为高校共识

张英

10 日，南京大学文学院官方网站发布消息称，南大文学院将成立师德师风制度化建设小组，明确教师禁行行为和违反师德的惩处机制。关于师德师风制度化建设小组成立的原因，南京大学文学院称，是为进一步加强师德师风建设，贯彻南京大学建立健全师德建设长效机制的精神。

这段时间，“原北大教授沈阳性侵学生高岩事件”在网络上闹得沸沸扬扬，作为沈阳的“现东家”南京大学也被牵连，虽说南大文学院在回应此事件时已经表示“建议沈阳辞去文学院教职”，但有关高校的师德问题及相关制度建设的讨论却一直没有平息。

今年1月1日，北京航空航天大学教师陈小武被学生实名举报有“性骚扰”行为，该校调查核实后，于1月11日研究决定撤销陈小武的研究生院常务副院长职务，取消其研究生导师资格，撤销其教师资格。1月14日，教育部决定撤销陈小武的“长江学者”称号。事情仅过去三个月，又出现了“沈阳性侵学生事件”，一时间，群情沸腾，人们纷纷追问中国高校的师德到底出了什么问题，本该埋头学术、教书育人的高校教师成了为人所不齿的衣冠禽兽。

在这些事件中，涉案的高校教师无疑在与受害学生的关系中均处于绝对的优势地位，因为教师（导师）对学生的学业、毕业握有“生杀予夺”大权，从而形成了一种“隐性权力”。这种“隐性权力”既包括了要求研究生为导师廉价打工这种普遍现象，也包括了一些教师对女学生的性引诱或性要挟。由于导师与学生之间有程度颇深的人身依附关系，而年轻学生在这种关系中又没有任何博弈的筹码，阅历和心理与老师的也处于完全不对等的状态，因此导致学生对导师提出的各种不合理要求不敢拒绝。

造成这些现象，师德不存自然是一个重要因素，但也与高校的相关制度建设有很大关联。高校师生情感纠纷和性关系问题，法律在其中很难发生作用，除非引发了恶性事件。所以这种“灰色地带”极需要高校建立有效的制度，事先能防范，事后可严惩，给予学生制度性保护，在畅通其投诉、举报渠道的同时，更要给予师德不良教师来自学术界的抵制。例如2015年，哈佛大学宣布禁止教职员工和本科生之间所有的“浪漫或性”关系，明确规定教师不可约会自己的学生，若被揭露有不端行为，会因此丢掉饭碗，并很难再在教学领域谋生。

因为沈阳事件，北大召开了反性骚扰制度研究会，提出了实行师德一票否决制；南京大学文学院紧随其后，成立师德师风制度化建设小组，设立惩处机制，可以说在制度建设上迈出了第一步。在接下来的制度建设过程中，还应将规定细化，例如事先对教师的审核，事后对犯事教师的追责，都应该有相应的措施，且全国所有高校都应行动起来。不让有问题的教师进入教育领域以及严惩有问题的教师，应成为教育领域和学术领域的共识。

——选自《三湘都市报》2018年4月12日A2版

（1）请你分析，如何才能减少高校教师违反师德的行为。

（2）结合材料，请你谈一谈，高校在评价教师职业道德中扮演着怎样的角色。

第八章

高校教师职业道德的自我修养

“好学近乎知，力行近乎仁，知耻近乎勇。知斯三者，则知所以修身。”

——《中庸》

要 论 提 示

- 高校教师职业道德自我修养是提高其职业道德素质的极其重要的方式。
- 高校教师职业道德自我修养具有重大的职业道德价值和社会意义。
- 把握高校教师职业道德自我修养的基本内容是高校教师职业道德自我修养的前提。
- 在实践中优化高校教师职业道德自我修养的途径和方法。

高校教师职业道德修养，与高校教师职业道德教育一样，也是一种道德实践活动。但它又不同于高校教师职业道德教育，它是将高校教师职业道德要求转化为自己的信念，并付诸行动的活动，简单来说，是一种自我道德教育。高校教师是培养人、教育人的人，应当具有较高的职业道德水平，这也是高校教师的理想和信念的生动体现。因此，高校教师职业道德修养在高校教师职业道德实践活动中显得尤为重要。

第一节　高校教师职业道德自我修养的含义与意义

高校教师职业道德自我修养是提高高校教师职业道德素质的极其重要的方式。明确高校教师职业道德自我修养的内涵及意义，对提高高校教师职业道德水平，形成良好的职业道德品质具有十分重要的意义。

一、高校教师职业道德修养的含义

"修养"一词，出自《孟子》的"修身""养性"。"修养"这一传统概念最初只限于伦理道德的范畴，由于被人们普遍接受和广泛使用，它已经有了与往昔相比更为丰富的内容和更富新意的含义。从词义上讲，"修"是整治、提高和完善，使人、事、物更为精美。"养"是培养、抚育和陶冶，使人、事、物充分发展。所谓修养，是指个人在政治思想、道德品质和知识技能等方面，长期自觉地进行自我教育、锻炼、陶冶和提高的过程，以及经过努力所达到的水平和境界。今天我们的修养，其根本目标是使我们每一个人提高修养的自觉性，达到更高的修养境界，过一种更为和谐的社会生活，并促进整个社会文明程度和水平的提高。

道德修养是修养的重要内容，是个体形成优良道德品质的重要途径，它通常是指人们按照一定的社会道德原则、规范和要求在道德认识、道德情感、道德意志和道德行为四个方面开展的自我教育、自我陶冶和自我提高的道德活动，以及经过努力所达到的道德境界和水平。一般而言，道德修养包括政治思想道德修养、一般社会道德修养和职业道德修养三方面内容。

高校教师职业道德修养作为高校教师道德修养的重要组成部分，是指高校教师为形成高尚师德所进行的自我教育、自我陶冶和自我提高的职业道德活动，以及经过努力所达到的师德境界和水平。高校教师职业素质是高校教师德、识、才、能等素质的综合表现。作为一名高校教师，如果有德、无识、无才、无能，他可能成为一个无所作为的庸人；如果有识、有才、有能、无德，却是一个危险的人物，将会误人子弟、贻害四方。从这个意义上讲，高校教师的职业道德在高校教师职业素质中就显得更为重要，高校教师职业道德修养的自觉性在教师职业实践中的作用也就显得更为突出。

二、高校教师职业道德修养的意义

培养一支学养高、教风正的教师队伍必须加强师德综合素质建设，强化职业道德素养。道德素养是作为教师的根基，是一位好教师践行教育使命的核心品质。职业道德素养，就是指一个人在职业岗位上表现出来的综合素质，是人们在履行职业过程中将职业规范的内在要求，通过个体职业道德、职业技能、职业行为、职业作风和职业意识等外在行为表现出来的综合品质。当个人素养体现到职业生活中并适应职业规范需要时，就会通过个人的职业素养表现出来。

1. 高校教师师德修养是高校加强师德整体建设的需要

校风是学校稳定的精神状态，是衡量一所学校教育质量和精神风貌的重要指标，它主要体现为领导和机关的作风、教师的教风和学生的学风三方面。而师德建设对搞好高校校风起着示范、感染和影响作用。师德建设水平高，可全面提升学校精神文明建设水平，可全面推动学校教学、科研和育人工作的开展，可顺利地实现学校的改革、建设和发展的战略目标。因而，高校师德建设对学校的整体发展影响极大，只有切实加强师德整体建设，提高教师整体的职业道德品质，才能为营造优良的校风提供保证。

加强高校的整体师德建设在于建立一支政治素质好、业务精湛、结构合理、乐于奉献的教师队伍，在于建立一支优良师德师风的教师队伍，而高校教师的师德不是天生的，它依托于教师在教学、科研和社会服务工作中自我修炼；高校教师的师德不是空泛的，它取决于教师在思想道德素质、业务水平、工作态度以及人生价值等方面的自我提升。所以说，高校师德修养是高校加强师德整体建设的需要。

2. 高校教师师德修养是高校教师个体专业水平提高的需要

在当今社会情境中，科学技术发展迅猛，知识更新日新月异，传统的职业素质观已无法适应需要，时代呼唤新的职业素质观的建立，而这诉诸高校教师的个体专业发展。高校教师的专业发展应涵盖教学、学术研究和社会服务等几个方面，但就现状而言，当前高校教师职业晋升制度使教师一般只局限在专业知识与研究能力的提升，对教学技能及社会服务能力重视不够。特别是高校的青年教师，他们虽然是学校创新的主力，却是一个弱势群体，处于事业的起步阶段，他们中的一些人急于出成果而在教师职业角色扮演上失衡。因此，要使高校教师的职业素质能力满足于时代需求，有必要纠正教师重科研、轻教学和社会服务的观念，通过各种方式促使教师在专业方面得到充分发展，以使其胜任教学、研究、行政和社会服务等各项工作。

教师职业道德修养是教师专业发展的一个不可或缺的组成部分，是教师专业发展的动力系统。“教师的专业性有别于医生、律师的专业性，他们不仅有学科方面专门知识与专业技能，还要有传授知识与技能的技能，更要有育人的知识与技能”①，“学高为师，身正为范”。因此，高校教师职业道德修养水平制约着他们的专业知识与专业技能的发展。

3. 高校教师师德修养是其服务对象——学生成长和发展的需要

古罗马教育家昆体良在他的《雄辩术原理》中有段精辟言论：“教师应当是德才兼备的人……既教学生怎样演讲，又教学生怎样做人。”② 高校教师的服务对象比较特殊，他们是一群处在道德品质成长期的青少年。他们的成长和发展要求教师不仅要有渊博的知识，而且要有独特的人格魅力，而这促使着高校教师在职业实践中要时刻加强职业道德修养。

首先，大学生在道德上具有极强的向师性。正所谓“师者，人之模范也”③。高校教师在专业知识领域大都有不凡造诣，在学生眼中，教师是知识、正义的化身，他们的知识才能、个性倾向、生活态度以及品德修养易成为学生竞相模仿的对象。而青少年正处在道德品质的成长期，这种模仿很可能会在他们的心灵深处留下痕迹，产生潜移默化的影响，直接影响学生一生的精神面貌。教育思想家洛克曾论述过，教育上的错误具有不可弥补性，它们对受教育者的影响是终生洗刷不掉的。因而，高校教师在职业实践中，应本着对学生负责的原则，时刻注重以德修身、以德立威，真正成为学生的模范。

其次，大学生在心理上具有极高的发展欲望。与中小学生相比，大学生有思想、

---

①李廷宪. 教师专业发展与教师道德 [J]. 安徽师范大学学报（人文社会科学版），2003（03）：308-311.

②刘振天. 昆体良的教育艺术观概述 [J]. 烟台师范学院学报（哲学社会科学版），1994（2）：89-95.

③扬雄.《法言·学形》

有情感、有个性，自我意识强，有较丰富的知识储备，他们不满足于教师在课堂上传授枯燥无味的书本知识，要求教师能提供一个探索、研究和实践的宽松环境便于自身充分发展。在他们心中，高校教师应把促进学生的发展看成自己的生存之本，把“一切为了学生，为了一切学生，为了学生的一切”作为职业实践的原则。因而，高校教师应树立时刻为学生发展着想的意识，用自己高尚的职业道德面貌引导学生成长和发展。

第二节　高校教师职业道德自我修养的内容与境界

高校教师职业道德自我修养的目的或归宿，是把共产主义、社会主义的教师职业道德原则、规范和要求转化成教师内在的道德品质，达到崇高的道德境界。但是在高校教师职业道德自我修养的过程中，由于个体对自身的要求不同，采用的途径和方法不同，进而出现参差不齐、高低不同的状况。作为新时代的高校教师，作为社会主义社会的教师应如何把握教师职业道德自我修养的基本内容，达到崇高的道德境界呢？这是高校教师职业道德自我修养必须首先解决的问题。

一、高校教师职业道德自我修养的内容

高校教师职业道德自我修养具有丰富的内容，主要包括思想政治、道德知识技能、心理和审美素质等方面的修养。这几方面的修养对于教师履行教书育人的职责具有重要的意义。

1. 思想政治修养

思想政治修养是现代人素质的灵魂。良好的思想政治修养是一个人能否成为合格和优秀教师的前提。因为其一，良好的思想政治修养是教师从教的基础。教师的执教行为是一种政治行为，必须符合党和国家的要求，必须与党和国家的要求保持一致。这就要求教师具有正确的政治立场、政治观点，具有较强的政治鉴别力、政治敏锐性，才能把握正确的政治方向，认清时代赋予的历史使命，做出正确合理的政治选择和政治追求。其二，良好的思想政治修养是教师从教的保证。教师培养什么样的人，是培养推动社会主义现代化建设发展、人类进步的人，还是培养阻碍社会主义现代化建设发展、人类进步的人，并不取决于教师掌握的科学文化知识和技能本身，而取决于一个教师的思想政治修养。其三，良好的思想政治修养是教师从教的动力。具有良好思想政治修养的教师，是确立了正确的政治立场和方向的人，

是有着崇高理想和坚定信念的人。因而能够把自己的命运与祖国的前途联系起来，在教育教学实践中，牢记教书育人的宗旨，不断克服困难，为祖国培养合格的人才。

2. 道德修养

道德修养的最终目的是形成良好的道德品质。道德品质是一定社会或阶级的道德原则和规范在个人身上的体现与凝结，是人们在处理个人与他人、个人与社会、个人与自然关系的一系列行为中所表现出来的比较稳定的道德倾向和特征，包括认知、情感、信念、意志、行为等方面的因素。道德品质是在教育和自我修养下逐步形成的。由于道德教育必须经过教育对象的接受和认可、转化，在教育对象自身的思想意识下才能起作用，而道德的自我修养是自觉意识和行为，所以，道德的自我修养较之道德教育更积极、更主动，也是一个人提高道德素质的主要途径。

任何一种道德品质的形成，都有一个从道德认识转化为道德情感，形成道德意志和信念，再转化为道德行为的发展过程。因此，人们道德修养的主要内容包括提高道德认识、陶冶道德情感、锻炼道德意志、坚定道德信念、训练道德行为。

加强道德修养必须提高道德认识。提高道德认识要求既要学习社会道德规范，提高对社会主义道德原则、规范及其要求的认识，又要提高对行为准则及其意义的认识，即提高对自己与他人的行为是否合乎道德的道德评价能力。一个人只有知道了应当做什么，以及了解了为什么要这样去做，才能产生相应的行动。

3. 知识和业务技能修养

加强教师职业道德修养必须加强知识和业务技能修养，这是教师职业道德素质形成的基础。教师主要要进行以下几方面的知识和业务技能修养：第一，加强马克思主义基本理论、毛泽东思想和中国特色社会主义理论的修养；第二，加强道德科学基本理论，特别是教师职业道德理论修养；第三，加强教育科学理论修养；第四，加强心理科学理论修养；第五，加强科学文化知识修养。

二、高校教师职业道德自我修养的境界

高校教师师德修养的境界的提升依赖教师自觉、持续地修养，自觉性愈高、坚持度愈持久，师德境界愈崇高。教师师德境界层次因社会环境、历史阶段、个体自身等因素而参差不齐。而对师德修养境界的划分，不同学者有其不同标准：根据个体对工作意义的认识，把师德修养境界划分为职业生存之境、专业发展之境和事业追求之境；根据职业对于人维持生活、承担义务和发展个性三个层面的价值，把师德修养境界划分为谋生境界、责任境界和乐业境界；根据教师的三种职业观——谋生观、享受观和发展观，把师德境界划分为功利境界、非功利境界和超功利境界。

1. 教师职业道德自我修养境界的含义

"境界"一词，在我国古代文献中，原指"疆界""地域"。后来引申为人们所处的境况，一些思想家把它用来说明人们道德品质状况和自我修养的程度。教师经过不同程度的主观努力和教育教学实践，使自己的道德品质达到不同境界。教师职业道德修养境界，是指教师接受职业道德教育、进行职业道德修养过程中形成的觉悟水平。教师职业道德境界分为应有境界和实有境界。

教师职业道德修养境界是一种多层次的复杂的道德意识现象，是一个动态的集合性概念。当我们说一个教师达到了某种境界的时候，不仅包括具有该境界应具有的道德行为选择能力和践行能力，而且也包括他处于这种境界所具有的思想感情和情操。在阶级社会中，由于教师所从属的阶级地位不同，世界观、人生观和价值观有区别，其职业道德修养境界也参差不齐。而且，同一个阶级的教师职业道德原则及其规范，在不同的历史阶段有着不同的层次和要求，因此教师职业道德修养的境界并不是统一的固定模式，不是一成不变的，也不会停留在一种境界上。每个教师要通过自觉的自我修养和教育实践活动去不断地完善自我。

2. 教师职业道德自我修养境界的表现

在社会主义初级阶段的历史条件下，用共产主义、社会主义教师职业道德标准来观察教师在教书育人方面的精神状态和实际表现，大体上可分为"大公无私""以公利为中心""以私利为中心"三种不同的教师职业道德修养境界。每种职业道德境界的教师，总是自然而然地凭借他们已经形成的好恶观念、情操和道德水平来处理教书与育人关系、教师与学生的关系和其他在教书育人过程中产生的关系。

（1）大公无私——把教育当作崇高事业追求的境界

处于这种境界的教师，能深刻认识到教育在我国现代化建设中的战略地位和作用，对教育事业忠贞不渝、痴心不改、无私奉献，终生献身教育。他们既注重教书，又注重育人，既重知识传授，又重能力培养，他们尊重学生的主体性地位，注重教学相长。他们的言行是育人第一，工作第一，学生第一，为社会主义现代化建设服务第一，不以物喜，不以己悲，忧学生之忧，乐学生之乐，忧教育之忧，乐教育之乐。他们时刻牢记着全心全意为人民服务的宗旨，为国家多出人才、出好人才而一心一意地教好书，育好人。"春蚕到死丝方尽，蜡炬成灰泪始干"是他们献身教育的最终道德追求。随着教育体制改革的深入和教育观念的转变，具有这种高尚道德境界的教师必将越来越多。他们是当代教师学习的楷模，他们的境界代表着教师职业道德发展的方向，其道德境界是最高尚的教师职业道德境界，当代教师都应努力达到这种境界。

时代楷模钟扬：
任何生命都有结束的一天　但我毫不畏惧

钟扬生前是复旦大学生命科学学院教授、博士生导师，长期从事植物学、生物信息学研究和教学工作，取得一系列重要创新成果。他胸怀科技报国理想，长期致力于生物多样性研究和保护，率领团队在青藏高原为国家种质库收集了数千万颗植物种子；他艰苦援藏 16 年，足迹遍布西藏最偏远、最艰苦的地区，为西部少数民族地区的人才培养、学科建设和科学研究做出了重要贡献；他以德修身、以德立学、以德施教，用心尽力帮助学生成长成才；他热心社会公益事业，连续 17 年参与科普志愿服务，是深受欢迎的“科普明星”。钟扬同志曾荣获“全国先进工作者”“全国优秀教师”等荣誉称号，以及国家技术发明二等奖等多项奖励。2017 年 9 月 25 日，钟扬在赴内蒙古为民族干部授课途中遭遇车祸，不幸逝世，年仅 53 岁。

钟扬的事迹感人至深、催人奋进。他是忠于祖国奉献人民、不懈探索追求的杰出科学家，是立德树人、教书育人的优秀教师，也是自觉践行社会主义核心价值观的先锋模范。

2018 年 4 月，中宣部授予钟扬“时代楷模”称号。2019 年 2 月，钟扬获得“感动中国 2018 年度人物”荣誉，被誉为“扎根大地的人民科学家”。

超越海拔六千米
抵达植物生长的最高极限
跋涉十六年
把论文写满高原
倒下的时候
双肩包里藏着你的初心、誓言和未了的心愿
你热爱的藏波罗花不求雕梁画栋
只绽放在高山砾石之间

——选自央视网 2018 年感动中国人物颁奖辞

（2）以公利为中心——尽职尽责型的道德境界

处于这种境界的人按照人伦和职业的标准行动，他们意识到人除了是生物人、个体人，更是社会人。他们的行动符合社会主义道德和理念，在处理个体与他人、集体、国家利益冲突时，能够始终秉持集体、国家利益高于个体利益的信念，把个人利益置于他人、国家、集体利益之后，其行为会有意识地受“一切以公为上”理念的牵引，并以“不损人利己”为原则来满足个人的正当利益和需求。

高校教师道德修养达此境界时，会出现如下行为特征：无论是误打误撞地，还是心甘情愿地进入这一职业领域，对于教育事业社会价值和教师职业意义有基本了解，能认识教育在我国现代化建设中的战略地位，能体会“阳光底下最灿烂、最神圣”职业的责任重大。他们的职业态度较为积极，不只把“教师”作为一门职业，亦是实现自身价值的一种方式。在教师职业道德规范的指引下，高校教师本着对学生、学校、社会负责的态度，尽心尽责地教书育人、搞科研和服务社会。与学生、学校和社会之间不再是“纯粹的师生关系”“雇佣关系”“权利义务关系”，当他们看到学生因自己的帮助和支持获得优异成果时，教师会产生“我活得很有价值、很有意义”的感触；当另一所高校以更高的薪酬聘请他们时，他们会怀着感恩的心不为所动，当他们致力于科学研究时，他们以“不破坏世界”为宗旨。教师的真诚和热情打动着周边人，学生、学校和社会给予教师由衷的尊重和喜爱。就是在这份愉快的体验中，高校教师不断努力，用“春蚕”“蜡烛”般的精神去从事着神圣的教育事业。我国在“科教兴国”的战略影响下，把教育事业的发展置于显要位置，对这种具有“春蚕精神”的教师的需求愈加强烈，比例也较大。

（3）以私利为中心——把教书当作一种谋生手段的境界

这种境界又分为两种情况：一是无所作为的境界。处于这种境界的教师不热爱教育事业，甚至鄙视教育事业，把教书仅仅看作是一种暂时的谋生手段，在未找到新的职业之前勉强为之，一待时机成熟即另攀高枝。处于这种境界的教师往往得过且过，做一天和尚撞一天钟，既不重视知识传授，也不重视育人。当前处于这种境界的教师还大有人在，必须加以引导，提高他们的职业道德境界。二是谋取金钱的境界。与学校之间是简单的“雇佣关系”，功利色彩较浓，行为举动注重市场规则和交易原则，要求付出的劳动和支付的薪酬成正比。处于这种境界的教师，既无所谓教书，更说不上育人，仅仅为了课酬而“上课”，仅仅是赚钱的机器。在教书育人过程中，根本就不讲“良心”二字，除了上课拿钱外似乎与学生之间、与学校之间就再也没有什么关系了。而且对自己的这种行为或者心安理得，或者理直气壮，既不认为自己误人子弟，也不觉得拿了党和人民给的薪金而惭愧。这种职业道德修养境界，从根本上说，是剥削阶级的道德行为表现。在社会主义初级阶段，还有为数不少的教师处于这种境界，应及时加以引导。如果任其在教师中滋生蔓延，必然危害我国改革开放和社会主义现代化建设事业。因此，我们绝不能掉以轻心，要坚决加以抵制。

当前，我国正处于一个伟大的时代，一个崭新的时代。新时代对教师的职业道德素质提出了越来越高的要求。新时代的教师一定要加强自身的道德修养，树立崇高的道德境界，努力使自己成为一名优秀的人民教师，为中华民族伟大复兴做出应有的贡献。

第三节　高校教师职业道德自我修养的途径与方法

高校教师进行师德修养，必须了解、掌握修养的根本途径和科学方法，它是师德修养的一个关键问题。所谓师德修养途径是指教师职业道德认知方法论的外化，而师德修养方法则是教师师德修养所采取的具体方法。

高校教师只有选择正确的、合乎时代发展需要的职业道德修养途径，灵活掌握符合自身特点、行之有效的职业道德修养方法，才能在师德修养的道路上走得更加顺畅，才能获得高尚的师德品质和崇高的师德境界。

一、高校教师职业道德自我修养的途径

教师教育教学理论与教书育人实践的知行合一，是提升师德水平的根本途径。师德修养是每个教师的事，是其胜任工作的必要条件，教师良好的道德品质应该是在科学理论指导下，经过长期的社会实践和艰苦锻炼而养成的。所以，教师提高职业道德修养应从理论、实践两方面努力，并严格自我解剖。

1. 在理论学习中提高

教师职业道德修养是一种理智的、自觉的活动，必须以科学的理论作指导。为此，教师必须把学习科学理论放在首位。

第一，学习马克思主义的基本理论，特别是要认真学习习近平新时代中国特色社会主义思想。教师只有认真学习马克思主义理论和习近平新时代中国特色社会主义思想，才能深刻地理解和掌握教师职业道德的精髓，自觉地而不是盲目地履行教师职业道德的规范，做道德高尚的人民教师。同时，马克思主义理论和习近平新时代中国特色社会主义思想是我们改造客观世界和主观世界的强大思想武器，教师只有认真地、自觉地、系统地学习这些理论，才能确立科学的世界观、人生观和价值观，才能从根本上明确师德修养的指导思想和方向。

第二，学习道德科学基本理论，特别是学习教师职业道德理论。要正确理解教师职业道德的理论、原则和规范，提高对教师职业道德的认识，明确教师职业道德修养的目的和方向，把握教师职业道德修养的要求，就应该自觉地去学习教师职业道德理论。有了这些理论知识，才能分清善恶、正邪、美丑，也才知道如何去加强自身修养。除了学习书本上的道德科学知识外，还需要学习实际工作中的知识。实际工作中的道德榜样或典型，较之书本上的道德知识更直接、更生动，认真学习之，

感受更为深刻。学习这些理论会帮助教师了解人类道德形成和发展的规律及其趋势，进而明确师德修养的目的、意义、途径和方法，以增强自身师德修养的自觉性和主动性。

第三，学习教育科学理论。教育科学理论是人类长期的教育教学实践经验的概括和总结，反映了教育科学过程的客观规律。学习教育科学理论，有助于教师进一步了解教育的本质、目的和规律，树立正确的教育观念，掌握科学的教育方法，克服教育教学活动中的盲目性；同时还有助于教师自觉遵守教师职业道德规范，积极履行教师义务，做到敬业、乐业、勤业，把师德修养落实到具体的教育教学实践中。

第四，学习科学文化知识。努力学习与教师职业相关联的科学文化知识，是教师形成优秀品德和高尚情操所不可缺少的。目不识丁又懒于学习的人，在道德修养的阶梯上水远不可能攀登到高点。古希腊人认为“知识即美德”，他们把知识本身看作是一种美德，只有通过学习科学文化知识才能获得美德。作为人师的教育者，只有不断地学习科学文化知识，才能丰富教师道德修养的内涵，才能促进自身道德修养的提高。同时，教师应该牢记列宁同志的教诲：“只有了解人类创造的一切财富以丰富自己的头脑，才能成为共产主义者”①。

教师在加强学习中，要注意把学习科学理论与学习古今中外进步的教育家和优秀教师的思想和事迹结合起来。在人类教育史上，历代进步的教育家和优秀教师在自己的教育和道德实践中，造就了许多传统美德，留下了不少值得效仿的师德风范。这是人类宝贵的精神财富。常言道：榜样的力量是无穷的。先进人物的高尚思想、情操和言行，是社会主义、共产主义道德品质教育的形象化教材：他们的先进事迹，生动地体现了社会主义、共产主义的道德原则。如果我们每个教师都能根据自己的实际，博采古今师德精华，就能激励自身不断地增强师德意识。教化师德情感，升华师德境界，提高师德修养水平。

2. 在教书育人实践中进步

教师职业道德修养既离不开科学理论的指导，更离不开教育教学的实践。

第一，教师的道德品质不是先天形成的，也不是仅仅靠“闭门修炼”就能造就的，正如“玉不琢，不成器”一样，教师的良好道德品质，主要是在教育教学实践中经过长期的锻炼和自我改造形成的。刘少奇在《论共产党员的修养》一书中反复强调：“对于我们最重要的，是无论怎样都不能脱离当前的人民群众的革命斗争，而是必须结合这种斗争去总结、学习和运用历史上的革命经验。这就是说，要在革命的实践中修养和锻炼。”② 严格地讲，我们通过书本上的学习，了解和掌握到的只是教师职业道德的基本理论知识，只是前人实践经验的总结，而不是自己已经具备的

①中共中央马克思恩格斯列宁斯大林著作编译局．列宁选集 第4卷［M］．北京：人民出版社，1995：285．
②刘少奇．刘少奇选集 上［M］．北京：人民出版社，1981：109．

道德品质。

第二，只有将这些师德理论、原则和规范运用到教育教学的实践中，运用到教书育人的过程中以后，它才能逐渐变为自己的思想和行为。实践一点，就有一点；实践得越多，掌握得就越多；这种实践愈持久和深入，良好的道德品质就越巩固。所以，离开了教育教学实践去“闭门修炼”，就根本谈不上什么教师道德品质的培养。正如俗话说：“不经风雨，长不成大树；不受百炼，难以成钢。”唯有不断地参与教育教学实践，才能使道德修养真正落到实处，富有意义。

3. 严格自我解剖

严格自我解剖是指教师要严格按照教师职业道德的要求，经常对自己在教书育人过程中的思想和行为进行自省，并对不符合要求的思想和行为进行严肃的自责和及时的自纠。这里所说的严格解剖的“格”，主要指教师职业道德原则和规范，也包括教师典范。“自省”，是指以“格”为镜，对照检查、扪心自问自己在教书育人过程中是否有违“格”行为或存在差距。“自责”，是指对违“格”行为勇于进行自我批评。“自纠”，是指自觉改正违“格”的思想和行为，并向教师典范看齐。严格自我解剖的实质是要求教师在进行职业道德修养中，必须经常反思自己的行为，检点自己的作风，坚持对的，改正错的，使自己的思想和行为符合教师职业道德的高标准、高要求。

把严格自我解剖作为师德修养的重要途径，对于当今教师加强修养尤为重要。在我国改革开放的新形势下，无论是西方渗透进来的资本主义意识形态的腐蚀作用，还是市场经济固有的负面影响，都会不可避免地反映到教师队伍中来。同时，在教师职业道德修养中总是充满着新旧道德观的斗争，这种斗争又在同一个人的头脑中进行，教师要以“格”去抵制消极影响，去战胜自己头脑中旧道德的思想残余，都需要进行自我解剖、自我批评。教师需要在进行师德修养中，时刻注意坚持职业道德的高标准、严要求，经常解剖自己的思想和行为，及时消除各种消极影响，自觉净化自己的道德品质。

二、高校教师职业道德自我修养的方法

1. 致知

在高校教师职业道德修养中，所谓“致知”，是指教师掌握科学理论、知识和职业道德规范、原则、要求而获得对伦理道德的认知。

教师职业道德修养是一种理智的、自觉的活动，是一种改造自身主观世界的活动，单凭个人的良心发现不能彻底修身，它依赖于科学理论、知识的引导。

首先，高校教师应深入研习马克思主义基本理论和党的路线、方针、政策，它

们是教师师德修养的理论基础和实践依据。这有助于高校教师树立科学的世界观、人生观和价值观，有助于高校教师明确师德修养的基本方向，有助于高校教师掌握师德修养的指导思想和方法。

其次，高校教师应全面掌握教师职业道德理论。教师职业道德理论是社会主义职业道德理论在教师领域中的具体体现，它批判性地继承了古今中外一切优良的教师职业道德传统，全面地体现了教师职业道德形成和发展的规律，系统地分析了教师职业道德原则、规范和要求，具体地指明了教师职业道德修养的目标、途径和方法。高校教师学习和掌握职业道德理论有助于教师明确师德修养的具体标准，分清职业实践中的是与非、善与恶，提高师德修养的自觉性。故而，掌握职业道德理论使高校教师的师德修养具有强烈的实践意义。

再次，高校教师应努力学习国内外教育科学理论。教育科学理论是人类长期教育教学实践经验的概括与总结，它反映着教育教学过程的客观规律。研习和掌握国内外教育科学理论促使教师进一步明晰教育的本质、目的和规律，树立正确的教育教学理念，克服教学实践中的盲目性。21 世纪的高校教师应结合高等教育国际化的发展趋势，在教育教学、学术研究和社会服务实践中，不仅要批判性地继承我国的传统经验，而且要超越传统，走出国门，积极引进和学习国外的先进教育教学理念、思想和方法。

最后，高校教师应不断汲取科学文化知识。无论社会整体道德的提高还是个人道德品质的升华都离不开科学文化知识的积累，“学高为师”，高校教师的个人魅力除了品格、才能、感情因素外，最重要的就是专业知识，那些登上最高道德境界的教师无不是以扎实的专业知识功底为思想支撑。古希腊思想家苏格拉底的“知识即美德”标榜着他对知识的重视，他把道德和知识合二为一，认为道德修养应以知识为基础。此外，随着学习型社会的到来，知识更新周期日益缩短，高校教师必须不断更新自我知识储备。再加上高等教育国际化愈演愈烈，高校教师不能局限于国内知识、信息，而要走出知识的围城，迈向世界，真正成为“活水源头”。所以说，不断汲取科学文化知识有利于教师正确理解同一时期的行为道德意义，增强教师辨别善恶的能力。教师在扩充自身知识储备时，应充分发挥主观能动性，联系自己的内心信念、品质，闻善而从之，见不善而改之，否则，即使读破万卷书，也不会对道德修养有任何益处。

2. 践履

所谓“践履”，主要是指教师对伦理道德的力行，即道德实践。

一个人只有道德认知而无道德实践，充其量只是一个知识的收藏家。高校教师要达至崇高的职业道德境界，仅凭一般道德理论知识的习得无法实现，它依赖于道德实践的转化。麦金太尔在界定“德性”时，亦是拿实践作为着眼点，把德性与实践的关系视为内在不可分割的。他认为德性是一种获得性品质，是从实践中获得的一种内在利益，也就是说，高校教师师德修养脱离道德实践活动，就只是“静时亦觉意思好，才遇事便不同”①。

在教师专业领域存在一种固有的“实践性知识”。所谓实践性知识，是教师在职业实践中内化的处理具体教育情境和教学实践的能力，它的独创性、生成性和内隐性决定其难以通过间接途径获得，只能在具体的职业实践中习得和发展。高校教师的劳动对象是大学生，师生间在年龄、经历、知识储存上的差异，导致他们对待人、事、物的态度截然不同。有些在教师眼中比较自然的事情，学生却常常难以理解。作为社会普通成员的高校教师常常被学生神圣化，他们不理解教师的任何失误，这些都容易产生教育情境中的难题。高校教师不要把积累实践智慧的期望寄托于理论学习，而要树立这样的理念：智慧的教师是“干”出来的，而不是“教”出来的。

3. 内省

我国古今伦理思想家们极为重视探索修身方法，相继提出内省、自讼、慎独、尚志、正心、寡欲、笃学、克己、力行、积善、学习等具体方法，其中，内省和慎独被视为中国传统道德修养中的精髓，是个体自我修养的两个彼此联系、相互作用、不可偏废的方法。高校教师在进行职业道德修养时，只有采用符合自身特点、行之有效的方法，才能获得良好的效果。

所谓内省是指道德主体对自身言谈举止进行立时回忆，检查是否合乎道德并及时给予改正。人贵有自知之明，内省于个体如“照镜子”，个体经常内省能及时清洁自身的思想灵魂，修正自我行为。古往今来，内省都是思想家们极力推崇的修身方法。曾子曰：“吾日三省吾身——为人谋而不忠乎？与朋友交而不信乎？传不习乎？”他每日必反思自身是否忠诚、讲信用、读书，以此提升道德修养境界。而苏格拉底和柏拉图对内省的信仰出自“一个没有检视的生命不值得活”“内省是做人的责任，没有内省能力的人不配做人，人只有透过自我内省才能实现美德与道德。”他们明示内省对于人之生存如呼吸般不可或缺。

内省实质上是一种有益的思维活动，它一方面对个体自身的正确行为予以肯定，不断积累经验；另一方面又找出与规范、要求不吻合的行为，给予自我批评和指正。高校教师可通过自我观察、自我监控、自我评价来进行内省，并可结合“反思笔记”的形式促使内省深刻化、生活化和习惯化。“就是从那个时候起，我才真正开始认真地反思自己的教学行为。虽然学校只要求我们每学期写十来篇反思笔记，可我几乎是每节课后都会想一下：今天这节课中有没有值得回味的、值得写下来的东西。现在想想，这是一种多么可贵的引领！我逐渐有了一种反思的意识，反思成为我的一种习惯，甚至是一种生活方式。”②

---

①王良范．良知之道——阳明禅与儒学修道养静工夫［J］．贵州大学学报（社会科学版），1997（3）：23-29．

②储冬生．关于教学反思的反思笔记［J］．吉林教育，2006（21）：55-56．

4. 慎独

“慎独”一词源自《礼记·中庸》中的“莫见（现）乎隐，莫显乎微。故君子慎其独也”①。意思是最隐蔽、显微的事情，最能显现出一个人的本质和灵魂，真正品德高尚的人在独处、无人监督时，也小心谨慎，不做不道德的事情。凡思想卓越的伟人领袖，都把“慎独”作为一种修养方法、道德信念。刘少奇同志在《论共产党员的修养》一书中指出共产党员应时刻保持着“慎独”的修养状态：“除了关心党和革命利益以外，没有个人的得失和忧愁，即使在他个人独立工作、无人监督、有做各种坏事的可能的时候，他也能够‘慎独’不做任何坏事。他的工作无论多少年后检查，都没有不合乎党的利益的事情。”而对于教师而言，“慎独”意味着教师不受时间、空间的变化而始终能够自觉地秉持职业道德规范和原则行事，从点滴小事情中严格要求自己，自重、自爱、自律，不做任何不道德的事情。

“慎独”贵在自觉，贵在坚持。当一个教师处于学校组织、教师集体和学生群体的监督之下时，往往都比较注重自己行为的影响。但是，当一个教师处于周围无人知晓其教师身份的环境中时，要做到为人师表，就必须有高度的“慎独”自觉性。教师在职业道德修养中要达到这一最高境界，应着重从以下两个方面下功夫：

第一，在坚定崇高职业道德信念上下功夫。教师只有牢固地树立了崇高的职业道德信念，才能在即使别人看不见、听不到的情况下，也仍然自觉地做到“非礼勿视，非礼勿听，非礼勿言，非礼勿动”②。

第二，在小事情上下功夫。常言说：“千里之堤，溃于蚁穴。”教师进行道德修养，一定要从小事做起，从小处起步，防微杜渐，做到“视思明，听思聪，色思温，貌思恭，言思忠，事思敬，疑思问，忿思难，见得思义”③。

最后，慎独是一种具体的修养方法，亦是修养的至高境界，它是高校教师长期持续修养的结果，教师在职业道德修养中应保持一颗恒心，方可提升其修养境界。

本章小结

“教师是太阳底下最光辉的职业。”教师是辛勤的园丁，是人类灵魂的工程师，他们最真实也最朴实。作为高校教师，不仅要承担为国家建设培养高级人才的任务，还要为社会主义物质文明和精神文明乃至人类社会的延续和发展做出贡献。教师教书育人的过程，就是使大学生获得知识和能力，树立正确的世界观和道德观的过程。在这个过程中，高校教师不仅要向大学生传授科学文化知识，而且要自觉担负起育

①《礼记·中庸》
②《论语·颜渊》
③《论语·季氏》

人的重任。加强高校教师职业道德修养的建设是一项长期的任务，必须持之以恒，常抓不懈。高校教师是高等学校的主导力量，高校教师职业道德修养的建设是高校教师队伍建设的根本和核心，高校教师队伍的职业道德修养水平将直接关系到全体学生的素质乃至整个民族的素质。在新时代加强高校教师职业道德修养建设，探索教师职业道德修养建设的新思路，既是新时代发展的要求，也是建设富强、民主、文明、和谐、美丽的社会主义现代化强国的必然要求。

思考与练习

1. 高校教师职业道德修养的含义和意义是什么？
2. 你认为高校教师应该具备什么样的道德修养境界？
3. 试论述新时代加强高校教师职业道德修养的意义。
4. 材料分析。

苏步青教授为中国数学教育和教育事业做出了卓越贡献，从教 50 多年，桃李满天下，许多学生也很有成就。早在 20 世纪 30 年代，苏步青在日本荣获理学博士，与同学陈建功相约，自愿来到新建的浙江大学数学系任教。当时系里只有 4 个教师，10 多个学生，图书资料奇缺，实验设备全无，经费无着落。他名为副教授，连续几个月没有拿到一分钱。但他毫不动摇，他与陈建功每人开四门课，外加辅导、改作业、编教材、搞科研。他利用暑期到日本去找资料，一个假期找回 20 万字。靠这种自觉的事业心和意志力，为社会培养人才。中华人民共和国成立后，他更是孜孜不倦，献身社会主义教育事业。

就高校教师师德修养的角度来看，你从苏步青的事迹中得到什么启示？

第九章

高校教师个体高尚人格的塑造

人是什么，他本身所具有的一些特质是什么，用一个词来说，就是人格。人格所具备的一切特质是人的幸福与快乐最根本和直接的影响因素。

——亚瑟·叔本华

要 论 提 示

- 了解认识为何人格魅力是一种由信念凝聚而成的蓬勃力量。
- 辨析人格的价值意义，积极承担人类灵魂工程师的神圣使命。
- 明晰如何在教育、生活实践中提高人格修养，增强修养境界。

著名教育实践家和教育理论家苏霍姆林斯基说：“教育是人和人心灵上最微妙的相互接触。”在这样“最微妙的相互接触”过程中，教育体现着其对心灵塑造的作用。也如，教育家乌申斯基所言：“在教育工作中，一切都应当以教师的人格为依据，因为教育力量只能从人格的活动的源泉中产生出来……”因此，在做教育工作时，不仅仅要注重科学策略，更要考虑到其艺术性。而所有关于教育的工作都是通过作为人类灵魂工程师的教师来完成，也就意味着，这份工作对教师自身的灵魂和人格提出了极高的要求——教师们自身的人格特质对学生们的心灵成长和人格形成具有不可忽视的影响力。

第一节　人格与人格魅力

“人之足传，在有德，不在有位。世所相信，在能行，不在能言。”人们争相传颂的人是因为他道德品质好，而不是因为他地位有多高。世上的人能够信任他是因为他言行一致办具体的实事，而不是因为他能说会道。清朝王永彬著的《围炉夜话》明示了人格对一个人安身立命的关键作用。

一、人格

什么是人格？

“人格”这个词最早出现在写于公元前1世纪的古罗马政治评论家西塞罗的著作中，其中有三个角度的评价影响最大：(1) 一个人给他人留下的印象；(2) 一个人的社会身份或角色；(3) 一个人的尊严和社会影响力。

换而言之，人格是一个人身上展示出来、区别于他人的特征。一方面，如亚里士多德所说，“人在本质上是社会性动物”，这是生而为人的共性；另一方面，以群居方式生活的人，又各有各的区别。因此，除了共同属性外，每一个人各自还具有专属的特点。

就两个人而言，比如虽然张三和李四都是人，但是在其他人眼里，张三是张三，李四是李四，一定不会随意忽略两个人之间的区别，弄成“张冠李戴”。再比如同样姓“张”名“謇”的两位历史名人：一位“张謇”是汉代杰出的外交家，他通过对丝绸之路的开拓，将中原文明传播至西域，又从西域诸国引进了汗血马、葡萄、苜蓿、石榴、胡麻等物种到中原，因此被誉为“第一个睁开眼睛看世界的中国人”；另一位“张謇”作为清末状元，主张“实业救国”而成为中国第一实业家，他一生创办了20多个企业，370多所学校，因此被称为“状元实业家”。正因为他们两位有着完全不一样的人生轨迹，即便是拥有一样的姓名“张謇”，也不会被后人当作同一个人对待。

两个人之间的区别固然表现在外貌、衣着等“外观”上，更重要的区别则表现在他们的气质、能力、兴趣和性格等“内饰”上。所谓的“江山易改本性难移”，便是用于形容“内饰”部分的稳定性。因为其有稳定性，所以可作为区别人与人的判断标准。这些“内饰”正是组成“人格”的一部分。

追本溯源，中文最开始没有“人格”这个词语，“人格”一词的诞生有一段漫长的演化过程：最开始是拉丁语“Persona”，后来衍生出英文“Person”，最后在此基础上发展出来的“Personality”被译者翻译为“人格”这词，引进到中文词汇中。

实际上，虽然古代中国没有直接对应“人格”的词语，但是有类似“人格”的词语——“人品”，同样是用于形容概括一个人的特质。常见的几大类评价包括：圣人、愚人、君子、小人等。其定义主要来源于宋代史学家司马光在《资治通鉴》中的一段著名“德才论”：“是故才德全尽谓之圣人，才德兼亡谓之愚人，德胜才谓之君子，才胜德谓之小人”①。

“选贤任能”是自古以来我国选拔人才出仕为官的重要标准之一，最优秀的当然是“德才兼备”，但是在不能够做到两全其美的时候，退而求其次，也要遴选“德行”优秀的人作为后备人才使用。

求贤以自辅

孔子对宓子贱说：“你治理单父，百姓们都喜欢你，是推行了什么政策才得到这样的效果，告诉我你是怎么做的吧。”宓子贱回答说：“我治理单父，使做父母的抚养他们的儿子，儿子又抚养众多孤儿，不论谁家有丧事，我都要表示哀悼。”孔子说：“好！但这是小的行为，平民亲附了，但还是很不够呢！”

宓子贱又说：“我待之如父的有三个人，待之如兄的有五个人，待之如朋友的有十一个人。”孔子听了说：“待之如父的三人，可以教人行孝；待之如兄的五人，可以教人敬爱兄长；待之如友的十一人，可以使人推举善良。这是中等的行为，中人

---

①《资治通鉴·周纪一》

之资的人信服了，但还是不够啊。”

宓子贱又说：“这里有五个人的才能超过了我，我侍奉他们并听从他们的调度，他们都会告诉我治理单父的方法。”孔子听后赞叹说：“原来你那大的操守是在这里啊！先前尧王与舜王治理天下，总是力求才德兼美的人出来辅助自己。才德兼美的人，那是百福的根源，是神灵的主宰呀！可惜啊，宓子贱管理的地方太小了啊！”

——选自《孔子家语・辩证第十四》

宓子贱治理单父，得到百姓的爱戴，夫子问其方法，子贱说了两方面，可夫子都认为不是真正的原因。等宓子贱说出自己任用贤明有道德的人时，夫子才赞叹说“其大者乃于此乎有矣”。这才是真正能治理好单父的原因啊！因为先前尧舜治理天下，总是力求才德兼美的人出来辅助自己。

贤者，是百福之宗，神明之主。

不仅是从政需要一个人拥有良好的德行，从事其他行业同样也需要这样的能力。有这么一则故事：一个年轻人去面试，突然一个衣着朴素的老者冲上来说：“我可找到你了，太感谢你了！上次在公园，就是你，就是你把我失足落水的女儿从湖里救上来的！”“先生，你肯定认错了！不是我救了你的女儿！”年轻人诚恳地说道。“是你，就是你，不会错的！”老人又一次肯定地说。年轻人只能做些无谓的解释：“真的不是我！你说的那个公园我至今还没有去过呢！”听了这句话，老人松开了手，失望地说：“难道我认错了？”后来，年轻人接到了任职通知书。有一天，他又遇到了那个老人，关切地与他打招呼，并询问道：“你的女儿的救命恩人找到了吗？”“没有，我一直没有找到他！”老人默默地走开了。年轻人心里很沉重，对同事说起了这件事。不料同事笑着说：“他可怜吗？他是我们公司的总裁，他女儿落水的故事讲了好多遍了，事实上他根本就没有女儿！”“什么？”年轻人大惑不解，同事接着说：“我们总裁就是通过这件事来选拔人才的，他说过人品过关的人才是可塑之才！”

纷繁复杂的世界，有太多所谓的沟通技巧、面试技巧等“捷径”不断地生产诱惑，但实际上，只有拥有良好德行的人才能真正掌握打动别人的秘方，只有拥有良好人品的人才能真正过上顶天立地的生活。“用一贤人则群贤毕至，见贤思齐就蔚然成风”，开展任何伟大事业，进行任何伟大转变，关键在人，在于团队。如此可见“人品”的重要性。

随着中西文化的传播与交融，“人格”一词逐渐演变融入中文语境，其释义不仅囊括了中文里的“人品”内涵，还具有了英文里的“Personality”内涵。综合发展的结果是，“人格”一词的定义逐渐清晰——个性，指一个人在社会生活中面对一系列复杂或简单的问题时，各项心理指数所呈现出的，一种相对稳定、持久的状态特征总和。正如著名历史学家、教育家傅斯年所说：“须知，人格不是一个空的名词，乃是一个积累的东西。积累人格，需要学问和思想的成分很多。”① “构成‘人格’所需要的数据总和是建立在一个人所拥有的生理基础之上，受到家庭教育、学校教育和社会教育等多方面影响，而逐渐形成的个人化气质、能力、兴趣和性格等心理特征总和。”②

二、人格魅力

那么，人格魅力是什么呢？

人格魅力是人的信仰、气质、品德、才智等汇聚而成的感召力量。

更详细地讲，人格魅力是指一个人的人格整体呈现，包括但不限于信仰、气质、品德、才智、能力、兴趣和性格等方面汇聚而成的极具吸引他人、影响他人、感召他人的力量。心理学家称之为冬天里的火把，夏日里的清风；管理学者言其为一呼百应的号召力，凝心聚力的吸引力，潜移默化的感染力。

1. 人格魅力是一种信念的力量

这种力量就像是阳光，可以让万物熠熠生辉；这种力量就像是水源，可以为生命提供滋养。拥有坚定信念的人，是作为团队灵魂人物的存在，是团队前进的方向和动力，能够带领团队在困惑中求得答案、在黑暗中寻找光明、在艰难中求取生机。15 世纪末，在茫茫大西洋上航行着一支船队，由于离海岸越来越远，又看不到着陆的希望，水手们开始沮丧、失望，有的甚至精神崩溃、跳海身亡，但船队首领哥伦布凭着对“地圆说”的坚强信念，鼓舞水手们继续前进，最终发现新大陆并成功返航。第一个发现新大陆的哥伦布在他的航海日记中记载了这样一段话：“或许一年两年，也许几个世纪，但它一定会漂到西班牙去，这是我的信念。”

2. 人格魅力是一种凝聚的力量

这种力量就像磁场，可以让无序变得整整齐齐；这种力量就像号角，可以让人精神抖擞。拥有强大凝聚力的人，能够极大地感染团队成员的情绪，使大家凝心聚力，形成一个有核心有目标的战斗集体。《五帝本纪》记载：“舜所居，一年成聚，二年成邑，三年成都”……“四海之内，咸戴帝舜之功。”通过这段文字，我们看到了舜帝强大的凝聚力。据史书记载，舜帝在部落当中的凝聚力，主要来源于其自身“以德报怨、恭谦礼让、助人为乐、诚实守信”的人格魅力。如果团队负责人仅仅凭借自己所处的职位和权力驭使下属去工作去完成任务，很难收到良好的效率和效果。反之，如果团队负责人以自身的学识、才能、品格所形成的人格，去吸引下属，使

---

①杨斌，陈国安．教出活泼泼的人：民国名家教育演讲录［M］．上海：华东师范大学出版社，2015：60.

②李亚男．教师的人格修炼［M］．长春：东北师范大学出版社，2010：1-34.

他们自发跟随，则能够激励大家主动工作，热爱工作。

3. 人格魅力是一种感召的力量

人无贵贱之分，但人格有高下之别。高尚的人格能让权力者信而有威，卑劣的人格会使权力者“威”而无信。研究人格与领导力科学的学者得出一个公式：领导魅力＝99％的个人影响力＋1％的权力，极言人格作用的重要性。领导者的人格魅力，是一种超然于权力之上的影响力。它蕴于内而显于外，是外在与内在的一致、才智与情愫的融合、行为与修身的统一。一个充满人格魅力的领导者，言之足以服人、召之足以率人、行之足以示人、德之足以化人。崇高的人格成就伟大的事业。

周恩来总理作为“民国时期最负盛名的四大美男”之一，受到全国人民的爱戴，真正诠释了“始于颜值，敬于才华，合于性格，久于人品，终于慈悲”这句话，也就才有“十里长街送总理”和“9·3胜利日大阅兵”时被广为传阅的那句话“开国大典的时候飞机不够，您说飞两遍，现在再也不需要飞两遍了，要多少有多少。这盛世，如你所愿吧，山河犹在，国泰民安。当年送你的十里长安街，如今已是十里繁荣”①。

被毛泽东评价为“嚼得菜根者，百事可做”的《菜根谭》里面写到：“处世让一步为高，退步即进步的张本；待人宽一分是福，利人实利己的根基。”同样，伟大的思想家、教育家孔子的弟子子夏评价孔子，如是说：“望之俨然，即之也温。”

具有人格魅力的人，就像一枚温润的美玉，让观者无不赞叹其令人神清气爽的风度。谦谦君子都是温润如玉的人。

三、从事教师职业的人格

人格是通过个体在日常生活中、社会交往中表现出来的，但人格不仅仅是独立于个体的存在，它更是一个人的社会属性的集中体现。相应地，人格会因为个体所处的社会环境，所从事的社会工作而产生不同，会带有明显的职业烙印，也就造就出从事不同职业的人拥有不同的人格特质和人格魅力表现方式。

正如习近平总书记在2018年全国教育大会上所发表的重要讲话提到的，“教师是人类灵魂的工程师，是人类文明的传承者，承载着传播知识、传播思想、传播真理，塑造灵魂、塑造生命、塑造新人的时代重任”，“学高为师，身正为范”，“教书育人，为人师表”②，这些都是对教师这一职业特性的概括，同时也是要求，更是教师人格的精华体现。

《尚书》中，“天降下民，作之君，作之师”，也就是说，上天降生平民百姓，同

①周顾北的周，于2015年9月3日发表在新浪微博个人账号

②坚持中国特色社会主义教育发展道路 培养德智体美劳全面发展的社会主义建设者和接班人［N］．人民日报，2018-09-11（01）.

时还为他们安排了君主，安排了老师，如此一来，将君、师两者并列起来。“天、地、君、亲、师”，正如荀况概括的序列，更是凸显了教师的社会地位。正因为教师作为职业而言有着极为崇高的地位，因此社会对从事这份职业的人也提出了高于其他人的要求。概括起来，“德、识、才、学”相互融合、互相渗透是构成教师人格的基本元素。

1. 德是一个人的世界观、人生观、价值观和政治立场、道德品质的综合概括

任何时代、任何国家、任何社会、任何学校，都要求教师具有高尚的道德品质。正如在五四青年节和北京大学建校120周年校庆日即将来临之际，中共中央总书记、国家主席、中央军委主席习近平来到北京大学考察时所强调的，高校要牢牢抓住培养社会主义建设者和接班人这个根本任务，坚持办学正确政治方向，建设高素质教师队伍，形成高水平人才培养体系，努力建设中国特色世界一流大学。高素质的教师队伍应该具有的德行包括以下内容：首先，要无限热爱教育工作，甘愿把自己的聪明才智毫无保留地贡献给太阳底下最光辉的事业，全身心地投入到教育工作中去；其次，要对培养社会主义建设者和接班人这一教育事业有深刻的理解；第三，要作风正派，宽以待人，严以律己，不计名利，一身正气，心胸坦荡。

2. 识是指一个人在自己所从事的职业领域中，能够有通观全局、分清主次、把握本质的能力，以及根据所了解的道德全局形势和事物的发展趋势做出正确的决策和目标选择的能力

以识世的头脑和识才的慧眼，给予学生最先进最科学的价值导向，挖掘学生身上潜在待开发的特长。身处信息时代，面对“知识大爆炸”，针对新时代学生的特性，教师更是要及时调整教学教育的表达方式，了解当代青年的思想文化特征，从而更好地达到教学目的、实现教育效果。

3. 才是指人们在认识世界和改造世界的过程中，对知识的活化和运用能力

德才兼备，德是根基，最根本的东西；才是成果，最后展示的东西。作为一名教师，首先要有表达能力，其次要有写作能力，第三就是要有统率能力。成为能够出口成章、有理有据，下笔成文、逻辑严谨的好教师，应该是每一个从事这项职业的人所追求的目标。

4. 学是指学习、学问、学识，是教师职业权威的象征

衡量一名教师是否合格，“学问”是最为要紧的事情。学海无涯苦作舟，知识是无止境的汪洋大海，而教师则应该是在知识海洋中，无论遭遇何种困境都永不放弃穿梭的旅人。特别是对自己所从事的专业，要不断地更新内容，跟上时代的变化，对本领域的最新成果与发展方向做及时了解。除开专业知识，还应适当学习和了解教育学、心理学等相关知识，并在教学实践中积极运用。

这些都是教师的人格魅力的体现方面。

第二节　高校教师人格的价值辨析

对于从教为师者而言，人格魅力就是能够让学生自发产生“亲其师信其道”的软实力。

著名教育家乌申斯基在谈及人格魅力对于教师职业发展的重要性时强调，在开展有效教育过程中，一切都应该建立在教师各自人格的基础之上。因为只有鲜活生动的教师人格作为教育的源泉，才能够真正体现出教育对人能够产生的启发作用。同时，乌申斯基还强调，如果教师不能够对学生起到直接的具体的人格方面影响，那么就不可能开展实施真正深入性格、心性的教育工作。正如北京大学前校长蔡元培所言：“教育是帮助被教育的人，给他能发展自己的能力，完成他的人格。”因此，不难看出，教师的人格是从事教师这一行业最重要的本质特征之一。

一、“名”与“分”的统一

教育家陶行知说：“欲载岳岳千仞之气概，必先具谡谡松风之德操；欲运落落雪鹤之精神，必先养皑皑冰雪之心志。”

敬业，是教师对教育事业和教师职业的性质、任务、社会地位和作用有正确的认识和积极的态度。这是确定教师责任感的前提。这更是“名”与“分”之间应有的关系。社会主义的人民教师，应该做到陶行知先生所要求的那样“站岗位”“知责任，负责任”。教师是文化知识的传播者，精神文明的建设者，党的教育方针的执行者，这份职业责任就是教书育人。

诚然，教书育人工作的“分”看起来十分平淡无奇：备课、上课、批改作业、答疑解惑，如果身为辅导员，还有找学生谈心谈话、组织班级活动、关心学生身心健康、考试成绩、就业去向……天天如此、月月如此、年年如此，没有任何可以拿出来说的轰轰烈烈的大场面，或者是惊天动地的壮举。但是，正是这样平凡而琐碎的劳动展现着这个社会最优秀的品质，也让从事教师职业的人感受到整个人生中最美好的幸福。

高校教师只有对教育工作有了正确的认识，才能确立乐于为人民教育事业而献身的职业信念，这种职业信念是确立教师责任心的内在条件，是统一“名”与“分”的关键，也是教师愿意为教育事业献身的一种精神支柱。也只有解决了“名”与“分”的问题，才能够树立起敬业、乐业的思想意识，才能够从看似日复一日的工作中感受到快乐与满足。

二、与社会发展相一致

人格不仅是文化在个体身上的凝结，更是时代精神对个体的关照。新世纪需要高素质的人才，新时代呼唤健康的人格。现代教师需要顺应时代发展的潮流，符合社会发展的方向，拥有健康完整的人格。

美国学者英格尔斯在《人的现代化》一书中写到：“一个国家，只有当它的人民是现代人，它的国民从心理和行为上都转变为现代的人格，它的现代政治、经济和文化管理机构中的工作人员都获得了与某种现代化发展相适应的现代性国家。”“当今任何一个国家，如果它的国民不经历这种心理上和人格上向现代性的转变，仅仅依赖外国的援助、先进技术和民主制度的引进，就不能成功地使其从一个落后的国家跨入自身拥有持续发展能力的现代化国家的行列。”①

人的现代化是社会现代化必不可少的因素，并且是社会现代化发展和成功的先决条件。对此法国“现代化理论之父”让·莫内有句名言：“现代化要先化人而后化物。”也就是说，现代化的实质就是人的现代化。现代化进程和精神文明建设的发展最终所要求的是人的素质的提高和人格的完善，这种完善和提高是现代化和精神文明建设获得更大进步的先决条件和根本途径。马克思主义认为，人的全面发展与社会经济发展是互动的关系，两者密不可分，是认识各种经济关系和社会关系的直接组织者和承担者。因此，现代化必须贯彻人的原则，并建立在人的全面而充分发展的基础之上。在现代社会发展中，随着生产力的不断智能化，人的素质在社会系统中的主体性、主导性和决定性的作用日益明显。

健康人格是相对于病态人格而言的，它介于一般人格和理想人格之间，就是在思想观念、道德品质和行为方式上与中国特色的社会主义现代化建设相适应的人格，是有理想、有道德、有文化、有纪律的，集进取性、创造性和协调性于一体的有中国特色的社会主义新型人格。高校大学生正开始学习“如何在社会生活中生存”，需要经历信仰、道德、价值取向、职业技能、知识能力等多方面的磨炼，换句话说，这就是人格的社会化。高校教师正担负着在人格塑造的“黄金时期”积极影响学生人格的重任。

而时代呼唤着现代健康人格的形成，无论是民族，还是个人，只有选择符合社会发展方向、适应时代需要的人格模式，才能经受住现实的挑战和考验，才能肩负

---

①殷陆君．人的现代化——心理·思想·态度·行为［M］．成都：四川人民出版社，1985．

起社会主义现代化建设的宏伟大业，才能有中华民族的美好未来和个人的绚丽人生。

三、“经师”和“人师”

《资治通鉴》里面有一句耐人寻味的话：“经师（古代中国，在私塾、学堂教授四书五经知识的人被称为经师）易得，人师难求。”我国著名的无产阶级教育家，也是毛泽东的老师徐特立先生在谈到教师的人格问题时，曾提出：“教师是有两种人格的，一种是‘经师’（针对那些教授科学知识的教师，出于方便记忆，一直沿用这个称呼），一种是‘人师’，人师就是教行为习惯，就是怎么样做人的问题。经师是教学目的，就是说，除了教授学问以外，学生的品质、学生的作风、学生的生活、学生的习惯，他是不管的，人师则是这些东西他都管。我们的教学是要采取经师和人师合一的，每个教授科学知识的人，他就是一个模范人物，同时也是一个有学问的人”①。

经师是教学问，人师是教行为。

经师者，有着广博精深的专业知识。近代著名学者胡适先生对做学问中的“精与博”曾做过一番精辟的阐述：“精深到要几乎唯我独尊，无人能及，在某个专业知识领域里有一览众山小的孤独感；广博到在这个专业领域几乎无所不知的程度。”确实，这个要求对于教书育人的教师群体而言略显苛刻，但这种治学态度和精神是所有教师，特别是高校教师需要铭记和学习的。

人师是教师人格中最高的境界，不但教书，而且育人，用自身高尚的人格塑造学生的人格，对学生心灵的健康成长有着深刻且久远的影响。

人师本身就是一部包罗万象、丰富多彩、活的教科书，因此，人师的能力远远超越了刻板教材所能包含的境界，也因此能够为学生提供远比教材多得多的知识。由于人师总是从学生的角度考虑问题，同时人师能够在教学实践活动中，用自己高尚的思想品格熏陶感染学生的思想品格，用自己的智慧启迪学生的心智，用自己的情感感染学生的情感，用自己的意志激励学生的意志，用自己的个性影响学生的个性，用自己的灵魂锻造学生的灵魂，用自己的人格塑造学生的人格。

人师的教学已经进入非常高的境界——不教之教。我国老一辈的教育大家叶圣陶先生曾倡导：“凡为教，目的在于达到不需要教。”不教之教就其内容而言，教的不仅限于书本里现成、一成不变的事实知识，更是有无法具象化、文字化呈现在书本上的一种人生智慧。对于一个人的一生而言，科学化的知识可以随用随学，但是人生的智慧是一种经历过、见证过的心灵彻悟，是一种有美感、有体验的豁然洞见，一旦开始了解、掌握、获得人生智慧，那么学生对他将要面对的人生和未知的挑战，会产生一种全新的感受和深层的把握，对生命的理解也将抵达更崇高的境界。

---

①中央教育科学研究所．徐特立教育文集［M］．北京：人民教育出版社，1979：204-205．

人师的学识、智慧、人格像花的芬芳，清香四溢，像酒的醇香，绵长悠久。在我国优秀传统文化中，历来强调以德取人、以德服人。而人师便能够兼备教育实践家与教育理论家双重角色的优秀素质。作为实践者，人师躬行、践行，活跃在教育改革试验田的第一线，对过往的教育教学经验不断反思、改进，进行创造性变革，能够不断突破自我、超越自我。作为理论家，人师思想深刻、勤奋耕耘、著书立说，从感性到理性、从量变到质变。

已故清华大学校长梅贻琦有一句名言："大学者，非谓有大楼之谓也，有大师之谓也。"大师即人师，如今校园里面的硬件设施齐全完备、高楼大厦漂亮壮观，也就因此需要更多更卓越的人师、名师、大师。

四、处理好职业人格定位与个体现实人格的价值观冲突

著名学者吴祖光说："支撑一个人生活和劳动的最重要的东西，是美，是爱，是精神。"

教师的职业人格定位不同于其他一般职业，由于其职业的特殊性，因此教师这个职业对从事相应工作的人所应具备的人格提出了更高的道德要求。

教师人格是教师因其特殊的社会角色而具有的人格，教师人格与教师职业、教师的社会地位、教师所处的社会环境密切相关。教师的职业是教育和培养人，相对于工作对象——受教育者而言，教师是一个指导者、培养者，这就决定了教师必须具有良好的道德品质和深厚的知识教养，能够高效率地组织教学、语言形象富有魅力等，也就是教师必须具有高尚的教师人格。

教师这份职业在道德各方面所表现出来的特殊性主要表现在三个方面：首先，对于教师群体，特别是高校教师，"道德之师"和"学问之师"需要相互统一；其次，课堂上、职业内的"言传"与课堂下、职业外的"身教"需要相互配合；最后，针对教师个人的成长与发展，"德之自修"和"德之助修"需要相互协调。

这些特殊性都全面且深刻地说明了教师职业在道德要求上的特殊性，更重要的是，这种特殊性也必然决定了——如果想要成为一名优秀的教师，那么，就必须具有优良的个体人格。如若能够做到"职业人格"与"现实人格"的合二为一，必然是最好最佳的选择。

然而，这只是最理想的状况，大部分的人很难达到这样的境界。如果无法实现"现实人格"与"职业人格"合二为一的客观要求，在工作、生活中，必然会遇到教师职业的人格定位与教师现实的人格定位之间的冲突。

如何应对这样的局面，才是真正需要每一位教师去思考的核心问题。

首先，要承认这种问题的存在与不可避免性，也就是要求教师群体不能"以现实性为借口，替自己的弱点辩护"。正视自己的现实人格定位与教师的职业人格定位之间的差距与区别，积极端正自己的态度，认真审视二者之间存在的问题，选择勇

敢地直面问题而不是一味地假装看不见或者逃避。

其次，要深刻理解“教师”这份职业所代表的责任与义务，也就是要求每一位选择从事教师职业的人都清楚地意识到——无论是这个职业选择了我，还是我选择了这个职业，都应该无愧于“教师”这个称号，都应该让它成为太阳底下最光辉的职业。在人格方面提高对自我的要求，向榜样看齐、向先进学习、向优秀前进，鼓励自己要不断努力，同时要坚信自己能够通过不断努力，最终实现“现实人格”与“职业人格”两者的和谐统一。

此外，通过建立科学的职业幸福观，摒弃不合理的“谋生手段”职业价值观，树立以追求个人价值的“生活方式”职业价值观，注重专业发展，积极进行“恢复体验”，从而提升职业幸福感，也能够帮助“职业人格”与“现实人格”的协调发展。

首先，树立“生活方式”职业价值观。“谋生手段”职业价值观的存在是高校教师职业幸福感缺失的内部根源。以“培养人才”为根本目的的工作特性，决定了“谋生手段”绝不是高校教师职业意义的全部。要成为幸福教育的高校教师，教育不是重复而是创造，不是牺牲而是享受，不是“谋生手段”而是生活的一部分。高校教师可以从树立“生活方式”职业价值观入手，在该种价值观下，再去坚定地认同教师职业及与这一职业相关联的生活方式，它能够给高校教师提供强大的精神力量，引导高校教师将自身生命的力量集中到教育理想的追求之中，克服职业倦怠感和重新激活职业幸福感，从而更多地体味到其职业生活内在的尊严和快乐。

其次，增强自身专业发展。教师的专业发展是实现教师职业幸福感的有效途径，教师可以把自身职业幸福的实现置于专业成长的视域之内。如果一个教师的专业知识储备扎实，在工作中就会胸有成竹、游刃有余地处理好工作中的具体问题。反之，如果知识储备少，专业水平低，就很难胜任本职工作，导致在工作中时常感到挫败，职业幸福感就无从谈起。教师专业发展的路径是多元的，培养与培训是教师专业发展的外生力量，而教师自身的提升则是一种最具活力的内在源泉。高校教师可以利用一切途径，努力钻研业务，不断地学习，不懈地探索，发现教育之美，激发工作热情，在研究中提高自己的专业水平，不断创新与思考，得到成功的幸福和喜悦，使自己因工作而充实美丽，更因工作而幸福美满。

最后，提升“恢复体验”意识。恢复体验是从职业应激中恢复的心理过程，主要包含放松体验、心理脱离、掌握体验与控制体验等，这些体验有助于提升从事这份职业的人获得职业幸福感和工作绩效。虽然人们选择的恢复活动受个人兴趣爱好、人格特点、身体状况等因素的影响而存在个体差异，但是实现恢复的心理过程是大致相同的。健康的身心是获得幸福感的基本前提。但沉浸于科学研究的高校教师往往会忽视身体的健康，尤其忽视因沉重的负担而导致的巨大压力的心理恢复。因此，教师可以主动通过各种途径（如：积极参加学校工会组织的跑步、游泳、打乒乓球等集体活动）提升恢复体验意识，意识到在紧张的工作之余，需要尽可能抽出时间参与活动，强健身体，缓解心理紧张和压力，提高心理承受能力，在活动中充分体味健康的快乐与和谐的领导同事关系，提升职业幸福感。

第三节　高校教师高尚人格的力量与锤炼

2016年12月，习近平总书记在全国高校思想政治工作会议上强调："教师是人类灵魂的工程师，承担着神圣使命。传道者自己首先要明道、信道。高校教师要坚持教育者先受教育，努力成为先进思想文化的传播者、党执政的坚定支持者，更好担起学生健康成长指导者和引路人的责任。要加强师德师风建设，坚持教书和育人相统一，坚持言传和身教相统一，坚持潜心问道和关注社会相统一，坚持学术自由和学术规范相统一，引导广大教师以德立身、以德立学、以德施教。"由此可见，成为一名政治坚定、思想过硬、知识渊博、品格高尚、精于教书、勤于育人的教师，应是从教者共同的追求。

一、教师人格的作用与价值

在千百年的人类社会进化发展历程中，教师作为精神文明的先驱与开拓者，始终承担着传播知识、传承文明、传衍学术的光荣使命，也始终发挥着开启民智、培育人才、继往开来的重要作用。从事教师这一职业的人，为着文明的繁荣、技术的革新、科学的进步、社会的发展做出了卓越的贡献，为着扫除愚昧、摆脱落后、改良风俗、培育人才做出了不朽的功勋。而教师的人格在这里面起着重要作用，具体指教师人格对学生成长的教育作用，对教育过程的调节作用，对社会的影响作用。

1. 教师的人格是学生成长的重要保证

教师的使命，就是挖掘学生的潜力，引导学生的人格向着"德智体美劳"健康、全面发展的方向前进。捷克教育家夸美纽斯指出："教师的职务是用自己做榜样教育学生。"教师的人格就像一面镜子，学生可以从中认识到什么是善、什么是恶、什么是美、什么是丑、什么是高尚、什么是卑劣、什么是应当做的、什么是不应当做的。教师通过"身教"来印证平日里的"言传"，是对学生而言最有说服力和感染力的教育方式，可以更加有力地推动学生在人格塑造中，由"知"向"行"转变，成为"知行合一"的人。

教书育人是教师和学生双边互动的过程。在这个过程中，教师不仅需要把自己掌握的知识传授给学生，提高学生的智力和能力，同时还要将自己符合社会要求的思想品德转化为学生个人的思想品德和行为，培养学生拥有高尚的道德品质。

由于社会的发展和开放，物质生活的不断提高，当代青年学生在成长过程中，接触到更多样、更多元的外部世界，思想也更加活跃，也就更需要教师在与学生相处时，摸准学生当下的思想脉搏，通过课堂教学，把传授科学文化知识与进行思想品德教育结合起来，通过日常交流，把解决学习生活的实际问题与进行思想品德教育结合起来，通过自身人格，把最直观的示范展现在学生面前。

教师的行为作风、处事方法，乃至气质、性格、习惯，都将通过以上这些方式，穿过学生的眼睛，在他们的心底留下最深刻的印象，对他们的精神世界进行无声无息的熏陶与感染。教师高尚的人格，就好比丝丝春雨，“随风潜入夜，润物细无声”，悄然地影响着学生人格的塑造，而这种“耳濡目染”“潜移默化”的影响效果远比长篇大论、苦口婆心的说教有用、有效果。

正如苏联教育家苏霍姆林斯基所言，教师“不但是自己学科的教员，而且是学生的教育者，生活的导师和道德的引路人”。

2. 教师的人格是教育成功的基本条件

构成教育教学过程的要素是多方面的，教师、学生、教材是构成教学过程的基本要素，而教师是教学活动的领导者，在教学活动中起主导作用。在教学这一双边参与的互动活动中，无论是课堂教学还是课外交流沟通等活动，教什么、学什么、如何教、如何学，以及学生在学习过程中要解决什么样的问题、达到什么样的要求、实现什么样的目标，都取决于教师的引导与指导。

教师的高尚人格有利于调节教师个人与教育事业、教师职业之间的关系，也有利于调节教师与学生之间的关系，促进师生关系和谐、融洽，而教师和学生之间的关系，正如前文所言，是教育关系最为基本的人际交往。

著名教育家徐特立曾经说：“师生的相互关系，首先就要谈教师的人格问题，因为教师是领导者，所以不能不谈教师的人格。”教育家凯洛夫也认为，教师的人格品质可以决定师生的良好关系建立。教师和学生良好、融洽的关系是在教师与学生的长期交往中建立起来的，这其中教师自身的人格品格发挥着重大影响。鲁迅与其日本老师藤野先生的师生情谊被广为传颂。分别多年之后，鲁迅依然无不动情地怀念说：“我总还时不时记起他，在我所认为我师的人之中，他是最使我感激，给我鼓励的一个……他的性格，在我的眼里和心里是伟大的，虽然他的姓名并不为许多人知道。”藤野先生一生没有惊天动地的英雄伟业，也没有独树一帜的教学创造，但是他以正直、朴素、严谨、刻苦为表征的人格，在青年学生鲁迅的心灵上留下了不可磨灭的印记。

此外，教师人格也有利于调节教育过程中的其他人际关系，比如与同事之间的关系、与行政人员之间的关系、与社会各界人士之间的关系……教师的人格对处理好教育过程中的各种人与人之间的关系起着关键作用，是教育过程得以顺利开展的重要保障之一。

3. 教师的人格是社会进步的价值尺度

教师的职业人格，不仅表现在学校教育过程中对学生的人格塑造、影响，更可以直接或间接地影响社会风气，促进社会的精神文明建设。甚至可以说，教师不仅是学生人格的教育启蒙者和设计者，同时更是社会风气的促进者。

除去前文所提，教师的人格通过学生对社会产生影响之外，教师自身也会通过直接参与社会活动而影响社会。“人才培养、科学研究、社会服务、文化传承与创新、国际交流合作”这五大高校基本职能的实现都要依靠教师群体的力量。特别是在当前教育必须面向社会主义现代化，在实施科教兴国战略和人才强国战略的过程中，教师与社会各方面的接触与协作也就越发密切。久而久之，教师或拿起笔著书立说，针对社会热点发表评论、引导舆论走向；或走上台前，开设讲座、科普宣传、电视辩论；再或者积极参政议政、建言献策等。在各种社会活动中，教师的高尚人格均有利于促进社会环境的改造，促进形成积极向上的社会风气。

二、高校教师的人格要求

“学高为师，身正为范。”这是对教师职业特征及其专业特征的概括，也是对当代高校教师人格塑造的要求。

1. 对高校教师的人格塑造提出了民族性要求

人格是个体对所处文化背景进行选择之后自我塑造的结果。上下五千年的中华文明人本思想源远流长、连绵不绝，有着极强的生命力，其中一个重要原因便是我们有着一以贯之的文化传承。中国传统文化强调天地之间人为贵，以人为本，强调人的价值、道德上的自觉、以德立人、坚持独立自主的人格特性。所谓“匹夫不可夺其志”就是强调人格意志的独立性。此外，中国传统文化在强调针对个人能力的“修身”时，同时强调“齐家治国平天下”，在很大程度上，整个社会是将“人、家、国”作为整体认知来对待。中华民族在人格养育上的传统就是“学习如何做人”——“正人”和“行理”两者是统一的。并且，这一切又成为中华民族评价个人、集体、国家之间关系的准则，这样的准则于诞生之日算起，已经延续了几千年，早已融入社会血脉之中。

在由传统社会向现代社会转型的过程中，教育的功能日益凸显出来。在全球化的今天，随着国际交往的频率逐渐增加，教育作为一种文化财富、文化资本，必然随着这样的趋势加入国际交流之中。在我国崛起的过程中，多元文化进入国门，走进大众视野，特别是走进青年学生的内心，文化向来都有着育人化人的作用，在这个过程中教育辅助文化，为其所携带的态度、观点服务。这意味着，高校教师需要成为一名热爱祖国、认同中华民族文化，能够汲取中华民族优秀的传统文化，在课堂内外自觉承担传承和弘扬民族精神的重任。

2. 对高校教师的人格塑造提出了民主性要求

在中国传统社会文化体系中，“一日为师，终身为父”，因而要求教师具有父辈化的人格特征，不苟言笑、威严呆板成了传统教书先生在学生面前的固有形象，一部分教师依靠这种强行伪装出来的“伟岸”形象建立威信，其结果往往是使学生成为唯唯诺诺的“小奴才”“小奴隶”。而这样的师生关系无法适应21世纪的社会发展。一方面随着科学技术的不断创新，人们要获取知识的途径远不止课堂一种途径，通过网络检索、图书馆查阅等多渠道，青年学生作为网络“原住民”，有时候甚至比授课老师了解得更多更深入；另一方面现代教育的要求是培养创造性新型人才，最大限度调动学生的主观能动性，激发他们的创造能力，也需要摒弃“填鸭式”单方面输入的教学方式。因此，上文所提传统的师生关系显然对于开展现代化的教育极为不利，甚至会对建立良好的师生关系起副作用。因而，现在高校教师需要努力构建以民主为核心的开放式师生关系，尊重每一位学生独特的人格，营造平等、和睦、合作式的师生交往氛围。同时，善于接受新事物，不夜郎自大、故步自封，与青年学生一道不断成长。

实行教学民主，强调师生关系和谐，倡导师生互相尊重，已是世界各国教育实践带有规律性的潮流。在学生个体意识日益觉醒的当代，教师的民主意识尤为重要。民主就像一座搭在师生心灵之间的桥，民主程度越高，这座连通心灵的桥就越坚固、越宽阔。教师不仅要热爱学生、热爱教育事业，更要尊重学生的独立人格，充分发现、调动学生的个性，承认学生的个体差异，采取适应学生心理特点的教学方法进行教育。

3. 对高校教师的人格塑造提出了职业性要求

教师的人格主体由以下几项因素构成：超群的智慧与理性的自觉、高度的社会责任感与坚持不懈的努力、爱憎分明的情感与稳定持续的情绪、审美的敏锐与共情的感悟——智慧理性的自觉、道德情怀的高尚、情感体验的丰富、意志品格的坚韧、对美的执着追求，这几方面互相协调、互相促进形成一个和谐互动的有机整体。

职业化的人格要求也就意味着教师专业化的发展趋势，意味着教师必须有更高的自我成长要求。在教师专业化快速发展的今天，教师的人格水平逐渐成为关键点——无论是教育责任的实现、教师知识水平的丰富，还是教师教育教学技能的掌握与发展，关键还在于教师自己，依赖于个体教师的人格秉性。

中国特色社会主义新时代的教育，将是更加重视基础学科的教育、重视素质提高的教育、重视创新能力的教育，因此，对教师的人格素质要求也需要放置在时代大背景之中，以时代精神为主体，围绕以学术性、示范性、人文关怀为内涵的文化修养，围绕以开拓创新能力为核心的能力结构，围绕以心理健康为标志的身心素质，对教师的人格提出了“政治坚定、思想过硬、知识渊博、品格高尚、精于教书、勤于育人”的要求。大学教师对学生承担着传授知识、培养能力、塑造正确人生观的职责。教师要成为大先生，做学生为学、为事、为人的示范，促进学生成长为全面发展的人。要研究真问题，着眼世界学术前沿和国家重大需求，致力于解决实际问题，善于学习新知识、新技术、新理论。要坚定信念，始终同党和人民站在一起，自觉做中国特色社会主义的坚定信仰者和忠实实践者。①

三、如何锤炼教师的人格

教师的人格是需要在不断重复的教育实践中才能够逐步形成、不断深化的，因此，教师修炼人格是一个非常复杂且艰难的自我教育过程。特别是随着时代的发展与进步，教师的人格塑造过程成了有目的、有选择的职业化社会人格和追求内心体验与感受的个体化独立人格相互融合、互相影响直至统一的过程。因此，教师的人格塑造过程不仅仅会受到外部环境因素的影响，更关键的还受到个体在从事教师职业时所经历的心理活动的影响，唯有将认知、情感、意志、行为等因素协调统一，才能实现教师的人格境界的升华，迈向真善美统一的人生境界。

在中国特色社会主义办学方向的大前提下，我国现代教师的人格塑造可以采用以下一些途径和方法。

1. 强化教师的职业意识，挖掘塑造相应人格的动力

教师的职业意识是指教师对自己的教师身份，对自己在社会生活中的地位和作用，以及对自己的言谈举止在学生中产生影响的认识。一般而言，每名教师都会有这种意识，只不过有程度的差别罢了。对高校教师来说，唯有不断强化教师职业意识，才有助于发掘塑造动力和进行有效的自我监督。

首先，要强化“我是人民教师”的意识。教师是负有神圣职责的崇高职业，需要时刻不忘自己是一名“为人民服务”的“人民教师”，这种意识的诞生是基于对教师职业所具备的神圣性的深刻理解，能够促使教师迸发出一种强烈的自豪感和责任感。

其次，要意识到言谈举止对学生的影响。特别是在大学本科期间，高校教师对学生的“三观”树立起着关键性作用。正如苏联教育家加里宁所说：“教师的世界观，他的品行、他的生活、他对每一现象的态度都这样或那样地影响着全体学生。但还不仅如此，可以大胆地说，如果教师很有威信，那么这个教师的影响就在某些学生身上永久留下痕迹。”

最后，要根据个性的特点培养特征人格。通常情况下，在评价一个人对一群人

---

① 《人民日报》2021 年 4 月 20 日，第 1 版。

很有影响力时，会用“很有人格魅力”来对其进行描述。就个体教师而言，每个人的个性特征、心理状况、人格特性都各有不同，彼此千差万别，但教师作为一个职业的集体在社会大众心中存在一个集体画像、一个集体人格。因此，客观上要求教师必须参照“好教师”的人格特征，并结合自身人格特征等实际情况，敏锐地进行自我控制与自我调节。

2. 学习最新的理论成果，明晰人格塑造的方向

首先，要学习中国特色社会主义教育发展方向的要求。培养什么人，是教育的首要问题。我国是中国共产党领导的社会主义国家，这就决定了高校教师的教育必须把培养社会主义建设者和接班人作为根本任务，培养一代又一代拥护中国共产党领导和社会主义制度、立志为中国特色社会主义奋斗终生的有用人才。

其次，要学习和掌握最先进的现代教师人格理论。现代教师人格理论从中国特色社会主义教育事业的根本利益出发，明确地回答了教师个人利益与社会、集体利益的关系，论证了教师人格形成和发展的规律，阐明了教师人格发展的趋势和新境界。因此，开展对这方面的理论知识的认真学习，有利于促使教师形成更加具有自觉、自发意识的提升动力。

最后，要学习先进、优秀的教师榜样。在教师的人格塑造过程中，从书本中寻求答案与标准只是最基础的一方面，更重要的还是要从更优秀的教师榜样身上观摩学习。优秀的教师榜样展示着更加先进的教学技术，更是教师人格理论的具象化表现，能够帮助广大教师更直观地了解什么样的教师才是优秀的。

3. 积极投身教育实践环节，在不断感受中积累经验

首先，教师人格塑造不能脱离教学实践。事实表明，教师只有投身于教学实践之中，才能与人、与社会发生关系，了解人与人之间的各种相互关系，才能不断积累情感体验，才能促使教师把书本上的理论知识转化为内心深处的真实情感，并形成具有稳定倾向的职业行为习惯。

其次，教育实践是检验教师人格塑造的唯一标准。“实践出真知”，虽然教师人格塑造的要求和方法都相对明晰，但在付诸行动和实践时，远比想象要复杂。因此教师人格塑造不能离开实践，一旦离开不仅会失去现实基础，成为无源之水和无本之木，更会因此失去了解学生精神世界、深入学生内心世界的唯一通道。

4. 多样化自我激励手段，加速推动教师完善人格

自我激励，是需要建立在教师对自我有一定认识的基础之上，通过不断鼓励自己向着更优秀的教师榜样方向前进而努力的过程。自我激励的作用和目的就在于激发教师自身内动力，进行德行、修养、才学、气度等多方面的提升，而内动力是能够为教师提供提升其所需要的磨砺自身锐气、克服各类阻力的意志力。

首先，目标激励。在认识和改造客观世界、主观世界的漫漫征途中，没有人是不需要奋斗目标的。当奋斗目标成为一种职业理想时，它也就成为对于从事这项职业的人群，在黑夜中能够照亮前行道路的火炬，在沙漠中能够浇灌生命希望的绿洲，在深海中能够指明停泊港口的灯塔。从事高等教育的教师，要以培养“德智体美”全面发展、立志为中国特色社会主义奋斗终生的有用人才为目标，为骄傲。

其次，反思激励。在教学实践过程中，教师往往会遇到很多困难、许多障碍，甚至会遇到一些人的不理解。但是“小泥鳅掀不起大浪，小花蛇吞不了大象”，即使工作中有小插曲，但是主旋律依然是一曲《欢乐颂》。教师一方面需要从失落中总结经验教训，另一方面不能因为小失落而灰心丧气、意志消沉，因为“如果你因错过太阳而流泪，那么你也将错过群星”（泰戈尔）。

最后，对比激励。“三人行，必有我师。”通过与优秀的教师榜样对比，从中了解自身的不足；同时通过与身边的教师对比，从中了解自身的特长，而后在保持自身特色的前提条件下，针对性地制订提高方案。

应当承认，人格作为一种文化在个体身上的积淀，是有其共性的。现代教师人格的共性就是坚持社会主义办学方向，遵循教育规律努力从教的新型教师人格。但这只是教师人格的共性，并不排斥教师人格的个性，更不意味着广大教师在具体人格特性方面都要千人一面、众口一声。相反，每个教师的人格都应当有自己鲜明的个性。正如世界上没有完全相同的两片树叶一样，“每一个人就是一个世界”（德国诗人海涅），每一位教师都有自己独立的兴趣、爱好、教学实践风格，也同时都具有从事教师职业所必需的职业人格。

因此，只有坚持共性和个性的统一，也就是不能搞唯心主义和形式主义，坚持辩证法的思考方式，才能塑造出符合客观实际的现代教师人格。

本章小结

2016 年 12 月，习近平在全国高校思想政治工作会议中强调，“教师不能只作传授书本知识的教书匠，而要成为塑造学生品格、品行、品味的‘大先生’”。

作为一名优秀的高校教师需要具有这些人格特征：求真的严谨治学态度、厚德的高尚道德品质、博学的知识系统结构、尚美的气质优雅风度、笃行的知行合一作风、拓新的勇于创造精神。

教育职业不同于一般职业，需要具有良好师德的人来担当。办好人民满意的教育，关键就是要建设一支高素质的教师队伍，树立和弘扬教师“学高为师，身正为范”的良好人格精神，充分发挥教师在教书育人、推动社会文明发展的重要作用。高校教师，是一种高起点、高标准、高素质、高境界的特色职业，因而必须高度重视对自身道德、人格的自我纠错观念，牢固树立“立德树人”“师德为重”的教育理念。

习近平总书记很早就明确指出："老师肩负着培养下一代的重要责任。正确理想信念是教书育人、播种未来的指路明灯。不能想象一个没有正确理想信念的人能够成为好老师……好老师的道德情操最终要体现到对所从事职业的忠诚和热爱上来。好老师应该执着于教书育人。我们常说干一行爱一行，做老师就要热爱教育工作，不能把教育岗位仅仅作为一个养家糊口的职业。有了为事业奋斗的志向，才能在老师这个岗位上感到有滋有味，收获好成绩。如果身在学校却心在商场或心在官场，在金钱、物欲、名利同人格的较量中把握不住自己，那是当不好老师的。"①

思考与练习

1. 人格是什么？人格魅力又是什么？
2. 教师在道德方面所表现出的特殊性的主要表现有哪些？
3. 试论述在当前社会大环境下，应该如何锤炼高校教师人格。
4. 材料分析。

【案例一】

"我一看你修长的小拇指就知道，将来你一定会是纽约州的州长"，一句普通的话，改变了一个学生的人生。此话出自美国纽约大沙头诺必塔小学校长皮尔·保罗之口，话语中的"你"是指当时一名调皮捣蛋的学生罗杰·罗尔斯。小罗尔斯出生于美国纽约声名狼藉的大沙头贫民窟，这里环境肮脏、充满暴力，是偷渡者和流浪汉的聚集地。因此，他从小就受到了不良影响，读小学时经常逃学、打架、偷窃。一天，当他又从窗台上跳下，伸着小手走向讲台时，校长皮尔·保罗将他逮个正着。出乎意料的是，校长不但没有批评他，反而诚恳地说了上面的那句话并给予语重心长的引导和鼓励。当时的罗尔斯大吃一惊，因为在他不长的人生经历中只有奶奶让他振奋过一次，说他可以成为五吨重的小船的船长。他记下了校长的话并坚信这是真实的。从那天起，"纽约州州长"就像一面旗帜在他心里高高飘扬。罗尔斯的衣服不再沾满泥土，罗尔斯的语言不再肮脏难听，罗尔斯的行动不再拖沓和漫无目的。在此后的40多年间，他没有一天不按州长的身份要求自己。51岁那年，他终于成了纽约州的州长。②

【案例二】

陶行知先生当校长的时候，有一天看到一位男生用砖头砸同学，便将其制止并叫他到校长办公室去。当陶校长回到办公室时，男孩已经等在那里了。陶行知掏出

①习近平. 做党和人民满意的好老师——同北京师范大学师生代表座谈时的讲话［N］. 人民日报，2014-09-10(002).

②选自2014年浙江省教师招聘考试教育基础知识真题。

一颗糖给这位同学："这是奖励你的，因为你比我先到办公室。"接着他又掏出一颗糖，说："这也是给你的，我不让你打同学，你立即住手了，说明你尊重我。"男孩将信将疑地接过第二颗糖，陶先生又说道："据我了解，你打同学是因为他欺负女生，说明你很有正义感，我再奖励你一颗糖。"这时，男孩感动得哭了，说："校长，我错了，同学再不对，我也不能采取这种方式。"陶先生于是又掏出一颗糖："你已认错了，我再奖励你一颗。我的糖发完了，我们的谈话也结束了。"①

【案例三】

我国著名教育家张伯苓，1919 年之后相继创办南开大学、南开女中、南开小学。他十分注意对学生进行文明礼貌教育，并且身体力行，为人师表。一次，他发现有个学生手指被烟熏黄了，便严肃地劝告那个学生："烟对身体有害，要戒掉它。"没想到那个学生有点不服气，俏皮地说："那您吸烟就对身体没有害处吗？"张伯苓对于学生的责难，歉意地笑了笑，立即唤工友将自己所有的吕宋烟全部取来，当众销毁，还折断了自己用了多年的心爱的烟袋杆，诚恳地说："从此以后，我与诸同学共同戒烟。"果然，打那以后，他再也不吸烟了。②

（1）以上案例展现了三位教师哪些优秀的人格品质？请结合实际进行分析。

（2）教师的人格会对学生产生怎么样的影响？请结合自身实际，并开展小组讨论，探讨如何更好地实现"言传身教"。

①选自《2015 年全国教师招聘考试教育综合知识》。

②本刊编辑部. 人格的力量：张伯苓先生以身作则戒烟［J］，作文，2013（05）：62.

第十章

高校教师个性心理品质的培养

教师真正的教养性表现为：学生能从他身上看到一个引导他们攀登道德高峰的引路人，从他的话里听出他在号召他们成为忠于信念，对邪念不妥协的人。

——苏霍姆林斯基

要 论 提 示

- 良好的个性心理品质是提升教学质量的前提。
- 良好的个性心理品质是良好学风形成的保障。
- 良好的个性心理品质有利于教师自我价值与教学目标的实现。
- 在实践中优化个性心理品质，培养全面能力。

教师是人类灵魂的工程师，是人类先进文化的传播者，担负着培养社会主义现代化建设的合格者和接班人的重要使命。教师不仅要熟练地把握运用教育规律和现代化的教学手段、向学生传授科学文化知识和专业知识技能，而且还必须具备良好的心理品质、用自身的人格力量来教育影响学生。教师的心理品质是指自身在心理过程和个性心理两个方面所表现出来的本质特征。这种本质特征将通过教育教学对学生产生深刻的影响，对学生的成长成才起到非常重要的作用。

第一节　高校教师个性心理品质的含义与内容

2018 年 9 月，习近平总书记在全国教育大会发表重要讲话，强调高校要打造师德高尚的一流教师队伍，把全面深化新时代教师队伍建设作为“奋进之笔”的攻坚战和持久战，全面贯彻党的教育方针，引导全体教师担当起做学生引路人的责任。作为师德的重要组成部分，高校教师优良的个性心理品质对教育事业的发展具有重大意义。

一、高校教师个性心理品质的含义

“个性心理品质指的是具有独立意识的人在实践活动中表现出来的，能够自主地决定其行为倾向与活动方式的稳定且本质性的一系列心理品质的总和，包括心理过程和心理特征。”① 所谓心理过程是指在客观事物的作用下，心理活动在一定的时间内发生、发展的过程，通常包括认知过程、情绪情感过程和意志过程三个方面。认知过程是指人以感知、记忆、思维、想象等形式反映客观事物的性质和联系的过程；情绪情感过程是人对客观事物的某种态度的体验；意志过程是人有意识地克服各种

①王静喻．教师心理品质特征探析［J］．贵州工业大学学报（社会科学版），2006（4）：105-107．

困难以达到一定目标的过程。心理特征是指人的多种心理特点的独特的结合，个体经常、稳定地表现出来的心理特点。心理特征比较集中地反映了人的心理面貌的独特性、个别性，主要包括能力、气质、性格。特定的社会环境会使人们产生独特而稳定的心理品质。因此，高校教师的个性心理品质就是指从事高等教育工作的人们所特有的在长期的教育实践、科学研究活动中养成的特殊的心理品质，如认知、情感、意志、兴趣、能力、性格等。另外，高校教师作为大学生与社会的一种连接性纽带，又有进一步的特殊性，其个性心理品质在服务经济社会发展和文化传承创新方面也起到一定作用。

二、高校教师个性心理品质的内容

高校教师个性心理品质主要包括良好的认知、广泛的兴趣、丰富的情感、坚强的意志和综合的能力等，我们将结合高校教师的人才培养、科学研究、服务经济社会发展、文化传承创新这四大职能来论述其个性心理品质的内容。

教师的认知品质可概括为两个方面：一般认知品质和社会认知品质。教师的一般认知品质主要表现在对丰富多元的知识信息的筛取、理解和接受能力强，观察力敏锐、全面和准确，善于分配自己的注意力，记忆力清晰，具备创造力和创新精神，想象力丰富。社会认知品质指的是个体对他人、群体（人际认知）以及对自己（自我认知）的认知。人际认知主要是对教育对象即学生的感知以及对所处的社会环境中人际关系和社会事务的感知，有助于教师及时调整自己的教育行为，协调各种社会关系，为顺利开展教育活动创造良好的师生关系，为社会发展贡献力量。而自我认知是对教师这一社会角色的历史使命、社会价值等的物质自我、社会自我和精神自我的全方位感知，可以使教师在教育活动中准确把握自己的社会角色，充分满足学生和社会发展的需要，达成预期的教育教学效果，促进经济社会的发展，还可以进行自我评估，根据教育教学目的的需要不断地完善和发展自身，加快自我成熟，促使自己成为一名合格的人民教师。

“兴趣是人认识某种事物或从事某种活动的心理倾向，它是以认识和探索外界事物的需要为基础的，是推动人认识事物、探索真理的重要动机。”[①] 教师应当具备广泛、稳定且持久的兴趣品质。教师对自己的研究领域要保持长久的钻研和创新的兴趣，主动关注并研究理论前沿知识，并以此为中心不断延展辐射，逐渐形成扩大的兴趣圈，而不是停留在马斯洛金字塔的底层。这是因为大学生的求知欲较强，对所学专业以及相关学科有较大的兴趣，有形形色色的问题需要教师解答，兴趣广泛的教师才可能满足学生的多样需求。由此可见，教师兴趣的形成一方面来自内在提升

---

①中国就业培训技术指导中心，中国心理卫生协会．心理咨询师（基础知识）［M］．北京：民族出版社，2015.

自我水平的需要，另一方面是在教育活动过程中受到外界的刺激和激励。教师形成广泛的兴趣不仅对自身有调剂生活、陶冶情操、培养能力、扩大视野、涉猎知识等作用，而且是影响学生个性发展的教育手段，能够帮助教师与学生在更广泛的领域里建立共同语言，融洽师生感情，培养教师的威望，为全面完成教育教学创造良好环境，为培养多元类型的学生、激发社会的活力做铺垫。

教师应具备丰富而高尚的情感，动员自己的全部精力和能力，为实现教育教学目标而奋斗。情感是指人对客观事物是否满足自己的需要而产生的态度体验，更倾向于社会需求欲望上的态度体验。情感的丰富性是指情感的延伸范围和积累程度，高尚是指情感的社会倾向性，即情感的基本价值取向是倾向社会的。具体而言，教师应有丰富而高尚的社会主义情感，主要是指教师对中国共产党、中国特色社会主义的热爱以及对共产主义社会的向往。教师应有丰富而高尚的审美情感，主要表现为具备独特且正确的审美观，追求符合人类共同审美需要的美好事物，追求符合社会主义道德规范的审美情趣等。教师应有丰富而高尚的理智情感，包括对真理和知识的不懈追求，憎恶一切违背真理和道德的行为，热爱并支持一切正义的事业，反对一切非正义的行为等。其中最基本的情感便是对教育和学生的热爱，教师要用这份浓郁而厚重的情感，灌注于教育教学活动中，不断地鞭策自己有所创造和成就，感染和激励学生，营造热烈的上课氛围，实现教育教学目标。

“意志是个体自觉地确定目的，并根据目的调节，有意识地支配自身的行动，克服困难，实现预定目标的心理过程”①，是人们改造客观世界和主观世界，发展综合能力的必不可少的心理品质。这对于教师完成教育教学任务有着重要意义，它要求教师行为要表现出极强的目的性、果断性、坚持性，克服随意性和盲目性。具体来说，教师要有明确的目标和力求达到这一目标的意志坚定性，对教育事业深明大义、信念坚定，使自己的行为完全符合正确目的，始终朝着教育事业目标，一步一个脚印地走下去，为实现最终目的而努力拼搏，做到“矢志不渝，持之以恒”。“世上最难的工作就是育人，所以教育工作的困难是普遍存在的。毅力顽强的教师在困难面前能够百折不回，坚韧不拔。意志薄弱者就会沮丧泄气，一蹶不振。”② 顽强的毅力，是教师高度负责精神的体现，也是教育事业对教师的必然要求。

“能力是指一个人相对于某事物而言，能够给此事物创造的利益。能够给此事物创造的利益的大小，就是此人相对于该事物而言能力的大小。”③ 能力是直接影响活动的效率和使活动顺利进行的个性心理特征。教师的教育能力是指教师为成功地进行教育教学活动所必须具备的能力。教师应锻炼出综合的能力，主要有以下几种：组织教学的能力，主要表现在设计能力、施教能力、控制能力和应变能力上。言语表达能力，语言是教师传授知识的基本工具，语言表达能力是提高教育教学水平的

①贾亚青．个性心理品质与成才［J］．人才资源开发，2011（01）：72-73.

②蒋笃运．浅议教师的个性心理品质［J］．河南师范大学学报（哲学社会科学版），1989（3）：83-85.

③郭黎岩．心理学［M］．南京：南京大学出版社，2002.

关键条件。了解学生的能力，教师不仅要在课堂上鼓励学生发言，还要了解学生的性格和兴趣，从而为进一步引导学生研究事物做铺垫。独立创造和科研的能力，高校教师不仅是知识的传授者，也是知识的创造者。在科学研究过程中，一定要独立思考，在充分借鉴、吸收前人优秀成果的基础上，形成自己独特的风格和理论成果，有所创新和发展。快速反应能力，教师在教育教学活动中要随机应变。之后是人际交往能力，教师要给予周围的师长充分的尊重，展现自己儒雅抑或豪迈的风度，积极进行融洽的学术和思想交流，互促互进。良好的人际交往能力对于教育事业发展也具有重要作用。最后是服务社会、传承文化的能力。

教师良性惯习形塑学生优秀品质

李艳

……北京师范大学的校训石上，镌刻着著名书法家启功先生题写的“学为人师，行为世范”，这句话已成为全国教师的人生信条。“四有好老师”就是习近平总书记关于教育的重要论述在教师队伍建设方面的具体表现，说明教师对学生的言传身教尤为重要。

……

教师有对学生直接教化的影响作用，更多是潜移默化的结果。教师潜心问道，精于学问、诚于教学，其良性惯习自会濡染学生。如果良性惯习成为全体教师的风范，学生必会受其浸润。春风化雨，润物无声。不教之教，方为至教，给养着一代又一代的中国教师，阐释出自古至今尊师敬教的深刻内涵。叶圣陶先生将其演绎为“教是为了不教”的教育思想，改变了匍匐杏坛的师生交往方式。布迪厄把惯习的差异命名为区隔，意味着教师群体内部有诸多不同。名师与庸师处于极限状态，反映出新手教师走向专家型教师过程中出现的两极化趋向。绝大多数教师是整个生态系统链条上的某一节点，如同飞矢或者钟摆的某一状态。良师尚存，师道得以传续，教师职业的吸引力和尊严感自然召唤广大优秀青年投身于内，执文明薪火而代际传递。

……

社会文化资本通过教师良性惯习这一容器，传递给学生这些异质个体，发展成相对独立的个体资本，反馈回路是学生个体资本对社会文化资本的再造和重构。因此，整个社会文化资本是通过教师个体资本实现传承和创新的产物，教师是人类文明薪火的承继者，促进学生发展乃教书育人天职所赐。社会文化资本需要教师群体的自组织力，用以矫正教师个体的失范行为，改变原子化教师恶性惯习带给学生发展的不利影响。教师良性惯习与恶性惯习恰好一体两面，反映着教师首先是一个人，有其不易剔除的根性。但是，教师一旦际遇失范行为，就会触及整个社会抨击教师形象的导火索，用教师个体不良或恶性惯习来否定整个教师群体，对于教师群体而言是不公正的。

教师良性惯习需要长期秉持立德树人的教育信念，将教师专业发展当作毕生追求的旅程。从抽象意义上来看，教师是个未完成的人，需要用职业道德规范约束教师；从具体对象来看，教师个体有着不能尽善尽美的缺憾，有可能影响到学生品德养成的差异。教师回首职业生涯，反省诸多遗憾缺失对学生造成的不利影响，这将有助于教师改变教学习惯，提升教育质量，对学生品德养成发挥越来越积极、有效的作用。

…………

——选自《中国教育报》2018 年 06 月 28 日第 7 版

第二节　高校教师个性心理品质的道德价值

道德价值是指个人行为对于他人和社会所具有的道德上的意义。对于教师而言，实现其道德价值的途径即是提高教学质量、培养好大学生的人格、凝聚高校的良好学风，进而实现自我价值。教师良好的个性心理品质对于教师自我道德价值的实现有着至关重要的作用。

一、教师良好的个性心理品质是促进教学质量的前提

教学质量是最直接反映教师自我价值的方式。良好的个性心理品质对于教师做好科研和讲好课程、在课堂上尽心传授知识、营造浓郁活泼的学风都有良好的促进作用。

1. 浓厚的职业兴趣促进高校教师的科研和授课

对于教师来说，职业兴趣也是至关重要的。对一般人而言，做科研是一件艰难而又枯燥的事，做好科研需要有远大的志向、良好的科研环境、丰富的专业知识，并且有志向做好一项科研。那么，这都脱离不了浓厚的职业兴趣做基底。在科研的过程中出现很多艰难困阻时，只有保持浓厚的职业兴趣才会在面对困难时有恒心、有毅力、不放弃。在授课时，对于刚任教的青年教师来说，由于对学生的教学不是很熟悉，那么，肯定会出现学生课堂反馈不强烈、课程成绩不理想等情况，教师的积极性肯定会受到一定的打击。但是，只要教师不忘初心，保持自己对职业的浓厚兴趣，这些问题终会找出相应的解决方法。

2. 充沛的教学情感促进高校教师在课堂上对知识尽心传授

情感是建立在兴趣之上且对兴趣进行巩固的状态，充沛的教学情感是教师做一切事情的动力。充沛的情感让教师在做课堂准备时，把自己百分之百的精神拿出来，不敢对课前准备有丝毫的懈怠。在课堂上，充沛的教学情感能帮助教师调整自我状态，以饱满的精神状态在学生面前做知识的讲授者。在面对课堂上突发的教学问题或者学生并不很好的反馈，教师也能积极地做出调整，并带动学生进行更好的课堂讲授。

3. 良好的综合能力促进高校教师营造浓郁活泼的积极学风

这里的学风涵盖了两个群体，一是学生群体，二是教师群体。对于学生群体而言，作为大学的主要构成群体，学生的学习风气的好坏对于一所大学的风气好坏至关重要。一所拥有良好学风的大学，所容纳的学生必定有认真的学习态度、勤奋刻苦的学习毅力、虚心踏实的学习风格和科学严谨的学习方法。而对于教师群体而言，他们是学校学风建设的灵魂所在。只有教师群体的学风浓郁，才能带动整个学校的学风浓郁。在这个过程中，教师不仅要让自己对学术研究和教学活动保持强烈的兴趣和百折不挠的精神，并且教师之间还要多进行交流，这需要教师具有良好的综合能力。唯有如此才能使教师们凝结成为一个整体，实现一加一大于二的效果。

二、教师良好的个性心理品质是推动大学生人格形成的引擎

大学对于学生的人生而言有着非常重要的作用，而教师就是他们这一段路的领路人，教师良好的个性心理品质同时推动着大学生人格的形成。

1. 高校教师良好个性心理品质影响学生非智力因素发展

非智力因素，从其内涵来看可以把它定义为："在改造客观世界的过程中，人的意向活动逐步形成起来的一系列稳定的心理特点或因素，统称为非智力因素。"① 大学阶段对于学生本身而言是一个重要的时期，是其从中学的只懂学习和只限于自己的小圈子向不仅有学习而且有社会活动和涉及更广大的交友圈子的过渡时期。教师是学生心中的楷模，是学生学习行为的引导者和生活行为的指导者。教师的每一堂课都准时且不出现迟到早退的现象，可以让学生体会到即使是一个有家庭、有工作的老师，也会对自己的职业有敬畏感。教师在课堂上也可对学生的行为进行一定的指导，让学生明白自己即将要独自面对社会，要养成良好的习惯、浓厚的生活工作热情等非智力因素，才能更好地独自面对社会。

①刘璐．非智力因素与教育改革［J］．中国教育学刊．2016（1）：100-101.

2. 教师良好的自我认知促进大学生形成完整完善的人格

“主体的自我认知和自我评价活动是与其自我意识活动中通过自我认知和评价等‘反观自我’的意识之光使其心理思维发生机制在动态发展的过程中逐渐地由自在、自发而达自觉。”① 教师自我认知的完善，即对自我人格认知的完善。教师良好的自我认知可以教育学生正视挫折，增强抗挫折能力，培养学生良好的心理素质，让学生更好地认识自己，对待挫折冷静分析、正确处理，提高自我的抗挫折能力。教师良好的自我认知可以培养学生树立远大理想。教师在良好自我认知的推动下，会以自己在学术上做出突破和实现教师自我价值作为目标。而对于自我认知不是很完善的学生来说，教师在课堂上对学术的敬畏和对远大理想的憧憬，以及课后与学生交谈过程中，对自我实现自我价值升华观念的传递，都有利于学生形成自己的远大理想，并在树立远大理想之后坚定不移、脚踏实地地实现自己的理想。

3. 教师坚定的意志推动大学生优良的学习生活能力的形成

优良的生活能力对于大学生而言，一般是指独立生活的能力和良好的人际交往关系。进入大学后，部分同学显示出自我不习惯现象，无法独立完成生活常见活动。学生从高中时期单一的教师与学生的关系、家长与孩子的关系和少量的同学关系，转变为大学时期增加的舍友关系和其他广泛的社会关系。在这种关系的转换中伴随着学生身份的转换，学生会产生很多不适应的现象，在这个过程中，坚强的意志就显得尤为重要。教师作为学生的领路人和指导者，经历过这一段时期的蜕变，具备坚定的意志，对学生的指导是良性的。教师可以在课堂上对学习能力进行引导，比如创造课堂讨论和上台发言等机会，强调学习在大学生活乃至人生中的重要性，让学生对学习有清晰的概念。对于生活上的问题，教师在学生寻求帮助时应进行积极的协助，通过坚强意志的传递，以身作则地让学生掌握学习生活中必备的技能，形成良好的学习生活能力。

三、教师良好的个性心理品质是良好学风形成的保障

良好学风可以推动学生和教师学习和工作的努力进行，而良好学风的形成需要教师良好个性心理品质的带动、传递和改善。

1. 良好的个性心理品质通过优良教风带学风

“一所学校的育人氛围很大程度表现在教风上，优良的教风是建设优良学风、保

①张元. 自我认知的实现路径［J］. 宁夏社会科学，2013（5）：127-131.

证人才培养质量的重要基础。”[①] 学风即学校的学习风气，教风是学风的重要组成部分。高校教师个性心理品质包括良好的认知、广泛的兴趣、丰富的情感、坚强的意志和综合的能力。良好的自我认知使教师明确自己的教师定位，即教书、育人、做学问。当自我内涵达到一定高度，就会有知识的输出。这种输出表现在两个方面：一方面是将自己对知识的感悟写下来作为论文或其他作品发表，得到学术界的认可；另一方面是将自己学到的知识和感悟向学生讲授，让学生传承自己对知识的认识，这种传承似乎是教师这个职业天生就有的一种特质。这两个方面的输出表现与教师知识输入表现相统一，使教风的形成有了良好的渠道。在教风形成的过程中，教师对学术坚定不移的认真态度会感染学生对知识的学习，从而带动整个学校学风的形成。

2. 良好的个性心理品质传递优良治学精神、态度与原则

裘锡圭提出治学的精神有：实事求是，不怕苦，持之以恒；在学术问题上对己严格，对人公平。良好个性心理品质形成完整人格，外化为行动后，处处体现其人格。对于教师来说，这种行为多表现在教学和学术建设上。在教学中坚持严于律己，将自己所领悟的知识传递给学生，这个传递过程必然会有其对知识的态度和原则的流露。优良的治学精神、态度和原则形成优良的学风和良好的院风、校风。培养高素质人才是高校建设中必不可少的要点，这个要点的着重点即在教师的自我修养过程中。

3. 良好的个性心理品质用“看不见的课程”改善学生精神风貌

“看不见的课程”是对于教师自身而言，在其行为过程中，良好的个性心理品质会对其自身行为过程中的好的地方进行强化，不好的地方进行改正。比如说，某老师在做某一学术问题研究时，提前做了严密的研究计划，但是由于自身的懒惰因素，使本可 6 个月完成的研究，7 个月才完成。在完成之后的反思过程中，他对没有按照计划实施使得研究的时间拖延进行自我批评，并从中吸取教训，从而完善自我。而对于自己做了严密的计划使得研究能顺利地完成做出肯定，并进一步强化，实现自我提升。“看不见的课程”就是指教师在对学生的教授过程中，将自身的实事求是和一丝不苟的求学求知态度等感染学生，让学生在看得见的知识教学过程中，伴随着看不见的态度、原则、精神等方面的教导，耳濡目染地从自己身上学习到如何做人、如何做事。

---

①李秋华．现代职业教育发展背景下高职院校的教风建设［J］．中国高教研究，2013（11）：98-101．

四、 教师良好的个性心理品质有利于自我价值与教学目标的实现

每个人生存在世界上，都有其价值。每个人努力地工作和学习也是为了实现自己的自我价值和社会价值。对于教师而言，实现自己的价值即是不断实现教学目标的过程，教师良好的个性心理品质即是造就高校教师自我价值实现与教学目标的必备条件，它对教师的自我价值实现、自我认同、职业热忱都有极其重要的作用。

1. 良好的个性心理品质是高校教师实现自我价值的基石

良好的自我认知能让教师明确自己的优缺点，并在实现自我价值的过程中发挥其长处，改进其短处，调整自身，使自身更有利于自我价值的实现；兴趣是做一切事情的前提，教师具有广泛的兴趣，即从各个方面广泛地获得对其有利的知识和技能，储备起来为其实现自我价值打下坚实的基础；对工作和生活拥有丰富情感的教师，能将兴趣外化为行动的强大动力，保障自我价值实现的意义；坚强的意志是教师实现自我价值的坚强壁垒，它可以保障教师在实现自我价值的道路上攻坚克难，披荆斩棘；综合能力是实现自我价值的工具，唯有具有综合能力的个人才能在自我升华过程中实现自我价值，并对社会和他人做出相应的贡献。

2. 优良的课堂教学质量提升高校教师的进一步自我认同

教学质量是教师在自我输出过程中最直接的反馈。教学质量对于教师的反馈主要包括以下两点：第一点是学生在课堂上对教师讲授内容是否感兴趣或是否听懂的反映；第二点是在期末测评时学生取得的成绩。良好的教学质量一般被认定为在课堂上师生处于互动活跃状态，并且学生在期末取得良好的成绩。优良的教学质量可以给教师带来精神愉悦，并激励教师在此基础上进行更深入的学术研究和更良好的课堂讲授。这个过程是教师的自我认同过程，是在肯定自己的基础上进一步将自己良好的特质进行发挥，这是一个有利的循环。良好的自我输出带来良好的教学质量反馈，刺激教师进行更好的自我输入以保证更加良好的自我输出。这个循环过程一步一步促使教师向更好的方向发展，进行进一步的自我认同。

3. 大学生人格提升反哺高校教师对职业的热忱

陶行知老先生说过：“千教万教教人求真，千学万学学做真人。”教师教人做人即是培养学生的人格完善，这本就是其责任。教师尽到这个责任，学生的人格因此变得完善。对于学生而言，灵魂的完善是其人生不可或缺的重要之事。这个重要之事的赋予者是他的教师。对于教师来说，这个反馈是心灵上的反馈，它带来的心灵慰藉感是超脱物质的。这种感受会让教师得到升华，是教师以后的生命里遇到磕绊时的镇静剂，是面对灰色地带的一抹亮色。也就是说，大学生人格的提升，不仅仅

对于大学生自己而言是一件大事，对于教师而言也是。它是教师价值的最高体现，是教师职业热忱的最高反馈，是教师在回味自己走过的漫漫长路时最高的奖赏。

4. 良好的学风促进高校教师的自我价值提升

教师良好的素质是学风建设的重要保障，同时，学风对于教师自我提升的影响也是巨大的。对于一个初入教师行业的新任教师来说，拥有良好学风的办学单位会让新任教师的职业热情更加被激发，对于教学和研究更加有积极性，对于教学中出现的问题也更有信心和耐心去解决，对于经验不足的情况更愿意向相对有资历的教师讨教，在做学问方面，更愿意沉下心去学习、探索。对于稍有懈怠的教师来说，优良的学风会敦促他勤勉，带动他严于律己。在做学问的路上，深思苦读，并将自己的学问传递给他的学生，教他们学习之法、做人之道。教职工之间其乐融融，学习之风盛行，教学之风盛行，教师们在这样的大环境下不断完善自己，达到自我提升的目的。

第三节 高校教师个性心理品质优化的途径与方法

良好的个性心理品质是提升教学质量、推动学生人格形成的重要保障。高校教师的个性心理品质是教师身心、才智、德行、技能的总和，优化高校教师个性心理品质需从这几个方面入手：从根本上确立正确的认知，在实践中发展广泛兴趣，培养高尚情感，锻炼教师顽强意志，最后促进高校教师养成全面能力。

一、树立正确的认知

认知，是指人们获得知识并进行信息加工的过程，是人的最基本的心理过程。作为基本心理过程，认知支配了人的大部分行为。只有树立正确的认知，才能有良好的实践效果。树立正确的认知包括确立积极的人生观、正确的职业观、调节不合理的教学模式。

1. 夯实教育者本根，确立积极向上的人生观

一个教育者的本职莫过于教书育人，要夯实本根，就需要正确积极的人生观加以引导。人生观是高校教师个性心理品质中的核心要素，它不仅直接决定教师的人生方向，而且制约着人生价值。“高校教师树立积极的人生观，应从人生目的、人生价值、人生态度三个角度出发，并将三者有机结合。作为一名高校教师，首先应将教育事业作为自己的人生目的，忠于自身的事业，树立起教师职业的光荣感，为教育事业鞠躬尽瘁，奋斗终生。有了正确的人生目的，还应树立高尚的人生价值。高

校教师应以为祖国培养人才为人生价值。因此，能否全心全意地为教育对象服务，就成为我们衡量教师人生价值的唯一标准和尺度。正是这样，教师必须热爱学生、尊重学生、信任学生。”① 最后，还应将“园丁”“蜡烛”的献身精神作为人生态度。教师的职业是高尚的，更是艰苦的，因此高校教师必须抱着崇高的献身精神投入自己的教育事业，把自己的生命献给这个事业。树立正确的人生目的、高尚的人生价值和人生态度，才能确立积极向上的人生观。

2. 提高教师操守，树立正确的教师职业观

教师职业不同于其他所有的职业，它是培养人、教育人、塑造人的职业，是人类灵魂的工程师。高校教师可从职业操守、职业心理、职业态度三个角度树立正确的职业观。遵守职业操守，做好人生本职。教师的本职是“学为人师，行为世范”，高校教师应把自己的职业当作事业，做好人才培养的本职工作，并抱有强烈的职业光荣感、历史使命感和社会责任感，在做好人才培养的同时也注重科学研究，以自己的研究成果回报社会，爱岗敬业、忠于职守，自觉履行教书育人的本职，以高尚的情操、满腔的热情去教育引导学生全面发展。调整职业心理，具备阳光心态。在工作中积极调整自身的心理，努力在工作中获得幸福感和成就感。摆正职业态度，耐心教导学生。因人施教，因材施教。鼓励学生的进步，包容学生的退步。除了摆正教学态度，还应摆正科研态度，在科研中保持务实精神，不一味追逐成果奖励。

3. 进行教育反思，调节不合理的教学模式

教育反思是指教师对教学实践的再认识，只有经过反思才能发现自己在教学中的不合理之处，并加以调节。“教育反思需要进行专门的练习，反思的内容包括对教学实践、教学关系、教学理念的反思。”② 反思教学实践，要求教师对教学活动展开过程中所使用的工具、方法、时机等进行总结检讨。教师通过对自己的行动轨迹进行整体、细致的回溯，发现问题和不足，探寻更佳的方案。反思教学关系则是指教师对自己实践效果的反思。教师需要对整个实践所取得的成效进行价值判断，从学生角度判断他们对教学的满意程度，再从教师自身角度来判断价值感受。经过判断，考察自身教学中的不足，再从两个角度寻找不足的原因，为下一次教学做好准备。教师易被自己原有的教学理念影响，需要经常反思自己的教学理念是否不足，并不断学习和补充新的理念。通过对自己实施的教学活动、运用的教学理念进行反思，教师不断改正不正确的理念，运用正确的理念指导教学。正如西班牙谚语所说：“自知之明是最好的知识。”教师只有通过各方面的自我反思，才能更好地自知，并更好地去认知别人。在反思后，还应采取对应的整改措施，对不合理之处进行调整，不

---

①吕军林．当代教师应树立怎样的人生观［J］．科教文汇（下旬刊），2007（03）：8.

②朱梦华．西方视域中的教师反思：内涵、价值与实践路径［J］．教师发展研究，2018，2（03）：111-117.

能毫无作为，忽视不合理之处。

二、发展广泛的兴趣

高校教师的职业是特殊的，他是大部分学生进入社会前的一个重要引路人，因此，教师需要发展一些与时代和社会接轨的兴趣，尤其要考虑学生对这方面的需求。不能一味追求个人感受，忽视其他方面的需要。一名其他专业的教师如果能在自己的专业课程中引入国学元素，便更能吸引同学们的兴趣且实现更好的课堂效果。以文化影响学生，使学生对知识有更深刻的理解。至于那些不利于自我成长的兴趣，就要用坚强的意志和毅力把它们克服和纠正。兴趣是智慧的火种、求知的源泉和成长的推动力，高校教师只有综合考虑自我素质、其他需求，才能扬长避短，做出正确的选择。

居里夫人说过："好奇心是学者的第一美德。"好奇心是兴趣产生的基础。兴趣总是从好奇开始，好奇心常常来得很快，但消失得也很快，于是兴趣也减退了。高校教师要使兴趣不断发展增强，就要始终保持好奇心，而要保持好奇心，就要像一些科学家那样，善于积累知识并提出疑问，向事物纵的或横的方向发展，不断进行探究。积累知识是提出疑问的第一步，只有通过强大的知识积累，才能逐渐发现问题。通过积累知识和提出问题保持好奇后，教师才能发展自己的兴趣。将提出的问题在生活中具体操作与实践，教师可以通过教学实践，也可以通过科研实践，或者在奉献社会的志愿活动中实践。实践的方式多种多样，只有一一验证，才能发展兴趣并扩展出更广泛的兴趣。

三、培养高尚的情感

情感是人对客观事物的态度体验及相应的行为反映。作为一名教育工作者，教师本身必须既是一名学识渊博的"智能人"，又是一名情感趋于完善的"情感人"。正如德国教育学家第斯多惠所说："谁要是自己还没有发展培养自己的情感，他就不能发展和培养别人的情感。"① 高校教师可通过追求高雅情趣、树立积极的生活态度、重视良好的人际交往、保持良好的心境来培养高尚的情感。

1. 追求高雅情趣

高雅健康的情趣来源于日常生活，高校教师培养高雅健康的情趣需要丰富自我的物质生活和文化生活。丰富物质生活，离不开积极乐观的人生态度和努力奋斗的精神，只有努力奋斗，才能用自己的汗水创造美好的明天，并收获应有的回报。丰

①邓友霞，刘定邦. 情感是诱发学生道德高尚的纽带 [J]. 读与写（教育教学刊），2011，8（12）：150.

富自身的文化生活，则需要教师努力学习科学文化知识，用科学文化知识指导生活。除了科学文化，教师还应该注重对传统文化的传承，利用传统文化武装自己，通过不断学习科学文化和传统文化，丰富文化生活，丰富自己的精神世界，在生活中追求高雅的生活情趣。除了丰富自己的生活，教师还应善于将好奇转化为浓厚的兴趣，利用自己的兴趣来培养自己高雅的生活情趣；学会“择其善者而从之，其不善者而改之”。利用高雅的兴趣提升生活情趣，陶冶自我情操。通过高雅的兴趣，保持积极乐观上进的精神状态，才能收获高雅的生活情趣。

2. 树立积极的生活态度

树立积极的生活态度需要树立正确的人生目标，拥有积极正确的人生目标，生活才有价值。只要为自己制定了奋斗的目标，就会让自己拥有为之奋斗的勇气，那么，奋斗过程中的积极努力的心态当然也就与之相伴了。高校教师应树立教书育人、科学研究与奉献社会统一的目标。一个人的成功，离不开他不畏困难、积极进取的心态，只有在正确的人生目标指引下，通过积极进取的态度，获得成果后，才能树立积极的生活态度。除了自身条件，外在事物也会影响人生的态度。在生活中，教师应该善于与家人、朋友、学生等沟通，与积极的人多交往，在潜移默化的影响中才能树立良好的心态。

3. 重视良好的人际交往

不良的人际关系常常给教师带来严重的身心困扰。“教师在紧张繁忙的工作之余，希望拥有一个宽松融洽的人际交往环境，教师的心理预设对其人际关系交往有较大影响。”① 因此，建立良好的人际关系需要调整自己的心理预设。教师在人际交往中，会遇到很多有着不同的成长轨迹与兴趣爱好的人，对于这样的人应该包容接纳，尤其是自己的教学对象，不要轻易下判断，从而固化自己对别人的看法。除了宽容接纳，还应换位思考，以对方的参照标准来看待事物，设身处地地去感受对方的情感体验，减少因不理解而带来的矛盾冲突。除了必要的尊重和换位思考，教师还应多与人沟通合作，尤其是与同事和教学对象合作。在教学中合作，在科研中合作，建立良好同伴关系的同时发展深厚友谊。教师的工作从不是孤立的，通过交流与互信，与他人密切合作，既有利于自身工作的开展，还能在工作中建立互信的关系，与他人构建良好的人际关系。

4. 保持良好的心境

有位哲学家曾说：“一个人如果能经常维持像孩子一般纯洁的心灵，用乐观的心情做事，用善良的心肠待人，光明坦白，他的人生一定比别人快乐得多。”高校教师

---

①胡艳. 改善教师人际关系的新视角［J］. 辽宁教育，2015（12）：48-49.

保持良好的心境，既能增强自信，还能给学生带来良好的教学体验，促进自我不断走向成功。“高校教师要学会保持愉悦心境，就必须加强愉悦心理训练，可采取喜爱和接受自己、喜爱和接受教师身份、学习调适情绪的技巧等心理行为方面的自我训练。”[①] 喜爱和接受自己，指的是既接受自己的优点，也要接受自己无法弥补的缺陷；对自己的不足不过分自责，而是采取积极的补救措施，不将对自己的不满或自责的态度，投射到外界或别人身上去。除了接受自己，教师还应接受自己的职业。高校教师应喜爱和接受教师身份，热爱教育事业。除了接受自我和职业，教师还应学会调整自己的情绪，以适当的方式释放情绪，通过与他人交流转移情绪，不把情绪带到工作中。

四、锻炼顽强的意志

顽强的意志是高校教师培养高尚情感、养成广泛兴趣的重要保障，只有拥有顽强的意志，教师在教育中才能不忘教育初心、坚持自我，抵御消极不良的影响。顽强意志的养成需要有远大的理想和深厚的情感支撑，还需要自觉消除不良品质，并通过系统有效的方法来训练。

1. 树立远大教育理想

习近平总书记在北京师范大学与师生座谈时，提出做“四有好老师”，其中第一点就是“有理想信念”。树立远大教育理想需要加强师德教育，勉励教师树立崇高的教育理想。师德决定了教师对学生的热爱和对事业的忠诚，决定了教师执着的追求和人格的高尚。教师需要重新审视自己所从事的教育工作，重新思考自己所从事的职业价值和职业要求，重新确立自己的人生追求，进一步坚定崇高的教育理想。树立远大教育理想还离不开教师对自己职业成就感的提升。职业成就感带来职业满足，职业满足造就职业幸福，职业幸福强化职业理想。教师应合理地规划自己的职业生涯，在职业工作中提升自我，实现自我价值，提升在职业中的幸福感知度，通过加强师德和提升职业满足感树立远大的职业理想。

2. 培养深厚教育情感

高校教师要培养深厚的教育情感，需要树立“四心”：热心、良心、爱心、恒心。热心指的是对自己所从事的事业的热爱，这个热爱也可以解释为敬业，“专心致志，以事其业”。良心是指教育工作者要“凭良心做教育”。在良心的影响下，才会派生羞耻心、责任心和事业心。爱心是指用爱心去教学，用爱心去浇灌，用爱心去体验。高校教师的工作充满挑战，需要教师保持恒心，对自己的事业坚持下去。对

①王家成．教师应学会保持愉悦心境［J］．人民教育，2010（02）：32-33.

事业永远保持热心和恒心，在实践中体会教师事业的光辉伟大，在工作中培养出对教师事业深厚的情感。

3. **摒除不良品质**

高校教师可通过加强职业认同感、稳定自我情绪、调整心态等方式来摒除不良品质。对于教师来说，缺乏职业认同感会使其缺乏工作热情，不能积极地投入工作。高校教师需要在职业中找到职业乐趣，并与教学对象情感相通，获得更高的职业认同感，减少不良品质对工作的影响，从而提高工作效率。高校教师常面临工作压力大的问题，一些教师不善于调节与控制自己的情绪，在日常工作中不自觉地宣泄自己的不良情绪，有时在课堂上为一点小事大动肝火，影响自己在学生心目中的威望和声誉。此时，教师就要学会及时调控自己的心理，不能苛求完美，尊重和宽容他人，学会理解他人。

4. **加强实践，磨炼意志**

美国著名小说家杰克·伦敦在谈到自己成功的经历时说：“意志不是生来就有的，而是在参与实践的斗争中磨炼出来的。只要我们善于抓住各种时机有意识地进行实际锻炼，我们的意志力很快就会变得特别坚强。”意志的发生、发展、形成、培养离不开实践活动，高校教师可以通过各类实践活动锻炼意志，这些实践包括：体育锻炼、劳动锻炼、行善锻炼、日常生活的其他各种锻炼等。只有在各种实践中迎战困难、攻克难关才能最好地磨炼意志。磨炼意志的过程是战胜困难的过程，获得成功的过程也是战胜困难的过程。生活中点点滴滴的困难，都是锻炼意志的好机会。高校教师需要把握好锻炼机会，迎难而上，不断战胜困难，意志就会得到不断增强，同时也能使教师获得成功。

五、养成全面的能力

高校教师需要具备人才培养、科研教育、服务社会和文化创新的全面能力。培养全面的能力需要扎实的理论基础，还需要厚实的专业知识。除此以外，教师还要有创新能力，在日常生活中不断学习新技能，以适应新时代的要求。马卡连柯说过：“学生可原谅老师的严厉、刻板甚至吹毛求疵，但不能原谅他的不学无术。”高校教师对于自己所教授的基本内容，不仅要熟悉教材，还要形成完整的知识体系，并加强业务进修和广泛的学习，跟踪学科动态，了解新观点，掌握新信息，不断更新知识，站在学科的前沿，实现由经验型到科研型的转化。除了基础的专业知识，教师还要通晓基本的社会学科、自然学科等方面的知识，做到博学多才。当今社会广泛实施素质教育，培养学生的综合素质和创新能力，教师的博学多才是至关重要的。随着时代的变革，相邻学科的联系日益加强，文理相互渗透，因此，教师应注重与其他学科的沟通，形成“大教学观”，为学生创设开放的教学情境，培养学生的创新意识和能力。

教师必须对教学本质有准确而深刻的理解，教学才可能走向“生动且深刻”的境界。“教学首先要解决的就是‘教什么’的问题，倘若在这个问题的把握上出现偏差，那是其他一切努力都无法补偿的。”① 洞悉学科本质要求教师熟悉教学内容，通过对教材文本的深层次解读掌握书本知识、与编者面对面对话，并在此基础上形成自己的教学素养；除了从文本中培养素养，高校教师还需要广泛了解学科相关知识，如一些必要的学科文化、学科史、学科逸事等，通过对学科史的学习，对专业发展脉络有更清晰的认识；了解一些学科逸事并在日常教学中使用，也能加深对学科的了解并丰富自身课堂的教学形式。除了文本知识，最重要的还是教学实践，教师学科素养是在教学实践过程中不断完善、不断提升，并最终得以深化落实的。“教师要创造性地参与到教学实践中去，以专业发现的眼光投身到教育活动中来。”② 教师要在教学实践中提升教学能力、创造能力与研究能力，在课堂教学过程中结合理论进行实践，深化学科素养。

教师可通过在实践中锤炼自我、日常社会交往中的积累、参加培训等方式培养全面的能力。能力需要实践来锤炼，尤其是教师这个职业本身就提供了很多培养能力的机会，教师可以通过在工作中多加留意、寻找机会，独立发现和解决一些工作问题来提升自己的能力。除了独立解决问题的能力，教师还应多利用好自己的社会交往，用心观察上司、优秀的同事的工作技巧，并有意识地总结自身问题，找到提升的途径。学习自己所不具有的能力，必要的时候要向同事等虚心讨教、寻求帮助。除了在学校大环境中培养全面的能力，教师还可以选择参加培训，选择优质的教育、培训机构，或有意识地参加学校组织的一些讲座，主动了解和接触自己不熟悉的领域，“听君一席话，胜读十年书”，在向他人学习中不断夯实全面的能力。

本章小结

本章阐述了高校教师个性心理品质的含义与内容；指出了教师的优良个性心理品质对其自身完善、学生发展、社会进步等有重要影响；说明了高校教师个性心理品质的道德价值；从认知、兴趣、情感、意志、能力五个角度分别论述了高校教师个性心理品质优化的途径与方法。

思考与练习

1. 高校教师个性心理品质的含义及内容是什么？

①储冬生. 学科素养：教师专业发展的基石［J］. 小学教学研究，2015（25）：7-9.

②田保华. 教师学科素养现状及内涵提升路径探析［J］. 基础教育参考，2016（20）：13-16.

2. 试论述当代高校教师需要具备哪些良好的个性心理品质。

3. 结合本章内容及生活实际，从认知、兴趣、情感、意志、能力五个角度谈谈高校教师应如何树立良好的个性心理品质。

4. 材料分析。

于时光中沉淀的闪耀品质

以德立身，以德施教，北京某高校的赵老师热爱教学，热爱学生，满怀仁爱之心。她长期投身于一线教学实践岗位，具有强烈的事业心、责任心和奉献精神。在医学教育中，她注重教书育人，遵循规律，教育成效显著，并能在教学中把传授知识、培养能力同塑造学生正确的世界观、人生观、价值观相结合，在发现、培育创新型人才方面做出了突出贡献。

在科研方面，赵老师也硕果累累。她曾发表一百余篇国外SCI论文；主持完成多个重点研究项目；申请专利四百余项；获得多个国家和省部级的科技进步奖等。

建院十几年来，赵老师在学院的学科建设中，身先士卒，率先垂范。她对科研的热爱与投入，点燃了全院老师对科研的向往、对科研的兴趣、对科研的追求。在她的带领下，全院教师完成了由教学见长、向科研为主的事业转型，使老师们的事业基石更加坚实，发展更加稳健，学院也走在了国内外药学领域的前沿，办学方向、人才培养、专业技能、就业导向等各方面工作，受到海内外医学、药学学科领域专家和学者的口口称赞。

人民网．教育频道 2018-9-30

（1）以上案例体现了赵老师哪些个性心理品质？

（2）赵老师的个性心理品质蕴含着哪些道德价值？

（3）从赵老师的个性心理品质中你获得了哪些启示？请结合自身实际，并进行小组讨论，探讨如何在教育活动中形成优良的个性心理品质。

后记

古人对教师的职责概括为：传道、授业、解惑。这其实只指出了教师“教书育人”的职责中教书的一面，而“为人师表”则对教师提出了更高的人格上的要求。作为培养未来人才的高校教师，其知识结构的状况和道德水准的高下，愈来愈成为受关注的焦点。“为人师表”成为新时期师德师风建设的重点和基础。要培养学生的优良品德，教师必须自身具有优良的品德。正所谓“师也者，所以为君也”。据此，教育者必先受教育，不断加强教师职业道德修养，提高师德素质，才能真正做到爱岗敬业，教书育人，为人师表。

中国已经阔步迈进社会主义新时代。在以习近平同志为核心的党中央坚强领导下，全国高校落实立德树人根本任务，全力推进素质教育。其中加强师德师风建设，培养高素质教师队伍，成为当前高校教师建设的一项中心任务。根据教育部西南高校师资培训中心关于高等学校教师岗前培训的相关要求，在西南师范大学出版社的大力支持下，我们研究和编写了这本新时期高校教师职业道德修养教材。展现在各位读者面前的《高等学校教师职业道德修养》，是以习近平关于师德师风建设系列重要讲话为指导，根据新时期教育部颁布的各项师德师风建设制度和规范精神，反映高校教师职业道德建设与研究的最新成果，按照高校教师岗前培训特点加以编写的。本教材也可作为高校教师加强自身职业道德修养的学习参考书。

本书由主编宋明拟出编写提纲，组织编写组，召集编写人员讨论并确定写作大纲。具体分工是：

前言：宋明（西南大学马克思主义学院）；

第一章：谭敏（北碚区委党校），张家建（西南大学马克思主义学院）；

第二章：宋明；

第三章：陈涛（西南大学马克思主义学院）；

第四章：袁顶国（西南大学教育学部）；

第五章：雷鉴（西南大学马克思主义学院）；

第六章：宋明；

第七章：王珏（西南大学马克思主义学院）；

第八章：雷鉴；

第九章：黄维（西南大学党委宣传部）；

第十章：唐欣（重庆人文科技学院）；

后记：宋明。

书稿出来后，先由主编宋明和副主编雷鉴、袁顶国分章进行初步统稿，对书中有关章节做了部分改写，最后由主编统稿、定稿。硕士研究生刘舒皓同学协助参与了后期统稿，并做了大量事务性工作。

在编写过程中，我们力求通过学习借鉴和吸收一些专家学者的研究成果，立足于新时代的高度，解决新形势下高校教师职业道德修养的若干新问题，使教材框架体系新颖，内容观点鲜明，形式活泼生动。各作者在写作过程中，汲取了学术界同仁的一些精辟见解，由于篇幅所限，没有在书中一一加以注明，我们向他们表示衷心的感谢。由于我们的水平有限和时间仓促，书中难免有不足不妥之处，欢迎各位专家、教师和读者批评指正。对教育部西南高校师资培训中心的关怀和西南师范大学出版社的大力支持，再次表示诚挚的谢意。

编者

2019 年 4 月